JN440002

황혼의 뜨락 풍경

황혼의 뜨락 풍경

초판 1쇄 인쇄 | 2021년 01월 01일
지은이 | 한판암
펴낸이 | 이승훈
펴낸곳 | 해드림출판사
주 소 | 서울 영등포구 경인로82길 3-4(문래동1가 39)
센터플러스빌딩 1004호(07371)
전 화 | 02-2612-5552
팩 스 | 02-2688-5568
E-mail | jlee5059@hanmail.net

등록번호 제2013-000076
등록일자 2008년 9월 29일

ISBN 979-11-5634-443-8

황혼의 뜨락 풍경

요즘 내 일상은 상상 이상으로 빨리 고립되어 가는 느낌으로 팽팽한 긴장감은 서서히 사라지면서 나사가 풀리듯 자꾸만 느슨해진다

한판암
수필집

해드림출판사

··· 펴내는 글 ···

자화상을 그리려다가

어린 시절 백발이 성성한 어른들의 고매한 기품과 범접할 수 없는 아우라가 전매특허였던 참모습이 무척 궁금했다. 하지만 진정한 의미에서 그를 해소시킬 기회가 거의 없었다. 이제 내가 그 비슷한 세월의 강을 건너고 있다. 꿩 대신 닭이라고 했던가. 늦었지만 지금의 나를 통해서 황혼의 뜨락 언저리를 걷고 있을 모습을 대충이라도 그려볼 수 있지 싶기도 하다. 그런데 그 올곧은 자취는 묘연하고 아리송해 조우할 길이 막연했다. 끙끙대며 온갖 궁리를 거듭하다가 글 쪽으로 생각이 미쳤다. 지난날을 생생하게 되살려 볼 수 있는 동영상 같은 흔적은 어디에도 없었다. 이런 맹랑한 처지에서 황혼 초입부터 띄엄띄엄 써뒀던 글들을 줄 세우고 꿰맞춰 어림하는 차선책은 나름대로 의미 있는 시도 이리라.

어느 시기를 대상으로 할 것인지 고심을 거듭하다가 이순의 끝자락부터 다섯 해 동안 썼던 글을 중심으로 묶어 책으로 펴내서

황혼의 숨겨진 민낯과 만남을 겨냥했다. 이런 목적의 범주에 포함되는 글이 일흔아홉이었다. 이 중에서 다섯을 제외한 나머지는 2014~2018년 사이에 세상에 선을 보이며 얼굴을 내밀었던 분신들이다. 결국, 이들은 거의가 이순의 마지막 해부터 일흔의 중반 무렵에 이르기까지 다섯 해 동안 생각하고 고민했거나 느끼며 깨달았던 증적이고 삶의 흔적을 그러모은 모음이다. 따라서 이 흔적들을 통해 황혼의 뜨락 풍경을 넌지시 건네다 보면 지난 시절 무심코 지나쳤던 나의 참(眞)과 얼추 흡사한 모습을 상견할 수 있으리라.

현실 그대로 황혼의 발자취를 더듬기 위해서 글을 영역별로 나누어 인위적인 갈래를 짓지 않기로 했다. 시나브로 하루하루 자취가 켜켜이 쌓이면 자연스레 역사가 되듯이 글 또한 마찬가지 이치라는 견지에서 그렇게 결론지었다. 이 같은 이유에서 일흔아홉의 아람은 글을 쓴 날짜순으로 차례를 세운 다음에 일정한 분량으로 나누어 여섯의 작은 묶음으로 갈라서 편집했다. 이런 원칙에 따라 나뉜 여섯 마당에 차례로 대장간, 산의 품에 얹어지는 연유, 청천벽력, 인산과 자평, 감나무 예찬, 컴퓨터와 나라는 이름을 붙여줬다. 한편 이들 글 모음의 표상인 책의 얼굴에는 '황혼의 뜨락 풍경'이라고 새기기로 했다.

자고로 "일흔에는 마음이 하고자 하는 바를 따라도 도리에 어긋나지 않는 경지인 종심(從心)에 이른다" 하여 종심불유(從心不踰)라고 이르지 않던가. 아마도 이 시기의 생각이나 고민은 혼탁한 세속으로부터 한발 비켜서서 객관적인 가치관이나 철학을 바탕으로 자성이나 성찰을 하리라는 뜻으로 이른 선지자의 말씀이었지 싶다. 이런 맥락에서 이번에 엮어내는 책을 통해 온새미로 모습을 드러내는 내 황혼의 실상이 다른 사람의 눈에 과연 어떤

자태로 각인될지 당최 궁금하다. 다양한 관점에서 아전인수 격으로 해석해 봐도 자신이 없어 어딘가 외진 구석을 찾아 꼭꼭 숨고 싶다. 그래도 어쩌겠는가. 그 수준과 모양새가 숨김없는 내 진면목인 것을 말이다.

경자 초동(庚子 初冬)

한관암

차례

Ⅵ.

컴퓨터와 나

Ⅱ.

산의 품에 엎어지는 연유

Ⅲ.

청천벽력

Ⅳ.

인산과 자평

Ⅴ.

감나무 예찬

Ⅰ · 대장간

대장간

어린 시절 어쩌다 구경했던 대장간은 신비의 세계였다. 손으로 밀고 당기는 풀무질을 하면 화덕의 숯이나 갈탄에 파란 불꽃이 일면서 거기에 묻어둔 쇳덩어리가 새빨갛게 달궈져 휘황찬란한 빛을 발해 눈이 휘둥그레졌다. 그러면 대장장이는 농익은 홍시처럼 새빨간 쇳덩이를 꺼내 집게로 한쪽을 꼭 집은 상태로 모루(anvil)[1] 위에 올려놓는다. 그리고 본인 스스로 혹은 메질꾼이 요리조리 돌려가며 메질해 늘리거나 구부리기를 수없이 되풀이했다. 그런 힘든 과정을 거치면 거짓말처럼 괭이나 낫이 되거나 쇠스랑이 탄생하던 신기한 요술세계를 도통 이해할 수 없었다.

프랑스 철학자 가스통 바슐라르(Gaston Bachelard : 1884~

---

1) 모루(anvil) : '어떤 금속재료를 망치로 두들겨 원하는 형태로 만들려고 할 때 그 금속을 올려놓는 쇠 받침대'를 말한다.

1962)의 말이다. 대장장이는 '물, 불, 공기, 쇠'라는 4가지 원소를 다루는 직업이다. 그들은 어쩌면 새로운 문화나 가치를 빚어내는 창조자인지도 모른다. 현대의 첨단공장처럼 스마트한 설비가 전혀 없는 협소한 공간인 대장간이었다. 그럼에도 온갖 농기구나 목수의 연장, 각종 장식, 식칼, 말의 발굽 보호용 편자 등을 비롯해 소용에 닿는 것은 무엇이든지 척척 생산해냈다. 게다가 그 옛날 전쟁이 발발하면 전쟁 물자와 칼과 창 같은 병장기를 생산하는 기지창 노릇도 너끈하게 감당해냈다.

그 옛날 대부분의 마을에 작은 대장간이 있었다. 그리고 오일장이 서는 장터에는 큰 규모의 대장간이 성황을 누렸다. 장날이면 닳거나 무뎌진 연장을 가지고 나와 벼리거나[2] 보수를 하는 한편 새로 만든 연장을 구입하기도 했다. 이렇게 생활과 밀접한 관계를 맺었으나 산업 발달로 공장제품에 밀려 뒷전으로 몰려 빛을 잃어갔다. 이런 변혁의 소용돌이를 겪으며 역사의 뒤안길로 흔적 없이 사라져 이제는 잃어버린 문화가 되었다. 대장간의 구성 요소는 모루, 화덕, 풀무, 집게류, 메 따위이다. 한편, 대장간의 작업을 기능별로 갈래지으면 풀무질, 달굼질, 집게질, 메질, 담금질로 나뉜다. 그리고 담당하는 일에 따라 대장장이(대장)[3], 메질꾼, 풀무꾼, 심부름꾼 등으로 갈래지어 어엿한 분업체제를 갖추고 있었다.

풀무나 풀무꾼의 역할은 하찮게 투영될 수도 있다. 하지만 그들이 화덕을 채운 숯이나 갈탄을 적절히 연소시켜 화력의 세기

---

2) 벼리기 : 많이 사용하여 날이 무뎌진 연장을 불에 달궈 날카롭게 만드는 작업을 의미한다.

3) 대장장이(smith) : 쇠붙이로 호미나 낫과 같은 농기구나 칼을 비롯하여 편자 등을 만드는 장인(제철공)을 뜻한다.

를 슬기롭게 조절해야 연장의 원료인 시우쇠(熟鐵)[4] 쇳덩이가 적당하게 달궈진다. 최적의 달굼질 상태에 이르면 대장장이가 꺼내 모루 위에 놓고 메질을 하는 작업인 단조(鍛造 : forging)[5] 과정을 거쳐야 좋은 연장으로 거듭 태어난다. 여기서 달궈진 쇠를 올려놓고 메질을 하는 모루는 덩치가 큰 나무토막이나 돌 혹은 시멘트 등으로 만든 튼튼한 받침대 위에 고정시켜 작업 과정에서 움직이지 않아야 한다. 보통 대장간에서 단조로 만들어지는 대부분의 연장은 시우쇠로 만든다.

대장간에서 무쇠를 달구거나 녹이려고 화덕에 공기를 불어넣어 화력을 조절하는 기구가 풀무이다. 풀무에는 손풀무와 발풀무가 있다. 먼저 중형이나 소형 풀무는 대장간이나 금속공예품을 만드는 장인들이 선호하는 손풀무이다. 다음으로 쟁기를 만드는 큰 대장간이나 대규모 공사장의 임시대장간에서는 발풀무가 쓰인다. 그런데 풀무의 호칭은 지방에 따라 다르다. 호남 일부에서는 불메, 제주도에서는 손풀무를 불미, 발풀무를 발판불미라고 한다. 아울러 농사를 짓는 쟁기를 주로 만든다고 하여 보섭(보습)불미라고도 불렀다.

---

4) 시우쇠(pig iron) : 철광석을 제련로(製鍊爐)에서 1,200~1,300℃ 이하로 장시간 가열하면 묵철덩어리 혹은 잡 쇠 덩이가 바닥에 생긴다. 이 잡 쇠 덩이를 다시 정련로(精鍊爐)와 단조로(鍛造爐)에서 분쇄 가열하여 만든 저탄소강(低炭素鋼)을 시우쇠라고 한다.

5) 단조(鍛造 : forging) : 야금학에서 금속을 두들기거나 압력을 가해서 형태를 만들고 '잡아당기는 힘에 견디는 성질인 질김성.'을 뜻하는 인성(靭性)을 증가시키는 과정을 의미한다.

평소에 칼이나 낫은 무뎌지면 숫돌[6)]에 갈아서 사용했다. 그래도 신통치 않거나 다양한 쇠붙이 연장이 닳거나 무뎌졌을 때 벼려서 쓰면 내구력이 연장됨은 물론이고 작업효율도 높일 수 있다. 이런 연유에서 대장간은 새로운 연장을 만드는 생산기능과 보수기능을 겸하고 있었다. 그런데 대장간의 백미이며 압권은 대장장이가 쇠의 성질을 꿰뚫어 화덕에 넣은 시우쇠 덩이나 벼리려는 연장의 달궈진 정도를 귀신같이 식별해 모루에 올려놓고 메질을 하는 과정이다. 그렇게 메질하다 냉각되면 다시 달궈 메질을 되풀이하는 은근과 끈기가 필요하다.

단조과정에서 최상의 품질로 만들기 위해 새빨갛게 달궈진 쇳덩이나 제조 중인 제품을 찬물에 살짝 댔다가 떼는가 하면 풍덩 담갔다가 건져 내기를 반복할 때마다 '피지직~' 혹은 '피~용~' 하는 소리와 흰 수증기가 피어오르던 신비한 모습은 영영 잊을 수 없다. 이렇게 찬물에 담그는 담금질은 쇠의 강도나 인성(靭性)을 조절하는 과정이다. 그런데 이는 장인(匠人)만이 할 수 있는 초고난도 기술로서 긍지와 자존심에 해당하는 노하우이다. 매뉴얼에 깨알같이 적바림되어 있다거나 문헌 어디에도 정확히 기록된 수치가 전혀 없는 신기에 가까운 비책을 스승에게서 어깨너머로 터득하고 깨우친 비술(秘術)이었다. 현대화된 대장간에서는 골치 아픈 담금질 대신에 숫돌로 날을 세운 다음에 고급열처리 기술을 도입했다.

---

6) 숫돌(grindstone) : 선사시대부터 오늘날까지 연장을 갈아서 날을 세우는데 사용되는 돌로서 쓰임새에 따라 먼저 가정용은 자연산 수성암을 사용한다. 한편, 목공구용과 공업용은 알런덤, 코런덤(금강사), 카보런덤 같은 돌 알갱이와 다양한 접착제를 혼합해 만들어 쇠를 자르거나 깎는데 쓰인다.

대장장이는 단순히 '물, 공기, 불, 쇠'만으로 생명이나 혼이 없는 쇠붙이 연장을 만드는 하급의 단순 노동자가 아니다. 그들은 기껏 네 가지 요소만을 가지고도 막힘없이 다양한 연장을 만든다. 그렇게 만들어진 그 하나하나에 정령(精靈) 같은 혼이나 얼을 불어넣어 또 다른 가치를 창조한다는 뜻에서 장인(匠人)이라고 부르는 게 아닐까. 이 같은 맥락에서 누군가 말했듯이 '벌건 쇳덩이를 차가운 물에 담갔다가 건져내기를 반복하는 담금질은 불의 기운을 빼내는 것이 아니라 전혀 다른 형태로 그 내부에 불을 수렴하는 방법'인지도 모른다. 결국 대장간의 초고난도 기술인 담금질은 '찬물을 이용하여 불이라는 천둥벌거숭이 같은 야수를 강철이라는 감옥에 가둔다'라는 표현을 했던 어느 철학자의 말에 동의할 밖에 도리가 없다.

불과 예순 해 전쯤의 내 어린 시절 마을의 모퉁이나 장터 외 돌아진 모서리에서 성업 중이던 대장간이었다. 그들 중에 마을 대장간 사용료는 요즘처럼 현금이 아니라 현물의 연납제(年納制)였다. 각 가정에서는 가을 추수를 끝내고 나락 한두 말씩 거두어 주는 모곡제도(募穀制度)가 대부분이었다. 마을의 이발소를 이용한 이발료, 마을 이장의 이장세(里長稅), 남의 땅을 빌려 농사를 지은 뒤에 토지 사용료인 도지(賭地) 따위가 대표적인 현물을 납부하는 유형이었다. 그 흔하던 대장간이 지금은 거의 흔적 없이 사라져 옛 모습을 만날 길이 묘연하다. 몇 군데인가 전통 외양에 끌려 가까이 다가갔던 적이 있다. 풀무 대신 자동분무기 같은 가스불이 시퍼런 자태를 뽐내며 왈왈댔고 메질꾼 대신에 자동화 기계가 메질을 하는 방식으로 바뀌었다. 그런가 하면 큰 쇠를 전동기로 자르는 식의 공장이 거기에 떡 버티고 제품을 찍어내는 낯선 모습에 심란한 마음을 가눌 길이 없었다.

덴마크에 베스타스(vestas)라는 풍력발전회사가 있다. 최초(1898년)에는 대장간으로 출발했던 회사이다. 그 후 20세기에 들어서 농업용 트랙터를 생산하기 시작하며(1950년부터) 농기구회사로 변신했다. 농기구회사로부터 반백 년을 보낸 지금은 또다시 변신하여 친환경 에너지 기업으로서 풍력전기를 생산하는 회사로 우뚝 섰다. 우리의 경우 그 많은 대장간을 운영하던 장인이 어디서 무엇을 하고 있는지 알아볼 실마리를 찾을 방법이 도통 없다. 그들 중 어느 하나도 거센 현대화 문명의 충격을 제대로 수용했던 사람이 없어 베스타스같이 반듯하게 진화된 회사가 없는 걸까. 일본의 강점기 시절을 대표하던 기업들이 변혁의 파고를 헤쳐나가지 못하고 침몰하며 하나 같이 역사의 뒤안길로 사라졌듯이 말이다.

풀무문학, 창간호, 2011년 12월 26일
(2011년 6월 5일 일요일)

결혼 서른여덟 주년

나는 유독 가족에 관련된 기념일 기억에 얼뜬 맹추이다. 유치원 졸업여행에 나서는 손주의 괴나리봇짐을 대충 꾸리고 숨을 돌리던 아내가 결혼일이라고 일깨웠다. 까마귀 고기를 먹은 것도 아니련만 유감스럽게도 하얗게 잊고 있었다. 여느 날처럼 손주를 유치원에 데려다 줘야하기 때문에 귓등으로 흘리며 아이의 나들이와 내 등산 채비를 하고 집을 나섰다. 유치원 입구에 이르러 손주에게 즐거운 여행을 하라는 인사를 얼렁뚱땅 건네고 곧바로 등산길에 접어들었다.

낙엽이 수북하게 쌓인 산꼭대기 완만한 능선 길을 터덜터덜 걷는데 갑자기 아내의 얘기가 새삼스럽게 떠올랐다. 기억을 더듬어 보니 서른이 넘은 나이에 혼인을 했던 때문에 40주년인 벽옥혼식(碧玉婚式)은 이태 뒤이다. 그래도 풋풋하고 청청한 젊은 날에 가정을 꾸렸다. 그런데 어느결에 황혼의 세월에 길들여진 나의 백두옹 모양새가 낯설지 않고 익숙해졌다.

길바닥에 지천으로 나뒹구는 낙엽을 밟을 때마다 한 발 뒤처져 쫄랑쫄랑 따라오는 바스락바스락 소리가 전부인 외 돌아진 길목의 바위에 걸터앉아 아내에게 전화를 했다. 손주가 고추장 명산지인 순창지역으로 여행을 떠나 오붓해진 셈이다. 이처럼 호젓한 날에 맞는 결혼 서른여덟 주년의 축배를 들것을 제의했다. 흔쾌히 동의했다. 하지만 아내는 술을 마시지 못한다. 그래도 한껏 멋을 부려보기 위해 아내가 외출했다가 귀가하는 길에 맥주 몇 캔을 사 오기로 아귀를 맞췄다. 그 정도면 채비가 충분하지 싶었다.

가정을 꾸린 뒤의 세월 얘기이다. 결혼과 동시에 서울의 수유리에 둥지를 틀고 나서 세 해째(77년)의 봄에 큰아이를 얻었고[7], 그 여름엔 강남의 도곡동에 작은 아파트를 내 힘으로 장만해 이사했다. 그리고 두해(79년)지나 도곡아파트에서 작은 아이를 얻었다[8]. 작은 아이를 얻은 해에 대치동 아파트[9]를 구입해 이사를 갔다가 이듬해 춘삼월에는 마산으로 일터가 정해져 그해(80년) 연말에 이사를 내려와 여태까지 둥지를 틀고 뿌리를 내렸다.

여항인(閭巷人)[10]의 삶일지라도 치열하게 살아온 세월이었다. 대학으로 일터가 정해지고 서른 해 넘게 최선을 다하는 한편 가

---

7) 서울 도봉구 수유동 472-533(현원경씨댁)

8) 서울 강남구 도곡동 도곡제2아파트 2동 509호

9) 서울 강남구 대치동 산 31~3 동원아파트 12동 503호

10) 여항인(閭巷人) : 조선 시대 벼슬을 하지 않은 백성을 지칭한다. 이는 '여염(閭閻)의 사람'이나 '항간(巷間)의 사람'에 해당하기 때문에 '오늘날의 서민 혹은 민중'에 해당한다.

정에도 충실하려 진력했다. 물론 두 아이도 열과 성을 다해 뒷바라지했다. 그럼에도 반듯한 자리를 차지하지 못한 채 서러운 삶의 길을 걷고 있어 가슴 아프기 그지없다. 내 딴에는 '선비는 얼어 죽어도 곁불을 쬐지 않는다'는 신조로 살아온 삶에 대해서 후회나 아쉬움은 없다. 그렇지만 슬하의 두 아이의 생각이 미치면 자괴감으로 혼란스러울 뿐 아니라 섧다.

가을을 대변하는 정경이다. 기차나 고속버스를 타고 여행하다 보면 들녘 논바닥에 흩어져 있는 하얀 비닐에 싸여 있는 원통형의 물체가 흔히 눈에 띈다. 그것은 가을걷이가 끝나서 텅 비어 썰렁하기 짝이 없는 들판에 을씨년스럽게 나뒹굴고 있는 '곤포(梱包)[11] 사일리지(Baling Silage)[12]'이다. 텅 빈 들과 어울리지 않는 곤포 사일리지[13]는 한 살이의 끝에서 자연으로 돌아가는 처연함을 오롯이 보이는 소슬함이 짙게 배어나 애잔하다. 흔히들 인생은 육십부터란다. 이를 곧이곧대로 받아들여도 생의 이모작 초입 언저리를 훌쩍 지나서 한두 달 뒤면 고희(古稀)의 문턱이다. 이런 때문에 어떻게 하면 황혼의 삶을 곱고 아름답게 누릴 수 있을까 모색하며 고민해볼 요량이다.

입때까지 살아오면서 아내에게 마냥 빚을 지고도 갚을 길이 없

---

11) 곤포(梱包 : Baling) : 곡물이나 볏단을 옮기거나 저장하기 편하도록 둥글거나 네모 모양으로 압축한 것이다. 원래 곤포에 대한 사전적 해석은 '거적이나 새끼줄 따위로 짐을 꾸림 또는 그렇게 꾸린 짐'이라고 풀이하고 있다.

12) 사일리지(Silage) : 목초(牧草)나 옥수수 대를 비롯해 볏단 등을 공기 없는 밀폐된 곳에 넣은 다음에 발효시킨 가축용 조사료(粗飼料)이다.

13) 곤포 사일리지(Baling Silage) : 풀이나 볏단을 압축해서 만든 곤포를 비닐로 밀봉해서 숙성시킨 가축용 조사료이다.

어 막막하다. 연이 닿았던 사람들에게 깜냥대로 앞가림을 하며 인사치레를 해왔다. 그런데 유독 아내에겐 함께 살아온 세월에 정비례하여 빚만 눈덩이처럼 늘어간다. 아내의 생일, 결혼기념일, 처가의 대소사를 챙긴 적이 거의 없다. 그런데도 커다란 불만을 드러내거나 벼랑 끝으로 몰아세우지 않던 후덕함이 고맙다. 하지만 그 점이 되레 무거운 짐이 되어 짓누른다.

손주가 집을 비운 조용한 집안에서 아내와 단둘이 맥주라도 마시며 지난 서른여덟 해를 반추하며 속내를 조곤조곤 실토하고 싶었다. 하지만 그것은 섣부른 허황된 꿈이었을까? 아내가 감기 기운이 심해졌다고 약속한 맥주 대신에 병원에 들러 약만 한 보따리 처방받아가지고 돌아왔다. 그러면서 하는 말이었다. 손주 녀석이 집을 비워 허전하기 때문에 이벤트는 손주가 돌아오면 함께 하자는 제안이었다. 어쩌다가 나의 령(令)이 '겉보리 세 말'에도 미치지 못하는 처지가 되었을까. 게다가 손주보다도 우선순위에서 밀리는 이유가 어디에 연유하는지 생각할수록 아리송하다. 아무리 생각해도 낙엽과 나를 견주며 조락의 참뜻을 곰곰이 새겨봐야겠다.

2013년 11월 8일 금요일
(결혼 서른여덟 해째를 맞는 날에)

만추 편감

뒤늦게 가을을 진하게 앓고 있습니다. 계절적으로 입동을 지나 겨울의 초입 언저리에 접어들었습니다. 하지만 남녘 땅 끝자락에 자리한 바닷가의 산야는 이제 겨우 만추의 쓸쓸함이 짙게 물들어 가고 있답니다. 윤기를 잃었을지라도 얼마 전까지 푸르른 자태를 뽐내던 나무들이 갑작스러운 기온의 변화에는 속수무책으로 갈팡질팡 대네요. 게다가 갑자기 곤두박질한 날씨로 매서워진 바람결의 분탕질에 울긋불긋한 단풍잎을 마구 떨궈 앙상하게 드러난 나뭇가지가 잔뜩 웅크린 모양새가 무척 안쓰럽답니다. 하늘의 섭리에 따라 한 살이를 마감하고 자연으로 회귀하는 계절이기에 누군가에게 편지를 띄우고파집니다. 수신인이 누구라도 상관없겠지요. 멀리 혹은 가까이 이웃한 친구나 지인을 위시하여 아련한 첫사랑의 연인이라도 문제될 게 없겠지요.

임이여! 나는 지금 심각한 자괴감에 빠져 허우적거리고 있답니다. 풋풋하고 싱그러운 시절에 지혜롭지 못해 부질없는 탐욕의 노예가 되어 좌충우돌하던 젊은 날을 돌아봅니다. 그악하게 밀어붙이며 이뤘다고 자만했던 선 떡 부스러기같이 하찮고 알량한 얻음은 모두 어디로 사라졌을까요? 그리고 그것들이 어떤 의미를 지녔는지 당최 혼란뿐입니다. 지금 내 손에 틀어쥐거나 지식의 곳간에 진정 쓸모 있는 자산으로 알토란같이 갈무리된 게 아무것도 없어 내뱉는 독백입니다. 아직은 가야 할 길이 멀고 깨우쳐야 할 난제들이 수두룩합니다. 그런 때문에 좀 더 시간을 두고 마음을 닦거나 수양을 차곡차곡 쌓는다면 무언가 오달지게 얻거나 건질 게 있을지도 모르겠습니다. 하지만 속절없던 지난날은 한마디로 얼치기 의원이 맥(脈)도 모르고 침통(鍼筒) 흔들며 나부댄 격이 아니었는지 차근차근 기억을 되살리며 곱씹으며 헤아려 보고 있답니다.

매일 동네 뒷산에 산행을 되풀이하곤 합니다. 이즈음 줄기차게 오가는 산꼭대기 완만한 능선 길 10km 남짓한 길바닥에는 낙엽이 수북하게 쌓여 양탄자 위를 걷는 느낌이랍니다. 혼자서 걷는데도 낙엽이 밟히며 바스락거리는 소리에 놀라 뒤돌아보다가 어처구니가 없어 실소를 할 때가 더러 있지요. 알싸한 바람에 실려오는 청아한 공기가 폐부를 파고드는 늦가을에 산속의 고즈넉한 길을 걷다가 내 삶을 그에 견줘보며 생각에 잠기기도 한답니다. 싱싱한 젊음의 고개를 넘어 조락을 연상하는 황혼의 삶과 의미를 되씹어 보곤 하지만 심한 갈증이 가시지 않네요. '아직 이라고' 자위를 해봐도 현실에서 내게 허용된 자리는 보이지 않는답니다. 이런 까닭에 막막하고 의기소침해진 일그러진 나의 참모습이 고스란히 밖으로 드러날까 안절부절못하지요.

설익은 자신감과 치기로 똘똘 뭉쳤던 지난날 '물에 빠져 죽을지라도 개헤엄은 치지 않는다'라는 객기를 신념이라고 믿고 내달렸답니다. 아마도 지금 흡사한 유형의 시험에 들면 젊은 시절과 전혀 딴판인 모습을 보일지도 모른다는 상상을 하면서 제자리를 뱅뱅 맴돌고 있습니다. 생의 모두를 걸었던 일터에서 내려와 직면한 이 모작의 세상은 생각보다 냉혹하고 막막하며 무관심한 채 거들떠보지 않아 섧고 안타깝더이다. 그런 연유에서 많은 사람들이 신산한 노년을 이름 모를 이웃으로 살아가는 이유를 알 것 같습니다.

젊은 시절 '생각은 냉철한 이성이나 명석한 머리로 하고, 행동은 뜨거운 피와 가슴으로 하라'고 귀에 딱지가 앉을 만큼 들었습니다. 그렇게 올곧고 지혜로운 자세로 거친 세파와 드잡이하며 가정과 주위를 보살펴야 했지요. 그런 숙명적인 짐 때문에 쉽사리 간난신고의 처지를 벗어나지 못했던 게 보통 사람의 운명이었지 싶네요. 야금야금 100세 시대가 다가왔음에도 노후의 삶을 야무지게 챙기지 못한 채 황혼을 맞이한 서러움을 어디에 이실직고 해야 할까요.

어쩌다가 해방둥이로 태어났답니다. 불과 대여섯에 끔찍한 6·25를 맞아 전쟁의 참상을 직접 목격하며 몸으로 겪었지요. 처참한 주검을 목격하기도 하고 지긋지긋한 가난을 견뎌내야 했던 삭막함으로 어린 시절을 몽땅 채색해버렸지요. 그리고 3.15부정선거, 4·19혁명, 5·16군사쿠데타 따위의 격랑을 곁눈질하며 자랐지요. 암울했던 세월의 질곡에서도 요행으로 학교 교육을 제대로 받고 순탄하게 양지에 뿌리를 내렸답니다. 그러다가 오늘에 이르렀는데도 남을만한 흔적이나 이룬 게 없는 반거충이 꼴을 면치 못한 채 지동지서하고 있습니다. 하기야 인생은 '빈손으로 왔다가 빈손으로 가는 것'이라고 하여 공수래공수거(空手來空手去)라고 하더군요. 성현이나 선지자가 아닌 여느 사람에게 공통 현상일지 모른다는 자위를 하며 허허로움을 달래 봅니다. 그렇지만 공허한 마음은 만추의 쓸쓸함보다 더 아릿하고 아프답니다.

달이 차면 기우는 것(滿月卽虧)이 자연의 섭리던가요! 아름답고 희망찬 세월에 비해 황혼이 섧고 쓸쓸함은 당연한 귀결일겁니다. 그럼에도 황혼의 세월이 마뜩잖아 젊은 시절로 돌아가고픈 구상유취한 생각을 떨쳐내기 어렵습니다. 이런 생각은 세상 이치를 제대로 깨우치지 못해 내려놓거나 비우지 못한 인과응보일지 모른다고 여기면서도 대책 없이 비틀거리며 가슴앓이를 하고 있네요. 공자(孔子)가 논어의 위정편(爲政篇)에서 '나이 일흔이 되니 마음이 하고자 하는 바를 좇아도 도에 어그러지지 않았다'라는 뜻으로 '종심소욕불유거(從心所欲不踰矩)'라고 일렀다지요.

옛 선인들은 일흔이 되면 '마음을 좇아 행동해도 도에 어긋나지 않는다'고 설파했거늘 내게는 쇠귀에 경 읽기에 지나지 않았던가 봅니다. 한 달 남짓하면 일흔의 문에 들어설 처지인데도 부질없는 탐욕에서 자유롭지 못한 나는 누구일까요? 인정하기 싫어도 졸장부의 전형을 보는 것 같아 측은지심이 절로 드는 상황이랍니다. 그런데 어여삐 봐주려고 애써 봐도 나잇값을 못 하는 스스로에게 매섭거나 단호하지 못하고 연민에 빠지는 모순의 시원(始原)은 어디에서부터 잘 못 얽히고설킨 업보일까요!

좋은문학, 2013년(통권 제59호)
(2013년 11월 12일 화요일)

섬마을 총각 선생님

짧은 춘몽(春夢)이 미완으로 끝났다. 입때까지 적당한 기회를 잡기 어렵던 '섬마을 총각 선생님' 이력을 발간적복(發奸摘伏)[14] 해보고 싶었다. 돌이켜보니 어느덧 마흔네 해 전의 일로서 아련한 회상의 곳간에 새겨진 흔적이 희미하다. 생의 외돌아진 모퉁이를 반추하는 작은 조각이 분명한 추억이다. 지난 1969년의 새봄 서해 외딴섬에 자리한 연평중학교로 발령을 받고 엉거주춤 찾아가서 교사로서 기껏해야 달포 남짓 재직했었다.

국방 의무 미필로 기업의 신입사원 응시 자격을 갖추지 못해 차선책으로 경기도교육청의 교원임용 고사에 응시했었다. 다행히 합격했고 대학 졸업식 이틀 뒤 연평도로 갔다. 갑자기 결정된 일이라서 아무런 준비가 되지 않아 포기하려 했었다. 그런데 후일

14) 발간적복(發奸摘伏) : 숨겨져 있는 것을 들추어 냄

익산의 W대학 교수로 재직했던 B 박사 어머니께서 당신의 아들 이부자리를 챙겨 주시며 부임토록 격려해 주셨다. 특별한 인연이 없을지라도 서해의 고도로서 매혹적인 연평도가 아니라면 미련을 접었을 것이다. 왜냐하면 그해에 입영통지서가 나오면 지체 없이 입대가 불가피해 내심에는 두 길보기를 하고 있었다. 게다가 쫓기듯 찬밥 더운밥 가릴 겨를 없이 직업을 꿰차야 할 궁지로 몰린 처지가 아니었다. 또한 그다지 매력적인 직(職)이라고 여기지 않았던 때문이다.

한 학기 정도 경험하고 나서 때가 되면 입대하리라는 희망사항을 객관적인 사실로 착각하고 어정쩡하게 부임했었는지도 모른다. 전입 동기였던 수학 선생님이 수학을 담당할 수 없다는 황당한 사건이 발생했다. 그 선생님의 터무니없는 뺀대기 때문에 울며 겨자 먹기로 내가 수학을 담당하는 덤터기를 썼다. 얼떨떨했지만 기꺼이 받아들이는 게 초임자의 도리라고 생각해 수용했다. 게다가 3학년 담임까지 맡았다.

하숙집이 마땅찮아 임시 거처를 학교 숙직실로 정했다. 한편, 토박이 서부수사 집에서 삼시 세끼 식사 문제를 해결했다. 작고 조용한 섬이라서 거닐만한 거리도 없었다. 게다가 주민들의 시선이 부담스러워 끼니를 해결하려고 교문을 나서는 경우가 아니면 밤낮을 가리지 않고 교정에 머물렀다. 대충 마흔 명 남짓한 3학년 아이들도 평일은 물론 휴일까지도 할 일이 마땅찮아 발탄강아지처럼 쏘다니다가 무시로 학교에 드나들었다.

남북이 대치한 접전지역이라서 특별한 지원이 있었던가! 육지의 시골 학교에 비해 월등히 깔끔하고 미려하게 가꿔져 교정이 산뜻했다. 정규수업을 마치면 교정에서 적막강산의 고독과 싸우던 나와 온종일 학교를 맴도는 아이들과 궁합이 척척 맞았다. 3학년인데 지난해 배운 수학을 복습해 달랬다. 그를 수용하는 대신 요구 조건을 역으로 제안했다. 3학년 수학 교과 내용을 1학기에 모두 마치도록 하자는 합의를 했다. 그 이면에는 2학기쯤에는 내가 군에 입대해야 할지도 모른다는 이유가 숨겨져 있었다. 그렇게 함으로써 아이들에게 피해가 없도록 안전장치를 마련하려는 배려였다.

아이들은 평일에도 정규수업 이후의 시간을 비롯해서 일요일에도 2학년 과정의 복습과 3학년 수학을 함께 공부해 나갔다. 그렇게 한 달이 지나고 4월 초에 입영통지서가 날아들었다. 대략 한 달 남짓한데 꽤 많은 공부를 했었다. 하지만 초롱초롱한 아이들의 바람이나 나의 소박한 꿈을 이루지 못한 채 표표히 현역병으로 입대하면서 짧은 교사의 길과는 영영 별리(別離)했다. 그렇게 군 생활을 마친 뒤에 단호하게 복직을 포기하고 다른 길을 걸었다.

현역으로 입대하여 부산에서 군 생활을 할 때였다. 학기 중간에 떠나온 처사에 대해 속죄를 하는 심정으로 아이들과 교신을 계속했다. 아이들이 수학 문제를 공부하다가 막히는 경우 편지로 물어왔다. 그러면 자세히 풀어서 하나하나에게 우편으로 보내주기를 수없이 되풀이했던 기억이 생생하다. 그 시절 3학년이 열여섯 살 전후였기에 지금은 아마도 쉰아홉 안팎의 고개를 지나고 있을 게다. 지난 80년대 초반까지도 몇몇은 이따금 소식을 주고받았는데 요즘은 몽땅 묘연해졌다.

짧은 연이 닿았던 연평도이다. 하지만 내 뇌리에는 각별하게 각인된 별천지 같은 섬이다. 또 다른 연이 없어 그 뒤에 다시 찾아갔던 적이 없었다. 그런데도 몇 해 전 연평해전이 발발하거나 북한의 포격으로 초연이 하늘을 뒤덮던 참혹한 모습을 지켜보며 내 고향이 겪는 아픔 이상으로 가슴이 아렸고 견뎌내기 어려웠다.

동네에 인접한 바닷가에 다가가면 조개를 원하는 만큼 주울 수 있다거나 알이 작은 자연산 굴 맛의 기억은 지금도 잊을 수 없다. 또한 젊은 선생님이 새로 부임했다고 특별히 환영하며 반겨 주던 자리는 기억이 또렷하다. 볏의 짚단을 떠올릴 만큼 엄청나게 커다란 농어를 통째로 놓고 회를 뜨고 소주를 큰 막사발에 가득 따라 주며 마시라고 강권하던 환영회에서 학부모들의 모습은 정녕 잊히지 않는다. 회를 제대로 먹어봤던 적이 없어 어떻게 처신해야 할지 맹꽁징꽁 거리며 쩔쩔맸었다. 그러다가 입에 당기는 매운탕은 맘에 들었지만 엄청난 크기의 사발에 가득 채워진 소주는 애물단지로 끔찍했다. 어찌 되었든지 요령껏 분위기를 맞춰야 했던 맹랑한 순간 역시 아름다운 회억(回憶)의 곳간에 고이고이 갈무리되어 있다.

그 시절 선풍적인 인기를 끌던 대중가요 중에 '해당화 피고 지는 섬마을에…'로 시작되는 '섬마을 총각 선생님'이었다. 떠나오기 며칠 전이다. 수업을 마치고 지는 해가 수평선 저쪽에 걸려 파장 분위기가 물씬 풍기던 때였다. 교정 한쪽에 옹기종기 모여 있던 아이들이 내가 다가가자 미리 약속했던지 '섬마을 총각 선생님'의 합창은 아직도 귓가에 생생하게 맴돌고 있다.

내 생전 처음이자 마지막으로 달포 남짓했던 교사로서 경험이었다. 군 입대를 위해 떠나 올 때 부둣가에 나와 눈물을 흘리며 손을 흔들던 아이들이 지금은 아름다운 장년의 끄트머리 고개를 넘으며 생을 누릴게다. 머지않아 초로의 들머리에 이를 그들의 모습을 더듬으며 아쉬운 마음에 오래된 인연의 끈 한쪽을 만지작거리고 있다. 이런 나를 눈곱만큼이라도 기억해 줄 제자들이 아직도 존재할까 하는 생각에 잠긴다.

풀무문학 제3집, 2014년 3월 7일
(2013년 11월 14일 목요일)

새해 원단의 희망가

새해 새 아침이다. 천간(天干)인 갑(甲)은 청색(靑色), 지지(地支)인 오(午)는 말(馬)을 지칭하여 청마(靑馬)의 해로 일컬어지는 갑오년(甲午年)의 새 아침에 상서로운 해돋이가 온 누리를 축원하는 은전을 베풀었다. 중국의 후한서(後漢書)를 비롯하여 삼국지에 여포(呂布)가 탄 것으로 기록된 적토마(赤兎馬)의 기상을 이어받아 올해엔 모두가 욱일승천의 기세로 일에 몰두해 흡족한 결실과 보람을 안고 용드림하기를 곡진히게 기원한다.

자고로 말은 날쌔면서도 용감하여 전장에서는 병마(兵馬), 태평세월엔 농사를 돕거나 짐을 운반했던 친근한 반려동물이다. 고구려 벽화나 신라의 천마총 등에 흔적이 남아 있듯이 우리 민족문화에서 말은 매우 신성한 존재였다. 보편적인 관점에서 말은 진취적이며 성실하고 정력적인가 하면 강건하고 활달한 면모를 상징한다. 이런 맥락에서 새해에는 모두가 그 기상을 빼닮았으면

하는 바람이다.

거개의 민초들은 매두몰신해도 간난신고의 처지를 벗어나지 못해 팍팍하고 신산한 삶의 수렁에 빠져 허덕인다. 이런 곤고한 세월인데 일조일석에 블랙 스완 효과(black swan effect)를 기대함은 사치이자 턱없는 무리이리라. 하지만 삶이 힘겨운 소외계층이나 이름 없는 백성들도 노력한 만큼 허리를 펴고 자신들의 색깔과 품격의 아우라를 여봐란듯이 드러내는 존재로 환골탈태를 꿈꿔본다.

요즈음 정치판을 넘겨다보면 작은 이(利)에 목을 매는데 비해 의(義)나 참을 헌신짝 버리듯 내팽개치는 경우가 숱하다. 그런가 하면 썩은 시체에 몰려드는 하이에나 꼴인 염량세태의 적나라한 모습이 처연해 측은지심이 들기도 하다. 정의와 위민(爲民)을 부르짖다가도 꼴 같지 않은 알량한 먹잇감을 앞에 두고 이해 충돌(conflict of interest)이 발생하면 목불인견이다. 그들은 이전투구를 일삼는 함량 미달인 모리배의 숨겨진 참모습을 온새미로 고스란히 드러내며 스스로 무덤을 파는 경우가 드물지 않아 한심하다는 생각이 들기도 하다.

'누구를 위하여 종은 울리나(For Whom Bell Tolls)'라고 묻지 않을 수 없다. 진실은 하나임에도 불구하고 어릿광대 같이 내뱉는 정치인들의 공허한 목소리가 정당에 따라 판이한 낯 뜨거운 꼬락서니가 깡그리 사라지도록 대오각성이 따른다면 오죽이나 좋으랴. 대쪽 같은 지조를 생명처럼 여겼던 선열들의 신조가 몹시 드높고 고결해 보인다. 예로부터 '선비는 얼어 죽어도 겯불을 쬐지 않는다'고 이르지 않던가.

'유전무죄 무전유죄'는 공평치 못한 우리 사회 기울어진 운동장의 단면을 풍자하며 조롱하는 말이다. 거북하지만 이 말은 불편한 진실(An Inconvenient Truth)의 한 단면이다. 힘없는 사람은 불과 몇만 원의 금품을 훔쳐도 꼼짝없이 감방에 투옥된다. 하지만 거대한 권력을 손에 쥔 국물재비 고위 공직자나 정치인들은 억대의 뇌물을 받고도 눈 하나 깜짝하지 않는 강심장을 자랑한다. 그들은 떡값이라거나 대가 없는 순수한 거래라고 둘러대며 촘촘한 그물 같은 법망을 미꾸라지처럼 빠져나와 큰소리치는 후안무치를 지켜볼라치면 역겹다. 역사학자 아놀드 토인비(Arnold Toynbee)가 갈파했던 '역사로부터 교훈을 얻지 못하는 민족에게 밝은 미래는 오지 않는다'라는 사실을 생각하면 섬뜩한 기분을 떨치기 어렵다.

뇌물은 이익을 챙기는 데 따른 대가이다. 그 대가는 옳고 그름이니 좋고 나쁨을 뒤바꾸거나 뒤집는 심각한 폐해를 잉태할 개연성이 도사리고 있다. 이리보기의 옥셈일지라도 권세는 덧없고 인간의 집착은 허망하기 짝이 없다. 주위에서 내려놓거나 버리지 못한 부질없는 탐욕 때문에 사후는 물론이고 애꿎은 후손에 이르기까지 화가 미치는 경우를 타산지석으로 삼을 본보기가 아니던가! 위정자나 정치인들은 민성천의(民聲天意)의 참 뜻을 다시금 새겨볼 일이다. 어렵고 힘든 백성들을 따스하게 보살피는 따스한 위민의 목소리는 염화시중의 미소를 불러일으켜 소통할 장이 활짝 열릴게다.

우리 사회는 인터넷이 보급되면서 님비현상(Nimby : Not In My Backyard)이 더욱 심해졌다. 어떤 사회적 문제가 제기되면 지배적 견해인 '여론', 다수의 견해인 '중론', 전문인들의 견해인 '공론'을 주워섬기며 저마다의 고루한 논리나 천박한 잇속에 따른 비난 게임(blame game)을 멈출지 모른다. 그렇게 으깨고 뭉개고 비틀며 '눈에는 눈(tit for tat : 팃 포 탯) 전략'으로 무차별 공격을 퍼부으며 감탄고토(甘呑苦吐)를 거듭해댄다.

개에게 던져줘도 외면할 비루한 풍조 때문에 민초들은 이따금 진실을 부담스러워 하거나, 희망을 버거워하며, 소통이 두려워 움츠러들어 현실에서 도피하려 든다. 게다가 천금 같은 자유를 쥐어줘도 망설이는 기이한 행태가 표출되기도 한다. 이런 일련의 퇴행적인 사태의 폐해를 간과할 수 없을지라도 '악법도 법이다(Dura lex, Sed lex)'라는 의미에서 '법보다 주먹이 먼저'라는 모순을 벗어날 날이 빠르게 도래하길 기대한다.

인기를 좇는 스타들이 시류에 영합하거나 대중에게 아부와 아첨을 해도 모질게 몰아붙이며 험구를 퍼부을 계제가 아니다. 왜냐하면 그보다 더 고약한 경우가 허다하기 때문이다. 유명 정치인이나 위정자들이 하찮은 이(利)에 이성을 잃고 야호선(野狐禪)으로 변신하여 논리적 모순이나 궤변을 늘어놓으며 견강부회했던 경우가 숱하다. 그런 업보에 대한 말갈망을 감당하지 못해 오락가락하는 꼴불견이 올해부터는 말끔히 사라졌으면 좋겠다. 탐욕이나 번뇌의 산물인 죄는 미워도 사람은 미워하지 않을 아량은 버리지 않을 요량이다.

'돼지 눈에는 돼지만 보인다'고 조선 건국의 왕사(王師)인 무학 대사가 일갈했다던가? 내 맘과 눈부터 정화시키련다. 긍정적인 생각과 눈으로 세상을 바로 보고 바르게 받아들이기로 말이다. 이런 연유에서 바른 세상 아름다운 삶을 위해서는 나 자신부터 힐링이 필요하다.

모든 것은 나의 내면으로부터 시작되는 게 움직일 수 없는 진리이다. 따라서 어떤 욕망이나 흠결도 모두 스스로 만들어낸 망상이 원죄이자 업보이다. 그렇지만 우리 사회에서 기득권층은 기회의 공정을 최고의 선(善)으로 꼽는다. 이에 비해서 소외계층은 최종적인 결과의 공정만이 애오라지 복음(福音)으로 여길 따름이다. 이 같은 간극에 엄연히 존재하는 갈등의 소지를 슬기롭게 해결할 솔로몬의 지혜가 밀려올 것이라는 훈훈한 새봄의 생김수를 꿈꾸며 희망가를 부르련다.

시와늪, 2014년(신년호),통권 22, 2014년 1월 13일
(2014년 갑오(甲午)의 원단에 즈음하여)

고희의 언저리

쏜살같은 세월을 실감한다. 빠른 세월의 격랑에 휩쓸리다 보니 얼결에 일흔이라는 나이에 이르렀다. 지난 섣달 열이레가 그날이다. 원래는 이사를 해야 할 형편이었다. 따스한 날씨라도 혹한기의 생일에 이삿짐을 나르는 처량함을 피하고 싶었다. 그런 심란함 때문에 억지로 이사를 하루 늦춰 볼썽사나운 꼴은 면했으니 가까스로 체면치레를 한 걸까.

흔히들 일흔을 고희(古稀)나 종심(從心)이라는 말로 포장해서 얘기한다. 고희는 당나라 시인이었던 두보(杜甫)가 곡강(曲江)이라는 시에서 '칠십 해 인생은 예로부터 드문 일이네'라고 하여 '드문 나이'를 뜻한다. 곡강의 관련 구절이다. 이 글귀에서 '고(古)'자와 '희(稀)'자를 합성하여 고희라고 했다.

술집 빚은 가는 곳마다 있기 마련이지만(주채심상항처유 : 酒債尋常行處有)
칠십 해 인생은 예로부터 드문 일이네(인생칠십고래희 : 人生七十古來稀)

공자의 가르침을 집대성한 논어의 위정편(爲政扁)을 보면 삶의 구비마다 나름대로 의미를 부여하고 있다. 예를 들면 지학(志學 : 15세), 약관(弱冠 : 20세), 이립(而立 : 30세), …, 칠순(七旬 : 70세) 등이다. 그런데 칠순인 '일흔에는 마음이 하고자 하는 바를 따라도 도리에 어긋나지 않는 경지인 종심(從心)에 이른다'고 하여 종심불유(從心不踰)라고 이르고 있다.

세상에 영원한 젊음이나 영생이 있을까? 그 옛날 군주나 억만장자들도 불로초나 영약을 구하려고 별의별 궁리와 수단을 동원해도 뜻을 이뤘던 적이 없었다. 그런 맥락에서 늙기를 받아들이지 못하며 자연에 거역하는 안티에이징(anti-aging)보다는 아름답고 건강하며 멋있게 나이를 먹겠다는 웰에이징(well-aging)을 다짐한다. 어차피 나를 위해 속도를 늦추며 기다려 주거나 어깨동무하고 동행할 세월이 아니다. 그렇다면 내게 어울리도록 쓰임새를 모색하는 지혜로움이 유한한 삶을 알차고 유용하게 쓰는 길이 아니겠는가!

앞으로 남은 삶을 어떻게 꾸리는 게 아름다운 삶일까? 이제는 원해도 마땅한 자리가 없어 일중독자(workholics)처럼 억척을 부릴 세월이 아니다. 그러므로 두 어깨에 힘겹게 짊어진 짐이나 탐욕은 과감하게 내려놓거나 비우고 견금여석(見金如石)의 겸허한 자세로 삶을 꾸려야 하지 않을까! 그렇다 해도 삶의 지혜를 깨우치고 길을 터득하기 위해서는 젊은 날 이상의 박람강기(博覽强

記)가 필요할지 모른다. 현명한 어른으로서 아름다운 노년의 슬기로움을 위해서 말이다. 우리는 지금 잠을 자거나 게으름을 피운다면 일신의 편안함을 얻을 수 있다. 이에 비해 지금 신명을 바쳐 갈고닦으며 지혜에 다다르려고 진력한다면 고귀한 꿈을 현실로 꽃피울 수 있으리라.

매두몰신하며 노심초사했던 젊은 날에 대한 소회이다. 환경을 핑계 대거나 주위의 시기나 질시 때문에 뜻을 이루지 못했다는 면피성 말을 입에 달고 살았던 날이 숱하게 많았다. 하지만 과연 그랬을까? '모두가 나의 모자람이나 무지에 기인하지 않았을까'라고 되새겨 보니 뒤 꼭지가 간지럽고 얼굴이 화끈거린다. 그러므로 터득이나 깨우침이 부족했던 지난날에 대한 진솔한 자성은 필연적인 필요충족조건이다.

이제부터 삶에서 내게 알맞은 역할이 있을까! 언젠가 경찰의 상징어로 표현했던 '민중의 지팡이'[15]처럼 내 역할을 똑 부러지게 나타낼 수는 없을까. 아무리 곱씹어 봐도 깜깜하다. 사회나 가족에게 꼭 필요한 존재로서 인정을 받는다면 노년의 삶이 한층 찰지고 보람되리라. 하지만 자리를 지키면서 합당한 역할을 해내 나잇값을 할 맞춤한 대상이 없어 엄청 낭패스럽다.

젊은이들의 눈에 얄짤없는[16] 백두거사로 비칠지라도 내 몫을 다하며 단아한 길을 걷고 싶다. 그 성패는 온전하게 내게 달려 있

---

15) 민중의 지팡이 : 1949년 11월 무렵에 국민과 경찰의 융화를 상징하는 민경융화(民警融和)의 표어로 선정하여 서울 시내 각 파출소에 내걸었던 데서 유래한 것으로 알려졌다.

16) 얄짤없다 : '봐 줄 수 없다.'라는 의미의 속어이다.

기 때문에 '고상하게 나이를 먹는다'는 웰에이징의 본때를 보여줄 삶을 꿈꾼다. 참됨을 지향하며 곧고 바른 생을 겨냥하는데 백해무익한 다변을 피하는 편이 나 스스로의 품위를 지키는 지름길이지 싶다.

우리詩, 2014년 4월호, Vol. 310, 2014년 4월 1일
(2014년 1월 22일 수요일)

한겨울의 이사

삼동의 이사는 내키지 않았을 뿐 아니라 을씨년스러웠다. 일 년 중에 가장 춥다는 대한(大寒)을 이틀 앞두고 지난 토요일(18일) 이사를 했다. 이사라고 하지만 동일한 행정구역으로 생활권이 같은 다른 아파트로 옮겼다. 지난번에는 마산 서항 매립지 바닷가의 아파트에서 살았다. 그런데 이번에는 그곳에서 대충 1km쯤 떨어진 아파트로 옮겼다. 그 옛날 마산 국군통합병원 자리를 아파트 단지로 재개발한 곳으로 완만한 산자락 안쪽에 터를 잡았다. 그렇기 때문에 맘만 먹으면 밤낮을 가리지 않고 산에 다가갈 수 있어 등산에 맞춤한 동네이다.

산 쪽의 깊숙이 터 잡은 아파트이다. 이런 때문에 하루 종일 거실에 머물러도 외부차량이 꾸역꾸역 모여 들 까닭이 없을뿐더러 뻔질나게 오가는 차량의 소음이 없다. 또한 시끌벅적한 사람의 소리 또한 도통 없어 절집의 뜰 안처럼 고요가 겹겹이 내려앉아 되레 혼곤한 낮잠이 몰려오기도 한다.

거실 창으로 보이는 밖의 풍경이다. 바로 앞 동에서 이따금 보일러가 가동되며 발생하는 하얀 증기와 가파른 산비탈에 앙상한 나목이 잔뜩 웅크린 자태가 어른거린다. 이런 풍경이 아니라면 삼동(三冬)인 지금 창밖에는 이른 봄을 연상시키는 따사로운 햇볕이 빼곡하게 내려앉아 졸고 있는 듯 한갓지다.

한겨울 이사는 왠지 마뜩잖다. 그렇지만 주인의 집을 비우라는 통보를 감히 거역할 수 없지 않은가? 조금 늦춰봤자 설을 지난 정초에 이사를 해야 할 처지였다. 그래서 앞 당겨 선달에 마치도록 서둘렀다. 꽤나 많은 시간을 두고 여러 곳을 눈여겨 살펴봐도 맞춤한 대상을 찾기 어려웠다. 전세 만기일이 가까워져 대충대충 아귀를 맞춰 청소나 관리가 벅찰지도 모르는 43평 아파트를 덥석 꿰차고 들어왔다.

오랫동안 50평의 아파트에 살다가 이전에 살던 34평형의 아파트로 이사를 가면서 살림살이를 절반으로 줄였었다. 그 때문에 43평으로 이사를 와서 아무렇게나 짐을 풀어놔도 공간이 넉넉했다. 하지만 달포 전쯤 계단을 내려가다가 발을 헛디뎌 나동그라지면서 허리를 다쳐 쩔쩔매는 아내가 신경 쓰인다. 집안 구석구석을 헤집고 다니며 청소를 하거나 이삿짐을 정리하기 힘겨워 허둥대는 모양새가 무척 안쓰럽다.

집안 여기저기에서 내 손길을 필요로 해 적응하려 안간힘을 쓰고 있다. 우선 아내를 따라다니며 무거운 짐을 들거나 정리하는 도우미 역할이 무척 벅차다. 그래도 견뎌내고 있다. 그런가 하면 집안 이곳저곳을 헤집고 다니면서 손주가 어질러 놓은 장난감을 정리하는 게 결코 쉽지 않아 헉헉대기도 한다. 또한 유치원 통학 차량으로 등원시키기 위해 아침 일찍 준비를 시키는 일이 만만치 않을 뿐 아리라 저녁 무렵엔 귀가 차량 도착시간에 맞춰 나가 모셔오는 과정이 꽤나 번거롭다. 그뿐이 아니다. 일주일에 세 번은 태권도장 차량을 태워 보내고 귀가 시간에 맞춰 마중 나가는 일이 꽤나 성가시다.

이사로 인해 이렇게 소소하고 자질구레한 일만 있는 게 아니고 동전처럼 양면성이 있다. 내가 즐겨 찾는 등산로 바로 아래에 아파트가 위치해 언제든지 등산에 나설 수 있음은 축복으로 신바람 난다. 필요할 때 등산로를 따라 정상을 지나서 반대편 중턱까지 갔다가 돌아오는 길이 맘에 든다. 그와는 다른 또 다른 산책길이 있다. 산림 관리를 위해 개설하여 포장한 임도(林道)를 따라 오가면 대략 10km 내외를 밤중에도 걸을 수 있어 좋다. 아울러 어머니 치마폭 같이 넉넉한 산자락으로 둘러싸인 분지에 자리해 항상 조용한 아파트는 무척 안온하다. 산만하기 이를 데 없는 다른 아파트에 비하면 환상적인 주거환경이 맘에 쏙 들고 흡족하다.

손주도 생활환경이 바뀌면서 적응하는데 애를 쓰는 눈치이다. 우선 유치원 옆에 살 때보다 한 시간쯤 일찍 일어나야 한다. 왜냐하면 7시 반쯤에 일어나 채비를 마치고 아침식사를 한 뒤 8시 반쯤에 통학차를 타야 한다. 그리고 태권도장을 가지 않는 날은 집에 돌아오는 시간이 얼추 여섯 시 무렵으로 이전보다 훨씬 늦다. 그런데 태권도를 수련하는 사흘(월·수·금)은 체육관의 차량으로 귀가하기 때문에 신경이 쓰이는 모양이다. 그나마 다행은 아파트의 같은 동에 유치원을 함께 다니는 친구 다섯이 통학차를 타고 오간다. 그 과정에서 친구를 사귀는 게 무척 바람직한 경험이 되리라.

이전에 살던 아파트 바로 앞에 어린이 놀이터가 있어 다양한 성향의 아이들과 스스럼없이 어울려 놀았다. 그런데 여기서는 놀이터가 한쪽 외 돌아진 구석에 자리한 때문에 아이들이 외면한다. 그런 연유에서 이전에 살던 아파트 놀이터에 가서 친구들을 만나고 싶다는 하소연을 내뱉는가 하면 불평해대기도 한다. 하지만 이곳의 좋은 점도 있다. 초등학교가 아파트 단지 내에 있고 외부 차량의 내왕이 거의 없다. 그에 따라 교통사고의 위험이 상대적으로 적어 안전하다.

이사 온 아파트엔 방이 네 개다. 큰방은 부부 침실, 두 번째 방은 손주 방, 세 번째 방은 수납공간 겸 드레스 룸, 네 번째 방은 서재로 정했다. 그런데 낮에는 세 식구가 거실 소파 주변에 옹기종기 몰려 지낸다. 그러다가 취침 무렵이 다가오면 손주의 방에서 어울려 뒹굴뒹굴하다가 함께 꿈나라 여행을 떠난다. 그러므로 그 두 곳을 제외하면 집안의 다른 공간은 구색을 맞추기 위한 액세서리 같다. 사랑땜이 부족해 낯선 것일까. 서둘러 집안 구석구석과 정을 들여야 할 모양이다. 그래야 진정 새로운 집의 주인이 될 테니까.

이사 온 주된 이유는 손주의 초등학교 문제이다. 아파트 단지 내에 학교가 둥지를 틀고 있어 등하교 과정에서 차량 사고의 위험이 없고 유해한 골목이 없어 맘에 쏙 들었다. 모쪼록 새로운 세상을 향해 날갯짓을 시작하려는 해맑은 천사가 지척에 자리한 초등학교를 즐겁게 오가며 무럭무럭 자라기를 기원한다. '원님 덕에 나팔을 분다'고 했던가! 어린 왕자 덕분에 나도 가장 즐기는 등산을 열심히 하고 조용한 방에 앉아 글쓰기에 푹 빠져 볼 참이다. 그 외에 넓어진 집안이 부담스러워 전전긍긍하는 아내를 돕는 도우미 역할도 내게 지워진 또 다른 짐인 동시에 모가치임을 잊지 않을 요량이다.

2014년 1월 23일 목요일

삶의 궤적에 옹이

이사한 지 얼추 한 달이 가까워진다. 예정일을 정하고 달력을 들여다봤더니 하필이면 그날이 칠순을 맞는 생일이라서 억지로 하루를 연기해 옮겼다. 이사 며칠 전 갑자기 유명을 달리한 지인의 조문을 갔었다. 그 자리에서 우연히 이사 문제가 화제로 등장해 별생각 없이 그런 전후 사정을 얘기했었다. 그랬더니 그 자리에 동석했던 누군가가 무엇인가를 짚어보며 원래 예정했던 생일이 훨씬 좋은 생김수로서 길일이라며 정색을 했다. 그 이유와 타당성을 줄줄이 꿰었다. 하지만 덤덤하게 들으며 귓등으로 흘리면서 왕배덕배 따지고픈 마음이 아니라서 그냥 웃어넘겼었다.

점을 보거나 길일을 따져 택일해서 무엇인가를 결정했던 적이 없다. 하늘의 이치를 마구 깔아뭉개면서 목곧이로 얄밉게 살아온 업보에 대한 신의 경고이며 동티가 났던 것일까? 이사를 하고 몸살감기에 걸려 동네 병원을 유람하듯 옮겨 다니며 치료를 받는 난리굿을 피우다가 미세한 호전 기미가 엿보일 즈음이었다. 이런 맹랑한 상황에서 여러 개의 어금니 중에서 유일하게 남아서 근근이 연명해오던 외톨이가 탈이 났다.

입때까지 골골거리던 어금니는 불혹의 중반에 혼쭐을 놓을 정도로 말썽을 부려 치과에서 금으로 씌웠던 어정잡이였다. 당시 의사가 영구적으로 사용하리라는 호언장담해서 철석같이 믿었다. 그런데 허망하게도 30년을 버텨내지 못하고 발라당 드러누워 항명하며 야멸치게 뻗댔다. 인내의 한계를 뛰어넘는 아픔과 고통을 안겨 최후의 통첩을 했는데도 정신이 혼미할 정도로 발광을 계속했다. 도저히 더 이상 솜방망이 대응으로 견뎌 내거나 적당히 달래고 어를 계제가 아니었다. 그래서 독하게 맘을 고쳐먹고 치과에 가서 발치(拔齒)하는 초강경 대응밖에 달리 묘수가 없었다. 그쯤에서 멈췄으면 좋으련만 이번에는 왼쪽 눈이 깜깜해져 가까운 곳의 물체는 물론이고 글자를 인식할 수 없다는 사실을 깨닫고 수술을 해야 할 상황임을 직감했다.

그저께(2월 12일) 이른 아침부터 서둘러 안과에 가서 검사했다. 예상한 대로 백내장의 상태가 심각하다는 진단에 따라 어제 오후에 수술을 했다. 수술이 생각보다 간단했다. 늘 끼고 살던 안경의 렌즈 갈아 끼우는 것 같았다. 이러한 느낌은 몇 해 전에 이미 겪었던 이력 때문이 아닐까? 그러니까 세 해 전(2012년)이었다. 오른쪽 눈에 문제가 발생하여 같은 수술을 받았던 적이 있다. 그 당시 수년 내에 왼쪽 눈도 수술해야 한다는 귀띔을 받았다. 그 조언을 들으며 강력히 부정하고 싶었다. 하지만 공연한 오기 같아 억울한 마음을 누그러뜨린 채 다소곳이 마음의 준비를 단단히 했

던 터였다.

현대문명의 총아 중에 하나인 컴퓨터는 과학 기술이 빚어낸 찬란한 꽃이다. 이는 첨단기술의 결정체인 다양한 부품으로 조립된다. 그런데 이들 첨단 부품의 수명은 과연 몇 년이나 될까? 기껏해야 20년 미만이다. 현대 과학의 산물마저도 이런 지경이다. 이에 비해 70년을 사용한 사람의 몸에 아무런 불협화음이나 경고가 나타나지 않는다면 그게 되레 비정상 일지 모른다. 이런 맥락에서 눈이나 치아의 이상 징후에 대응한 수술이나 치료는 자연스러운 대응이며 순응이리라. 그래도 삶의 굽이굽이를 지나며 불가피하게 발생하는 옹이(병이나 사고)에 대해 기계의 부품을 갈아 끼우거나 수리를 하는 경미한 대응쯤으로 여기니 그나마 마음이 가볍고 위안이 된다.

옛말에 '아무리 꽃이 아름답다 해도 열흘을 넘기지 못한다'라고 하여 화무십일홍(花無十日紅)라고 일깨우지 않던가! 이런 명쾌한 하늘의 이치에 감히 도전하거나 거역하고 영생을 꿈꾸는 짓은 부질없는 집착이며 탐욕이리라. '달도 차면 이지러진다'라고 하여 만월즉휴(滿月卽虧)라 이르듯이 우리 인생의 젊음 또한 마찬가지 일게다. 세월이 지나면 속절없이 늙어가며 노환과 승산 없는 드잡이를 하다가 벼랑 끝으로 몰려 백기를 들고 자연으로 돌아가는 게 순리이다. 그럼에도 하늘의 섭리를 제대로 꿰뚫지 못하고 좌충우돌하며 어리석음을 범하는 애처로운 노년의 모양새가 볼썽사납고 떫으며 쉽다.

주위에 긴긴 세월동안 이 병원 저 병원에 입원과 퇴원을 되풀이

하며 모진 명줄을 이어가는 애처로운 경우가 숱하다. 이는 가족에게 감당하기 어려운 경제적 고통을 고스란히 떠넘기거나 가정파괴 같은 상처를 남기게 마련이다. 게다가 자신도 처절한 고난을 된통 겪다가 끝끝내 이승을 하직하는 참혹하고 비루한 삶에 과연 어떤 의미를 부여할 수 있을지!

한 치 앞의 미래를 예측할 수 없는 우리의 생이다. 그래도 노년에 품격을 잃지 않고 고상한 삶을 누리다가 곱고 단아한 자태로 이승을 하직했으면 하는 바람은 부질없는 욕심일까. 그런 까닭에서 내남없이 늙고 병들어도 처참한 꼴은 멀리 비껴가길 원하리라. 최근 들어 무기력해진 신체의 여기저기에서 비정상인 불협화음이 불쑥불쑥 불거지면서 두려운 마음에 갇혀 무척 무겁고 께름칙하다. 그래도 시원한 솔로몬의 지혜나 건강을 보장할 큰 길은 보이지 않고 깜깜한 밤중 같아 답답하다. 그렇다면 운동에 심혈을 쏟아 심신의 건강을 여퉈두는 길 외에는 떠오르는 게 없는 투미한 내 자신이 얄뚱치 매랍다[17].

문예감성, 2014년 봄·여름호, 통권 제9호, 2014년 4월 26일
(2014년 2월 14일 금요일)

17) 얄뚱치 매랍다 : 얄밉다

감사와 정성의 징표

나를 가장 감동시켰던 선물은 뭐였을까? 나잇값도 못하는 주제에 문득 돌아보니 물질적인 기쁨보다도 정신적인 만족이 한 수 위라는 사실을 어렴풋이 깨우치기 시작했다. 입때까지(至于今) 살면서 주고받았던 선물은 헤아리기 어려울 정도로 많다. 그렇지만 오래전 선물 중에서 여태까지 기억에 남아있는 경우는 거의 없다. 세월의 흐름과 함께 회상의 곳간에는 가뭄에 콩 나듯이 희미하게 하나씩 남아 있고 애석하게도 통째로 말끔히 지워진 게 태반이다.

선물 중에 가장 기억에 남을 것은 어떤 것일까? 뒤죽박죽으로 얽히고설킨 채 나뒹구는 그들을 이리저리 들춰 아귀를 맞춰본다. 개인의 경우보다는 여럿의 마음을 담은 선물이 더욱 값지고 아름다우며 정성의 결정체로 여겨져 유독 눈길이 자주 가고 새록새록 정이 깊어진다.

일터를 떠나올 즈음(2010년 섣달) 제자들의 정성을 친필로 알알이 아로새겨 만들어준 피켓(picket) 열한 개를 보물처럼 간직하고 있다. 이는 이제까지 받았던 수많은 선물 중에서 가장 많은 젊은 지성들의 정성을 담았다. 그런 때문에 무엇과도 바꿀 수 없는 소중한 인연의 표상으로 영광스러운 훈장이다.

피켓 하나의 크기가 가로 55cm, 세로 40cm 크기로서 한 면에는 '한판암 교수님 사랑 합니다'라는 열한 개의 글자를 한 자씩 커다랗게 새겼다. 한편, 각 피켓의 또 다른 면에는 형형색색의 포스트잇(post-it)이 3, 40개 정도씩 붙여져 있기 때문에 아름다운 총천연색 화보를 연상케 한다.

포스트잇에는 퇴임 무렵에 내가 창설했던 학과의 제자 300여 명이 손으로 정성 들여 쓴 깨알 같은 글씨가 빼곡하게 적혀있다. 내용은 나에 대한 추억이나 덕담을 위시하여 일터에서 물러날 내게 보내는 격려 문구이다. 그러므로 이 피켓에는 지성의 요람에서 스승과 제자로 연을 맺었던 순수한 정성과 해맑은 혼이 옹골지게 살아 숨 쉬고 있다. 또한 엔간해서는 꿈도 꿀 수 없는 어마어마할 정도의 방대한 양이기도 하다.

이 피켓은 여태까지 받았던 선물 중에 가장 값진 것으로서 삶의 편린이나 흔적을 유추할 수 있는 자산이다. 그래서 이사 때마다 신줏단지처럼 모시고 다닌다. 이제 어떤 경우를 막론하고 그 많은 젊은 지성들의 영혼이 담긴 진솔한 사랑과 번뜩이는 이성을 다시 조우할 수 없다는 이유에서이다.

젊은 시절 한 때는 힘겨운 중압감 때문에 선물이 사라졌으면 좋겠다는 생각을 했었다. 특히 가정의 달인 5월이 특히 심했다. 싱그러운 계절의 여왕에 앞서거니 뒤서거니 줄을 잇는 이런저런 기념일이 짓누르던 부담 때문이었으리라. 가까이는 친가와 처가의 부모님을 비롯해 두 아이들과 줄줄이 늘어선 조카들, 적지 않은 스승이나 사회적으로 각별한 연을 맺은 이들에게 체면치레하기가 힘에 부친다고 느꼈던 심리적 갈등이 그리 내 몰았다.

사전에서 선물을 “남에게 인사나 정을 나타내는 뜻으로 물건을 줌”으로 정의하고 있다. 따라서 진정으로 감사하는 마음과 정성이 담긴 선물은 아름다운 마음의 징표로서 고마움을 상징한다. 이 같이 단순 명료한 선물인데도 그 선결 충족 조건을 만족시키기 까다롭고 맹랑한 애물단지이다.

선물은 동일한 사람도 때와 장소에 따라 받고 싶어 하는 대상이 달라진다. 그리고 만족 여부도 천양지차를 보여 괴팍한 요물 같아 두렵기도 하다. 한편, 미국의 경제학자 조엘 월드포겔(Joel Waldfogell)은 ‘크리스마스에 주고받는 선물이 구매자와 사용자가 다름 때문에 발생하는 상품 가치의 평가 차이로 발생하는 손실이 많다’고 주장해 상당한 설득력을 얻고 있다. 예를 들면 십만 원을 주고 화장품을 구입해 누군가에 선물했다고 가정하자. 불행하게도 그를 받은 사람이 특이 체질로 절대로 사용할 수 없다고 하자. 이때 그 선물의 가치는 얼마로 평가될까? 그는 이 원리를 크리스마스 자중손실(The Deadweight loss of Christmas)이라고 명명했다.

우리는 일상적으로 선물을 주고받는다. 하지만 주는 이의 진솔한 정성을 전하더라도 받는 이를 만족시키기는 쉽지 않아 가슴을 쓸어내리는 경우가 흔하다. 그래서 자칫하면 형식에 연연하거나 물질적 가치에 목을 매며 겉치레에 치우쳐 얄팍한 잇속만 따지다가 결례를 범하기도 한다. 따라서 예기치 않게 선물이 받는 이의 맘을 상하게 하는 원흉이 될 개연성도 있다.

요즈음 결혼식 청첩이나 장례식을 고지하는 말미에 입금 안내 계좌가 게시되는 경우가 흔하다. 이런 통장에 생각 없이 입금하거나 지전 다발을 상대방 면전에 불쑥 들어 미는 것도 예의가 아니다. 그런 방자한 행동은 자칫하면 뇌물공여죄라는 덤터기를 뒤집어쓸 위험성이나 오해의 소지가 다분히 도사리고 있다. 이는 선물을 건네는 데 품격을 갖춰야 한다는 형식 요건도 충족시키지 못한 꼴로 비칠 수도 있다. 그러므로 저잣거리의 망나니 패거리가 아니면 품격을 따져 봐야 할 필요가 있다. 그럼에도 지금까지 사회의 어두운 구석에서 이런 작태가 암암리에 통용됨은 물질 만능주의 사고가 불러온 적폐가 아닐까.

자고로 선연(善緣)에 대하여 아름다운 정성과 고마운 마음을 바탕으로 하는 선물은 언제나 밝고 곧은 정문(main gate)을 통해 주고받기 마련이다. 그런데 아름다운 마음과 숭고한 정신으로 맺어진 상생과 공존의 틀을 전제로 한 선물이 부정한 수단으로 변해 골칫거리인 뇌물로 둔갑했다. 이는 불의와 절묘하게 결탁하거나 야합을 반복하며 상상을 초월할 만큼 다양한 야호선(野狐禪)의 형태로 진화를 거듭하고 있다. 그래서 사회의 어두운 구석에서 독버섯처럼 깊이 뿌리를 내린 뇌물은 개구멍받이 같이 뒷문

(backdoor)을 통해 은밀하게 거래된다.

뇌물이란 어떤 이익을 받는데 따른 대가이다. 그런데 그 대가는 옳고 그름을 바꾸거나 좋고 나쁨을 뒤집는 사술(詐術) 같은 마력을 거리낌 없이 부리게 마련이다. 그러므로 뇌물은 공적으로 지향하는 정당한 판단이나 결정에 정면으로 배치되게 사적인 야욕의 획책에 이성을 잃거나 부당한 결과를 겨냥하는 부도덕함 대문에 저주가 따른다.

인류 역사와 함께 궤를 같이 했을 뇌물의 옛 흔적을 들춰본다. 그 옛날 중국 청나라 시대의 얘기이다. 권세는 덧없고 인간의 집착은 허망하다. 게다가 내려놓지 못한 탐욕이 죽어서까지 화를 부르는 이치를 생각하면 영원한 부귀영화는 어디에도 없다. 그런 까닭에 허접한 뇌물은 부질없는 탐욕의 부스러기에 지나지 않으리라. 그 시절도 뇌물은 암암리에 통용되었으며 그 폐해가 만연했던가 보다. 몇 가지 예이다. 그런데 왜 뇌물에 '공경 경(敬)'자를 붙여 고상한 이름을 지었을까! 아마도 떳떳하지 못한 존재를 주고받더라도 고상한 이미지로 포장해서 체면치레를 겨냥했던 게 아닐는지 모르겠다.

관리가 다른 곳으로 옮겨갈 때 섭섭하다며 전하던 별경(別敬), 설이나 추석 같은 명절을 즐겁게 보내라는 절경(節敬), 더운 여름을 시원하게 지내라는 빙경(氷敬), 추운 겨울을 따뜻하게 지내라는 탄경(炭敬) 등은 전형적인 뇌물 이름이다.

무모한 욕심은 화를 부르고 끝없는 집착은 죄를 낳게 마련이다.

그럼에도 거개의 정치인이나 고위관리들은 한 줌의 성취를 과대 포장하여, 그걸 사다리 삼아 부와 권력을 거머쥐는 수완을 능력이라고 맹신하는 경우가 흔했다. 그런 맥락에서 앞뒤 가리지 못하고 떡값이나 정치자금 혹은 대가성 없는 돈이라는 이름으로 포장하여 뇌물을 갈퀴질 하는 경우가 드물지 않았다. 그러다가 구린내가 진동하면서 꼬리를 잡혀 끝없이 추락하는 볼썽사나운 꼬락서니를 하도 많이 목격해 무감각해진 불감증 환자로 전락한 지 오래이다. 그래도 저마다 논리나 잇속에 따른 비난 게임(blame game)을 자제하는 성숙한 시민 의식을 그들은 바로 깨닫고 있을까? 이런 이유에서 클리세(cliche)처럼 진부한 얘기라는 볼멘소리가 따라도 사족을 하나 붙이련다. 불가(佛家)에서 이르는 얘기이다. '눈을 뜬다'는 것은 지혜를 얻는 것이며, '집착과 애착을 떨쳐내야 얻어지는 것'이 지혜의 눈이라는 설파를 곱씹어 볼 일이다.

진정한 고마움에 대한 사은의 뜻을 듬뿍 담은 따뜻한 마음의 표시인 선물은 공감과 배려에서 시작된다. 그런데 공감과 배려의 전제인 이해와 존중의 근원은 진솔하게 마음과 마음을 섞는데서 잉태한다. 그러므로 선물은 널리 주고받아 우리 사회를 넉넉하게 만들되 선물의 탈을 쓴 뇌물은 발붙일 여지를 송두리째 몰아낼 묘책이나 혜안을 그려본다. 그 길이 수사(修辭)와 감각이 본질과 근본을 압도하여 본말이 전도된 비정상 사회를 올곧게 정화시키는 첩경이며 왕도가 아닐까!

선물, 테마수필 제10집, 2014년 9월 20일
(2014년 2월 21일 금요일)

삶 즐기기

진정 아름답고 여유로운 삶을 누려 보고프다. 두 손 잔뜩 움켜쥔 채 입을 꽉 다물고 두 눈을 부릅뜬 꼴로 내달려야 하는 숨 가쁜 여정에서 한 발 비켜서 자유로워지려고 기를 쓴다. 이는 두 어깨를 짓누르고 있는 업보를 과감하게 내려놓고 허업(虛業)에 지나지 않을 탐욕을 덜어내는 자성과 성찰을 필요충족조건으로 한다. 고매한 성현의 반열은 언감생심이라도 젊은 날의 아집과 교만으로부터 다소라도 초연할 수 있다면 한결 가볍고 밝은 삶을 누리리라는 희망 때문이다. 불가에서 들려주는 돈오(頓悟)의 법열(法悅)에 견줄 수 없다. 그럴지라도 헛된 집착이나 환상에서 벗어나려는 갸륵한 마음에 대한 어렴풋한 희망의 징조일까?

당나라의 명승(名僧) 운문(雲門) 스님께서 '날마다 좋은 날(日日是好日)'이라고 설파하지 않았던가! 새로 맞는 하루가 즐겁고 감사하다. 헛된 욕심이나 공연한 미움으로 자학하는 맹랑한 경우가 눈에 띄게 줄어들었다. 어쩌면 깍쟁이 모습으로 비칠지도 모르겠다. 하지만 오지랖 넓게 내 아랑치도 아닌 세상사에 끼어들며 나서고 싶은 치기도 이전과 사뭇 다르게 줄어들었다. 이런 희망적인 정황에 고무되면서 어제와 다를 바 없는 일상이 되풀이될지라도 열성을 다하려 진력하는 나와 조우가 미쁘다.

무거운 짐을 내려놓고 탐욕을 비우려는 노력은 그에 상응하게 또 다른 세상에 대한 지혜에 눈을 뜨게 한다. 그렇게 되면서 실(失)보다는 득(得), 작은 이(利)보다는 의(義)로 이끌어 참에 가까운 삶의 이치를 터득토록 인도하리라. 따지고 보면 허접한 집착과 욕망의 노예가 되어 미망에 사로잡혀 갈팡질팡하며 선후를 가리지 못하는 필부의 삶이다. 그럼에도 선현을 방불케 하는 언행을 쏟아냄은 담마진(膽麻疹 : 두드러기)을 돋게 하는 망발에 비견될지라도 고희의 문턱에 들어선 지금 느낌이 그렇다는 얘기이다.

이른 새벽 밝아오는 여명과 함께 잠자리에서 일어나 어제와 다를 바 없는 들숨날숨을 고르며 새로운 하루를 여는 게 즐거움이고 환희이다. 그렇게 열어가는 일상을 밀고 당기며 끌탕을 치거나 마음에 상처를 입더라도 느긋한 마음과 폭넓은 아량으로 포용한다면 이 또한 보람이 아닐까. 아울러 이는 성숙에 다가가는 깨달음의 참뜻을 어림할 수 있을 법해서 애써 외면하고픈 생각이 없다. 그래서 오늘도 여전히 편안한 마음으로 세상을 볼 수 있다는 사실이 고맙기 이를 데 없다.

제 부모 대신 맡아 기르는 여덟 살의 손주를 깨우는 일로 하루를 연다. 그리고 아침을 먹여 학교에 등교시키기까지 여간 분주한 게 아니다. 번거롭고 성가신 황혼육아도 흐뭇하고 행복하다. 이른 아침에 손주를 깨워 준비를 마치고 등교시키는 일도 즐거움이요 보람이다. 하루하루의 삶이 즐겁고 손주와 소소한 짬짜미나 밀당도 무척 신나는 활력소이다. 이 세상 어느 누가 나와 부대끼려 들까? 이런 연유에서 매일 소소한 삶의 얘기를 주고받는 철부지 손주의 존재가 축복이다. 손주는 나를 쓸모 있는 할아비로 여기며 기꺼이 동행하는 천사로서 하늘 아래 으뜸 보물이다.

매일 세 시간 안팎의 등산을 되풀이한다. 신록으로 치장한 숲의 터널 같은 깔딱 고개와 비탈길과 능선을 따라 정상을 거쳐 오가는 산길은 힘듦을 잊게 하는 몽환의 노정이다. 어느 누구의 간섭도 없이 휘적휘적 걸으며 복잡한 현실로부터 벗어나 무념무상의 여유를 만끽할 수 있어 애착이 간다. 게다가 휘휘한 숲의 터널을 터덜터덜 걸으며 맘껏 들이마시는 맑은 공기는 풍진에 찌든 폐부와 탐욕과 번뇌로 한껏 혼탁해진 영혼이 위로를 받거나 힐링에 제격이다. 그 정경은 속세가 아니라 선계(仙界)의 꿈길 같아 끝없이 되풀이해서 찾는다. 게다가 수목과 나와 이름 모를 산새가 부지불식간에 하나로 동화되어 피아의 구별이 어려운 별천지 같은 정황은 필설로 형용할 길이 없어 유감이다.

밥은 부처님께 바치면 공양, 임금님께 올리면 수라, 양반이 드시면 진지라고 부른다. 이들과 격이 달라 하인들이 먹는 입시에 가깝다 해도 나는 하루도 거르지 않고 삼시 세끼 또박또박 챙겨 먹을 수 있음이 흡족하다. 더욱이 일터에서 물러난 뒤의 점심은 엔간하면 스스로 챙겨서 나 홀로 먹는 혼밥인데도 섧거나 떫어 궁싯거리며 푸념 어린 입방아를 찧었던 적이 없다. 그 또한 내 힘으로 해결할 수 있다는 사실만으로도 흡족하다.

논어의 술이편(述而篇)에서 공자는 이렇게 일깨우고 있다.

나물 먹고 물 마시고(飯疏食飮水)
팔을 베고 누었으니(曲肱而枕之)
즐거움이 그 안에 있고(樂亦在其中矣)
의롭지 않은 부귀를 누림은(不義而富且貴)
내게는 뜬구름과 같도다(於我如浮雲)

라고 말이다. 이런 터수에 스스로 끼니를 챙겨 먹는다고 해서 애면글면 힘든척하며 애통하거나 체면을 구겼다고 어리석게 엄살을 부릴 수 있겠는가!

직간접적으로 연이 닿아 동행하는 모든 이들이 예사롭지 않고 감사할 따름이다. 이런 연유에서 나를 미워했거나 내가 증오했던 사람들까지 무릎을 맞대고 한데 어우러지는 삶이었으면 좋겠다. 하지만 예로부터 '팔은 안으로 굽는다'라는 뜻으로 비불외곡(臂不外曲)이라고 하지 않던가! 그런 이치 때문일까? 의기가 투합하는 절친한 벗, 문학적 바탕을 공유하는 글동무들과 함께하는 삶은 그렇지 않은 경우보다 훨씬 월등한 내일을 기약할 수 있으리라는 생각을 지울 수 없다. 그렇지만 대승적인 공유와 공감 그리고 모두가 상생을 위해 열린 사유(思惟)를 전제로 하는 문화가 연착륙하는 올곧은 이상향의 도래를 꿈꾼다.

협협하고 너그러운 풍모를 연상시키는 말의 성찬이 아니었는지 돌아봐야겠다. 그렇다고 해탈이나 달통에 이르러 세상사에 초월한 선각자의 경지에 다다라 이런 얘기를 스스럼없이 쏟아내는 게 아니다. 그보다는 드높은 성현들의 늠름한 기품을 닮고 싶은 욕망의 발로 때문이라는 고백이 격에 어울릴게다. 신록의 계절에 꿈꾸는 절절한 바람이 제대로 영글어 옹골진 결실로 이어져 충실히 여문다면 어쭙잖은 집착이나 번뇌로부터 영혼이 자유로워지지 않을까? 그런 축복이 내린다면 경을 깨우친 뒤에는 경전을 불태우거나, 고기를 다 잡으면 그물을 버린다는 이치를 두고 쓸데없이 애간장을 태우며 끌탕을 치지 않고 초탈해 무애의 지경에서 편안하게 지켜볼 수 있을 터인데.

시와 늪, 제24집, 2014년(여름호), 2014년 7월 10일
(2014년 5월 16일 금요일)

여자의 네 가지 덕

참된 부덕(婦德)은 뭘까? 생전은 물론이고 사후까지 추앙될 여성상을 함축해서 표현하려면 어떤 내용이 합당할까? 효부나 열녀, 요조숙녀와 현모양처, 자모(慈母) 같은 말로 가름될 듯하다. 끝없는 자기희생과 비움 그리고 베풂을 전제로 한 삶이 아니라면 다다를 수 없이 까마득한 경지를 전제로 한 본보기 개념들이 분명하다.

6·25 전쟁이 휴전될 무렵의 얘기이다. 그 시절 어른들 말씀에서 여자가 지녀야 할 덕목으로 회자되었던 말이 앞에서 열거한 어휘들이었다. 그 당시 여학생들은 장래 희망을 적는 란에 '현모양처'라고 썼던 경우가 숱했다. 세월 따라 상전벽해를 연상할 만큼 가치관이나 의식이 엄청나게 많이 변화되었음을 방증하는 현상일까? 이즈음 학생들이 장래 희망을 '현모양처'라고 기재한다는 것은 상상할 수 없다.

최근 우리 사회에서 여권(女權) 신장은 일취월장을 거듭하고 있다. 따라서 어떤 분야를 막론하고 여성의 진출을 가로막고 있는 유리천장(glass ceiling)이 사라지고 되레 여성 상위시대가 활짝 열린 느낌이다. 이같은 사조 때문인지 이즈음 각종 고시나 대입 수능고사에서 여자 수석 합격자가 속출하고 세계적으로 우뚝 올라선 스포츠 스타가 탄생했다 하면 십중팔구는 여성이다. 변화 무쌍한 세월에 좀팽이 좁쌀영감처럼 여성이나 부덕 운운하는 자체가 흘러간 유행가 가락의 흥에 취해서 흥얼대는 모양새일지도 모른다.

현대문명이 만개하면서 삭막해진 사회를 헤쳐 나가며 벅찬 충일감보다는 상실감이 커 보임은 어디에서 연유할까! 물질만능 세상이 두렵고 어지러워 방황하는 영혼을 달래거나 안식을 안겨줄 치유가 절실한 현실에서 허둥대는 평범한 이웃을 생각한다. 그런 까닭에서 고결함이나 자애로운 성품의 모성 같은 부덕이나 부도(婦道)가 그립다. 언제 파고들어도 까탈스럽게 캐묻거나 소인배처럼 이해타산을 꼬치꼬치 따지지 않고 넉넉히 품어줄 어머니 품을 그리며 꿈을 꾼다.

명심보감(明心寶鑑)의 부행편(婦行篇)에 '여자는 네 가지 덕의 아름다움이 있으니'라는 뜻의 여유사덕지예(女有四德之譽)라는 글귀가 있다. 이는 원래 중국 송대(宋代)의 교양서인 익지서(益智書)에 수록된 내용 중의 일부이다. 여자의 아름다움의 첫째는 부덕(一曰婦德 : 일왈부덕), 둘째는 부용(二曰婦容 : 이왈부용), 셋째는 부언(三曰婦言 : 삼왈부언), 넷째는 부공(四曰婦工 : 사왈부공)을 뜻한다고 이르고 있다.

부덕(婦德)은 꼭 재주와 이름이 뛰어남을 이름이 아니다. 이는 절개가 곧고, 분수를 지키며 아울러 몸가짐을 바르게 하고, 조신하게 행하고 행동을 조심하며, 행실을 법도에 맞게 함을 뜻한다고 정의하고 있다.

부용(婦容)이라 함은 꼭 얼굴이 아름답고 곱다는 뜻이 아니다. 이는 먼지나 때로 더럽혀진 옷을 깨끗이 빨아 옷차림을 정갈하게 하고, 목욕을 제 때에 함으로써 몸의 청결을 유지하는 마음가짐이라고 이르고 있다.

부언(婦言)은 꼭 입담이 좋고 말 잘한다는 의미가 아니다. 이는 말은 가려서 해야 하고, 예의에 어긋나는 언행을 삼가며, 반드시 말을 해야 할 때 함으로써 사람들이 싫어하지 않게 하는 것을 의미한다.

부공(婦工)은 꼭 손재주가 남보다 뛰어남을 이르는 게 아니다. 이는 길쌈은 부지런히 하면서, 술을 빚어내기를 좋아하지 않고(勿好暈酒 : 물호운주), 좋은 맛의 음식을 만들어 손님을 접대하는 것이라는 견해이다.

세월 따라 철학이나 가치관을 비롯하여 도덕의 기준이 변함은 당연한 이치이다. 그 옛날 중국의 송나라 시절에 정립했던 덕목이 온새미로 오늘에 통용될 여지는 도통 없다. 그런 관점에서 이들은 하로동선(夏爐冬扇) 같이 부질없는 선(善)의 기준일지도 모른다. 하지만 인간의 본질적인 품성이나 모성의 바탕이라는 맥락에서 보면 부덕, 부용, 부언, 부공은 결코 허투루 대할 수 없을 뿐 아니라 버리기 아까운 예리한 통찰에 해당하지 싶다.

호랑이 담배 먹던 시절에 이런 덕목이 화두로 던져지고 엄청 많은 세월이 흘렀다. 그렇다면 오늘날의 여성들에게 어떤 덕목이 필요한지 곰곰이 반추해 볼 여지가 있다. 물질적 가치를 지고지선(至高至善)으로 여기는 오늘에 참된 영혼을 일깨우고 모든 사람을 치유할 모성의 초석을 올곧게 다지기 위해 닮고 싶은 덕목은 뭘까? 감당하기 힘들 정도로 디지털 문화의 쓰나미(tsunami)가 휘몰아치는 작금에 현대인의 안식을 겨냥한 새로운 지평을 열기 위해서 말이다.

2014년 5월 30일 금요일

과유불급

체력에 비해 활동이 지나쳐 피로했던가보다. 어제 학교에서 돌아온 손주가 내 얼굴을 보고 화들짝 놀라면서 할아버지 눈이 토끼 눈 같다고 호들갑을 떨었다. 그래도 조금 충혈된 것이려니 지레짐작했었다. 너무도 다급하게 되풀이해서 외쳐대던 까닭에 서둘러 거울 앞에 다가갔더니 맙소사 목불인견 그 자체였다. 오른쪽 눈의 실핏줄이 터져 흰자위가 온통 빨갛게 충혈되어 섬뜩한 몰골로 외면하고 싶었다. 숨 쉴 틈도 없이 방방 뜀은 결코 지나치게 과장된 행동이 아니라는 생각에 미안하기도 했다.

거의 매일 간편한 야외활동 차림(outdoor look)으로 등산을 한다. 왕복하는 노정은 대충 14km 정도로 3시간 안팎이 소요된다. 산 정상에 이르기 위해서는 세 군데의 깔딱 고개와 결코 호락호락하지 않은 비탈길과 산꼭대기 완만한 능선을 지나쳐야 한다. 그리고 정상에 다다르면 다시 반대편 산 아래로 2km쯤 내려갔다가 되짚어 정상으로 올라와서 귀가하는 노정을 반복한다. 벌써 십여 년 지속된 등산이련만 점점 힘에 부쳐 처음 시작할 무렵에 비하면 속도가 한 박자 느려졌다. 게다가 오가는 길목 적당한 쉼터가 보이면 슬쩍 주저앉아 숨 고르기를 예사로 즐긴다.

예나 지금이나 줄곧 혼자서 오간다. 따라서 동행의 보행속도를 신경 쓰거나 분위기를 맞출 필요가 없어 늘 마음 내키는 대로 행동한다. 산행을 시작하고 상당한 기간은 앞뒤 등산객에게 뒤지지 않으려고 신경을 쓰기도 했다. 마치 자동차가 고속도로에 진입했을 때 앞뒤에 주행하는 차량의 속도에 따라 완급을 조절해야 하듯이 말이다. 그런데 최근에는 앞서거나 뒤따르는 등산객은 철저하게 무시하고 내 호흡을 유지하려고 애쓴다. 그 이면에는 젊은 사람들과 보조를 맞춰 따라가려면 허둥대다가 헐떡이며 쩔쩔맬 위험성을 무시할 수 없기 때문이다. 처음 등산을 시작할 무렵에 비해 아무것도 변한 게 없다고 자위한다. 하지만 그동안 쌓인 미세한 변화의 흔적을 꼼꼼하게 파고들면 세월의 간극이 엄연히 존재함을 인정하지 않을 수 없다.

등산길 중간의 몇 군데와 산 정상에 운동기구가 있다. 특별한 경우가 아니면 그들을 외면한 채 지나치지 않는다. 그런데 신통하게도 서로 중복되는 게 별로 없다. 그런 매력에 이끌려 기웃거리며 조금씩 운동 흉내를 낸다. 이때 자칫하면 적정선을 넘어서 무리가 따르는 경우를 종종 경험한다. 아슬아슬하게 적정선을 넘나들다 보면 하루 종일 피로에 시달리게 마련이다. 그렇다고 번아웃 증후군(burn out syndrome)에 이를 지경은 아니다.

여러 해 동안 여름철이 되면 새벽 등산을 했다. 새벽 4시 반 무렵에 일어나 채비를 하고 본격적인 숲길이 시작되는 깔딱 고개 입구에서 몇몇이 만나 무리 지어 다녔다. 깜깜한 사위를 손전등으로 밝히며 더듬어 오가는 산길이다. 가끔 출몰하는 멧돼지 떼의 위험을 피하기 위한 궁여지책이 무리를 지어 산행한다. 그때 함께 다니던 동무들이 여름이 되었으니 다시 동참하라는 신호를 연신 보내온다. 하지만 손주의 등교를 시키는 일을 핑계 삼아 못 들은 척 외면하고 있다. 그보다는 어쩌면 동행해도 느린 걸음 때문에 그들과 속도를 맞춰 오갈 자신이 없어 나 홀로 길을 고집한다는 게 진솔한 이실직고 이리라.

오늘 오후 해거름에 한 발을 디밀고 활동하는 문학동인지 출간 기념행사가 예정되어 있다. 거기에 참석해야 하는데 눈이 새빨갛게 충혈되어 야단이다. 지금 상태는 그야말로 최악이다. 이 꼴로 참석하면 다른 사람들에게 혐오감을 줄까 봐 걱정이 앞서는데도 묘책이 없다. 그렇다고 불참할 계제도 아니다. 모임의 개회식에서 말부조를 하도록 약속되어 있기 때문에 안대를 하고라도 참석해야 할 궁색한 상황이다. 그 외에도 이번 호(號)의 수필 우수작가 심사평을 썼던 때문에 그 당선자에게 축하의 말도 건네야 한다. 예로부터 전해지는 '시집 가는 날 등창 난다'는 말처럼 하필이면 오늘에 맞춰 눈병이 발생할 연유가 나변에 있는지 야속하다.

최근 들어 두세 주일 동안 점심을 거르고 지내고 있다. 나름대로 무언가를 겨냥한 짓인데 견뎌내기 어려워도 우직한 뚝심 하나로 버텨내고 있다. 지난 70년 동안의 삶에서 의도적으로 점심을 굶었던 경험이 없다. 그럼에도 왕성한 먹성을 무시한 채 점심을 거르고 있다. 그랬더니 배가 몹시 고프고 기력이 쇠잔해져 파삭파삭해지는 느낌이다. 이에 연유하는지 이즈음은 유독 더 피곤하고 체력이 달려도 오기로 버티면서 치열한 내 자신과의 싸움 중이다.

매일 등산을 하는 길에서 운동에 열중하고 있다. 게다가 자의적으로 점심을 거르는 일까지 더해져 피로가 누적되었던가 보다. 옛 어른들이 이르지 않던가? '넘침은 모자람만 못하다'는 뜻으로 과유불급(過猶不及)이라고 말이다. 하여튼 일흔의 초입에 들어선 이제는 선부른 객기나 무모한 과신은 돌이킬 수 없는 화를 부르는 단초가 될 수 있다는 사실을 곱씹어보는 지혜가 따라야 하지 싶다.

마산문학, 제38집, 마산문인협회, 2014년 12월 13일
(2014년 7월 12일 토요일)

자식 농사

농사 중에 가장 힘든 게 자식 농사가 아닐까? 나는 두 아들을 두었기에 얼추 평년 농사를 지은 꼴이다. 하지만 삶의 추구나 아이들이 겨냥했던 목표라는 관점에서 서릿발 같이 냉정하게 평을 한다면 겉치레뿐인 빈 수레가 요란하게 덜컹거리며 굴러가는 격으로 폐농이다. 능력이 따라주지 않은 때문일까? 아니면 신실하지 못해 열성을 다한 노력이나 단련과 담금질에 게을렀던 때문이었을까? 하여튼 두 아이가 염불처럼 읊어댔던 청운의 꿈에 비해 간극이 상당한 처지의 애옥살이를 하고 있다. 자식을 험담하는 어리석음으로 투영될지라도 두 아들에 대한 속내를 온새미로 들추련다.

꿈도 꾸지 말아야 할 길을 오매불망 넘보며 지나친 탐욕이 빚은 냉엄한 결과이리라. 돌이켜 보면 선부른 판단을 바탕으로 지나치게 믿었던 게 실농의 단초였다. 되돌릴 수 없을 만큼의 세월이 지난 뒤에도 애증의 찌꺼기가 단단히 응어리져 가슴에 앙금으로 켜켜이 쌓여있다. 게다가 두 아들에게서 청춘의 열정은 간데없고 현실과 타협하는 장년을 빼닮아가려는 변모가 마뜩지 않아 섧고 떫으며 낯섦을 어찌할 도리가 없어 당최 마음은 천만근이다.

초등학교 이후 죄다 나 스스로의 판단에 따라 결정하고 동행했다. 학업이나 생활 전반을 어느 누구의 도움을 받을 수 없어 온새미로 내 몫이었다. 이런 경험이 두 아들에게는 되레 독이 되었지 싶다. 아이들도 최소한의 여건이나 환경이 마련되면 스스로 개척해 나가리라고 여겼다. 지나친 간섭은 과잉보호로 부질없는 짓이라고 철석같이 믿었다. 그런 까닭에서 초등학교에서부터 대학까지 최소한으로 필요한 기본적인 바탕은 마련해 줬었다. 그리고 대학 이후는 성인이기 때문에 시시콜콜한 참견은 역효과라고 여겨 담담하게 지켜보기로 했었다.

대학에서 그림을 공부했던 큰 아들. 견문을 넓히고 새로운 세계를 깨우쳐보겠다고 호기롭게 밖으로 나가던 당당하던 그날의 모습이 여태까지 생생하다. 그림쟁이를 꿈꾸는 사람이라면 동경하게 마련으로 메카 같은 파리에서 10년 정도를 머물며 그쪽의 문화를 섭렵하고 지평을 넓혔다. 따라서 일가견을 이루어 원하는 길을 기대했는데 연기처럼 사라지는 꿈으로 끝났다. 미련할 정도로 춥고 배고픈 전업화가인 환쟁이의 길을 택해 우직한 행보를 고집해온 까닭에 입때까지도 살얼음판 위를 걸으며 앞가림도 버거운 주변머리이다. 그런 연유로 생활 터전마저도 자신의 힘으로 역부족이라서 내 손을 보태야 했던 일은 돌아다보기도 싫다.

별다른 특징이나 야무진 꿈도 없이 밋밋하게 대학에 진학했다가 군 복무를 마치고 3학년까지 수료했던 작은 아들이었다. 넓고 큰 세상을 일 년쯤 구경하며 사람 사는 이치를 배우고 돌아오라고 밴쿠버로 내 몰았다. 그렇게 자의 반 타의 반 어정쩡한 상태로 밖에서 두 해를 머물다가 뼈저린 반성을 했다고 고백했다. 그리고 현지의 대학에서 다시 시작하겠다는 결기를 내비쳤다. 웬만한 자극에는 꿈쩍도 하지 않고 국외자처럼 겉돌면서 세상사에 시큰둥했다. 그런 터수에 경천동지할 용단을 내렸다는 판단에서 기꺼이 뒷받침해줬다. 그렇게 10년 가까이 체류하며 학업을 마치고 돌아왔다. 하지만 끝없는 방랑 끼와 허황된 무지갯빛 꿈에 흠뻑 취해서 냉엄한 현실에 슬기롭게 적응하지 못한 채 갈팡질팡하고 있다. 그런 상황에서 세상 여기저기를 기웃대며 도끼 자루 썩는지 모르고 유유자적 부평초처럼 떠도는 간서치(看書痴)나 남산골딸깍발이 꼴이다.

우매하게도 두 아들 문제로 때늦은 맹성을 하고 있다. 내 삶처럼 적당한 조건만 충족되면 모든 걸 스스로 해결할 것으로 믿고 방임이 문제였을까! 지금 생각하니 고정관념에서 벗어나 냉철하고 객관적인 관점에서 자식 문제를 봐야 참다운 길이나 방법을 볼 수 있을 터인데 그렇지 못했다. 어수룩한 사고의 틀에 갇힌 게 돌이킬 수 없는 패착이며 악수였다. 한편, 뒤늦게 바둑판을 복기하듯 지난날을 되짚어 볼 때 두 아들을 위해서 나를 희생하며 다가갔던 적이 도통 없다.

중고교 시절 좀 더 실질적으로 뒤치다꺼리를 하거나 내 스스로 가정교사[18] 노릇이라도 하는 정성을 쏟았다면 어떻게 되었을까. 지금과 판이한 결과를 거머쥐고 희열을 구가할 수도 있었으리라. 이는 세속적인 성공을 거머쥐지 못한 두 아들에 대한 울분이나 회한을 토로함이 아니다. 어린 시절부터 자신들이 자주 들먹이던 삶과는 동떨어진 길을 걷는 굴곡진 삶을 넘겨다보며 느끼는 소회를 더덜이 없이 곧이곧대로 표현함이다.

시간강사 시절을 포함해서 서른아홉 해인가를 대학에서 머물렀다. 아마도 대학에서 교육이 자식 농사처럼 어렵다면 옳게 한 해도 채우지 못하고 자청하여 포기했을 게다. 우리는 흔히 천붕지통(天崩之痛)인 부모의 상을 당하면 산에 묻고, 참척(慘慽)인 자식을 잃으면 가슴에 묻는다고 했다. 그렇게 부모보다도 우선하는 게 자식이기에 내리사랑의 존재라고 일렀던가보다. 그러한 자식 농사를 짓는 문제는 아무리 끌탕을 쳐도 단언하기 어려운 화두가 분명한 것 같다.

다소의 차이가 있을지 몰라도 최근에 우리 사회를 들었다 놓았던 사건들이 자식 농사의 어려움을 방증하지 않을까? 서울시장에 출마했던 재벌가 정치인 J 씨의 미성년 아들이 트위터(twitter)에 남긴 세월호에 관련된 철딱서니 없는 글, 당선을 떼놓은 당상으로 여겼던 서울시교육감 후보인 G 변호사 딸의 낯 뜨거운 아버지에 대한 비난 편지, 경기도지사인 N 씨의 큰 아들의 후임 병사 대한 가혹행위 따위에서 보듯이 자식 농사는 내남없이 무진장 어려

---

18) 가정교사 : 오늘날 가정교사를 조선 시대엔 숙사(塾師)라고 했다. 조선 시대 살아갈 집조차 없는 가난한 선비가 남의 집에 얹혀살며 그 집의 아이들을 가르치던 사람으로 오늘날 가정교사에 해당한다.

운 업보 같은 문제가 아닐까. 이들도 아이들 때문에 겪어야 했던 아픔으로 우두망찰했지 싶다.

세인의 입방아에 자주 오르내리는 내용이다. 대학(大學)에 나오는 구절인 '수신제가치국평천하(修身齊家治國平天下)'라는 말이 있다. 이처럼 평범한 진리마저도 충족시키지 못한 얼치기가 호기롭게 후세의 교육을 맡겠다고 주제넘게 나서서 오랜 세월 설쳤던 지난날의 내 꼴이 엔간히도 민망하다.

2014년 8월 19일 화요일

이의 항명과 응징

오복 중에 하나라는 이(齒牙)가 심기를 박박 긁어댔다. 야속하게도 부실한 이가 또다시 몽니를 부리며 벼랑 끝으로 내몰았다. 사랑니와 어금니 중에서 유일하게 근근이 명줄을 이어가던 충성파였다. 그동안 홀로 남아 질길 정도로 잘 버텨오던 아래턱 오른쪽 어금니(하악 우측 제2대구치)와 영영 별리(別離)를 고했다. 그동안 모두가 매정하게 날 버리고 떠나는데도 불구하고 우직할 정도로 제 역할을 하며 고군분투하던 의리파였다. 그런데 며칠 전부터 반기를 들고 어깃장을 부리듯이 삐딱하게 드러누워 항명하는 한편 심한 통증을 유발해 더 이상 견뎌낼 재간이 없는 애물단지가 됐다. 온갖 궁리를 해도 어쭙잖은 임시방편으로는 버텨낼 길이 없다는 판단에서 전광석화 같이 매몰찬 사형선고를 내렸다. 지난날 동행했던 정리를 생각하면 가슴이 아릿해도 발치(拔齒)라는 초강력 응징밖에 돌파구가 없었다.

곰곰이 지난날을 더듬어봤다. 얼추 30년 전쯤의 일이다. 튼실하다고 여기고 기고만장했던 치아였다. 그런데 어느 날 갑자기 고통스러운 통증을 일으켜 버텨낼 재간이 없었다. 그때 후배인 Y박사의 소개를 받고 찾았던 치과에서 달포 가량 치료를 받았던 치아 중에 하나가 그저께(10월 6일) 발치한 어금니였다. 그 당시 금으로 씌워주며 영구적으로 쓰리라고 호언장담했다. 그 말을 곰탱이처럼 곧이곧대로 믿었는데 뜬금없이 탈이 났으니 그 의사가 돌팔이였던가? 하여튼 그의 장담은 한참 빗나간 식언이었던 꼴이다. 그저께 진료했던 의사에 따르면 치조골(齒槽骨)이 연약해서 앞으로도 유사한 트러블이 계속되리라고 했다. 그 말을 감안할 때 그 옛날 의사에게 덤터기를 씌울 처지가 아니다. 그러므로 이쯤에서 입을 닫는 게 그나마 알량한 체면치레이자 앞가림 이리라.

지난주일 목요일 저녁 무렵이었다. 갑자기 통증과 함께 찾아온 시린 증상에 눈물을 찔끔거리면서도 며칠 지나면 가라앉을 것으로 생각했다. 하루 이틀 지나며 선고(先考)의 제삿날인 토요일 오후 더 이상 견뎌낼 수 없는 지경에 이르러 병원을 떠올렸다. 하지만 주말 진료가 종료된 시점이라서 기껏해야 약국에서 진통제를 구입해 다스리는 임시적인 대응이 고작이었다. 하지만 일요일을 거쳐 월요일 아침까지 약기운이 떨어지면 지독한 통증이 간헐적으로 잇달아 무척 고통스러웠다.

월요일 오전 서둘러 동네 치과를 찾았다. 처음 찾아간 치과인 관계로 주소와 주민등록번호를 위시해서 이름을 또박또박 적어 접수하는 절차가 심통이 났고 마뜩지 않았다. 접수 뒤에 의기소침 한 채 잠시 소파에 앉아 기다리다 엑스레이를 촬영했다. 그리고 진료대에 비스듬하게 눕자 이내 얼굴을 가리고 입을 벌리라더니 곧바로 진찰에 들어갔었다. 아픈 이를 한두 번 흔들며 겉핥기식으로 얼렁뚱땅 진찰하는가 싶었다. 그런데 매구 같은 의사는 에둘러 얘기하지 않고 외통수의 고강도 처방이 불가피함을 선고했다. 순순히 발치에 동의했다. 곧이어 벼락 치듯이 부분 마취 주사를 놓는가 싶거니 얼결에 발치해 버렸다.

생전 처음으로 치과를 찾은 것도 아니련만 공연히 심기가 편치 않고 아릿한 아픔이 엄습했다. 따지고 보면 70년 나를 지탱해준 육체에서 삐걱거리는 이상 증세가 잦음은 퇴화나 노화의 방증이 명백하다. 요즈음 첨단과학의 총아이며 꽃이라는 다양한 전자제품을 비롯해 컴퓨터와 휴대전화의 수명이 얼마나 되는가를 생각하면 결코 서러워서 방방 뛸 일이 아니리라.

천만년 청청한 젊음을 지탱할 수 없기에 나이 듦으로 인해 육체적이나 정신적으로 기능이 저하되거나 수명을 다함은 당연하다. 이런 관점에서 지나친 집착이나 기대로부터 지혜로운 결별이 필요하지 싶다. 그래도 가파른 내리막길에서 곤두박질하는 것 같은 건강의 적신호가 비껴가거나 가볍게 스쳐지나가기를 바라는 마음을 욕심이라고 치부하고 싶지 않음이 진정 온당할까!

풀무문학, 제4집, 2015년 2월 22일
(2014년 10월 8일 수요일)

전세권 설정

냉담

낙엽 단상

겨우살이 준비

몽환 속 춘향

을미 원단의 돋을볕

너를 들이지 못하는 까닭

새내기를 위한 붓방아

정월대보름의 조명

어떤 딸깍발이의 이모작 준비

산의 품에 엎어지는 연유

진국

여보 나도 족

Ⅱ. 산의 품에 엎어지는 연유

전세권 설정

야박한 세월 탓일까. 전세권설정등기를 했다. 일흔에 이르는 입때까지 첫 경험이었다. 전세권설정등기라는 법적 절차를 밟아 법원으로부터 그 권리증을 받아 보관하고 있다. 지금 거주하는 아파트의 전세계약은 부동산중개소를 통해 금쪽같은 중개료를 지불하고 합법적으로 이루어졌다. 그런데도 무언가 미심쩍고 불안하다며 중개했던 부동산중개소에서 강력히 권했다. 그래서 야박할지라도 옥신각신하며 밀고 당길 다툼의 빌미를 미리 차단한다는 차원에서 얼추 백만 원을 추가로 투자하여 설정한 법적 안전장치이다. 공인중개소를 통한 표준전세계약서로도 안전이 담보되지 않아 미심쩍고 불안했다. 그래서 거기에 더해서 전세권설정등기를 통한 2차적인 안전장치의 확보는 믿음이 깨진 사회적 불신이 곪아터진 비정상적인 현상이 아닐까?

지난 정월 열이레 날에 지금의 아파트로 이사했다. 이사 뒤에 채 한 달도 지나지 않은 때였다. 주인집의 사업이 어렵다는 소문을 부동산중개소를 통해 간헐적으로 들려와도 관심을 두지 않고 귓등으로 흘렸다. 그러다가 지난 5월 하순에 접어들어 상당히 심각한 소식을 전해주면서 경제적 부담이 되더라도 전세권설정등기를 하라고 간곡히 조언했다.

전세권설정등기제도가 있다는 사실은 전해 들었지만 실제 활용해 보기는 처음이었다. 전세권설정등기 비용은 생각하지 않고 최악의 경우에 대비해서 법률사무소("法情")를 통해 필요한 서류를 구비해 법원에 제출하여 등기권리증(전세권 설정)(5월 29일) 받아 신줏단지 모시듯이 간직하고 있다. 그 기간은 세입 날짜부터 전세계약 만료일까지로 명시되어 있다. 그렇게 전세금의 안전을 담보하기 위해 야단법석을 떨며 이중으로 조치한 뒤에는 까마득하게 잊고 있었다.

아마도 개천절이지 싶다. 낮에 혼자서 있는데 집주인 아주머니가 찾아왔다. 반갑게 맞았더니 사정이 어려워 전세를 승계하는 조건으로 원매자(願買者)가 나타나면 아파트를 매매할 예정이라면서 계약 만료일까지 전혀 불편 없도록 하겠다고 다짐했다. 그 얘기를 하면서 원매자가 찾아오면 집을 보여달라고 간곡하게 당부를 했다. 내게 하등의 손해를 끼치지 않겠다는데 이의를 제기하거나 트집을 잡고 왈가왈부할 상황이 아니었다. 그래서 수굿하게 받아들였다.

그날 이른 저녁식사 중에 마산을 전혀 모르며 창원에 거주한다는 아주머니와 창원 소재 부동산중개소 여자 소장이 함께와 집을 개가 머루 먹듯이 겉핥기식으로 설렁설렁 둘러봤다. 엉뚱하게도 아파트의 생활권이나 학군을 비롯해 잡다한 것을 형식적으로 묻는 척하다가 서둘러 돌아갔다. 참으로 괴이했다. 왜냐하면 마산과 연고가 전혀 없는 창원에 소재하는 부동산중개소와 원매자라는 게 믿기지 않았다. 하여튼 그 외에는 마산 시내 어느 부동산중개소도 집을 보러 오거나 연락도 없었다.

사흘쯤 지난 수요일(7일) 밤에 묘령의 여자에게서 휴대전화로 연락이 왔다. 이런저런 얘기를 주고받은 뒤에 겨우 창원에 소재한 부동산중개소라는 사실을 인지했다. 현재 내가 거주하는 아파트가 팔렸다며 원래 주인이나 새로운 주인이 추후에 자세한 연락을 할 거라는 귀띔이었다. 그러면서 매수자가 전세를 안고 매입한 때문에 아무런 추가적 초지가 필요 없으며 만기일까지 변동이 없으니 걱정하지 않아도 된다면서 안심시켰다.

어제 목요일(8일) 오후에 집주인의 남편이 망연자실한 모습으로 찾아왔다. 아내와 말다툼 뒤에 사업장을 전전하다가 집에 돌아왔다고 했다. 그런데 자기 부인이 내가 거주하는 아파트와 자기들이 살던 아파트까지 감쪽같이 매매한 뒤에 아이들을 데리고 잠적했다는 한탄과 푸념이었다. 그가 발급받아온 등기사항전부증명서에 따르면 그저께(6일) 날짜로 새 주인 이름으로 명의가 변경되어 있었다.

일반적으로 등기업무는 변경 신청을 접수하고 적어도 3일 이상 지나야 등기부에 등재 된다. 그러한 사실을 감안하면 집을 보러 왔다고 중개소 사람과 매수자가 찾아온 날 이전에 이미 명의 변경을 신청했다는 추론이 가능하다. 그렇다면 집주인이 나에게 찾아와 매매할 계획이라는 얘기는 거짓이다. 그 이전에 계약하고 잔금을 받은 게 명백하다. 그런데 왜 내게 거짓말을 했을까? 무언지 모르지만 짜고 치는 고스톱 냄새가 농후했다.

아무리 연락을 해도 부인이 전화를 받지 않는다고 했다. 게다가 아이들 전화는 통화 정지되어 찾을 길이 없다며 초주검이 되었다. 위로의 말을 건네며 얘기를 나누다가 생각하니 세세한 내막을 꿰뚫을 수 없을지라도 끔찍하다 못해 절로 몸서리가 쳐졌다. 남편 사업이 회생될 가망이 없는 궁지에 몰리자 번갯불에 콩 구워 먹듯이 집을 팔아치우고 흔적을 남기지 않고 잠적하는 고약한 세태가 두렵고 괘씸했다. 남편의 얘기를 액면 그대로 믿고 싶지 않아 무언가 오해 때문이라면 마음이 가벼울 것 같았다. 혹시나 싫어서 이혼을 했느냐고 물었더니 그렇지 않다는 대답이었다. 그 부부간의 처사를 도저히 이해할 수 없었다.

말도 되지 않은 얘기를 듣고 공연히 심란해져 밤새 고상고상하다가 새벽에 가까스로 잠이 들었다. 손주를 학교에 보내고 어정대다 무언가 추가적인 안전 조치가 필요할까 싶어 어정어정 걸어서 부동산중개소를 찾아갔다. 길을 걷다가 중간의 공원 벤치에 앉아서 혹시나 싶어 집주인이었던 아주머니에게 전화를 했다. 여러 번 통화를 시도한 끝에 겨우 전화가 연결되었다. 전화번호를 확인하고 선택적으로 수신하는 게 틀림없었다. 변동사항이 있으면 연락해 주고 필요한 서류도 건네는 게 예의가 아니냐고 따졌다.

부동산중개소에서 등기사항전부증명서를 출력하여 확인했다. 매매한 날짜를 비롯해 이력이 꼼꼼하게 깨알같이 명명백백하게 기재되어 있었다. 서둘러 전세권설정등기를 맡아 처리한 법률사무소에 연락했다. 아무런 문제가 없다는 대답이었다. 하지만 백년해로를 굳게 약속했던 부부가 한쪽에서 버텨내기 어려운 처지로 몰리자 헌신짝처럼 내팽개치고 매정하게 돌아서도록 만듦은 무얼 웅변하는 걸까! 이 사태를 넘겨다보면서 답답했고 울적한 마음을 다스리기 어려웠던 하루가 너무도 길었다.

2014년 10월 10일 금요일

냉담

신자가 종교와 거리두기를 하는 모습 몰래 엿보기이다. 아내는 무슨 연유인지 성당에 발을 끊은 채 냉담을 계속하고 있다. 평소는 물론이고 주말 미사에 참여하는 기색이 없다. 그런데도 종교와 관련된 모임 하나에는 열성을 다하고 있다. 그 모임은 교적을 둔 성당과 직접적인 관계가 없다. 어깨너머를 통해 어렴풋이 들은 바에 따르면 여러 성당의 신자들이 회원인 아가페(agape)라는 이름의 모임이다. 구체적인 모임의 성격을 들었던 적이 없어 내밀한 사정을 시시콜콜 꿸 수 없어 대충 어림짐작할 따름이다.

마산 교구 내의 서로 다른 성당에 적을 둔 여신도로서 회원 중에 지천명이나 이순의 경우는 두셋에 지나지 않는 것 같다. 그 외에는 모두가 고희를 지나 팔순을 넘긴 상태라서 어쩌면 무슨 원로원 같이 고루한 냄새가 물씬 풍기는 모임으로 유추된다. 이순의 중반을 넘긴 아내가 밑에서 두세 번째 젊은 나이로서 발품을 팔고 울력을 더하는 상머슴노릇을 단단히 하는 눈치이다. 젊은 시절부터 돌아가며 간부를 맡았던 연로한 할머니들이 모임을 이끄는 데 힘이 부쳐 상대적으로 젊은 피를 선별적으로 수혈해 아랫것처럼 일꾼으로 부리는 묘수를 택했지 싶다.

수혈된 젊은 피에 해당하는 아내 또래들에게 허울 좋은 회장 감투를 돌려가며 씌운 뒤에 책임을 떠맡기는 기묘한 운영을 하는 것 같다. 그 모임에서 아내는 찍소리도 못하고 회장이라는 감투를 쓰고 노인네들 뒷바라지를 하느라 힘겨워한다. 오호통재(嗚呼痛哉)라! 나를 그렇게 지성으로 섬기면 허울뿐이지만 열부(烈婦)라고 립 서비스(lip service)라도 푸짐하게 안길 터인데.

무슨 일을 하는 모임인지 물어본 바가 없어 모임의 성격을 제대로 아는 게 없다. 이따금 대화중에 언뜻언뜻 드러내는 조각을 얼기설기 꿰 맞춰보면 대략 이렇지 않을까. 거개의 회원 할머니들은 경제적으로 여유가 있지 싶다. 그런 형편인 때문에 정기회비 또는 자발적으로 기부하는 가욋돈을 알뜰하게 여투며 모임을 이끄는 듯하다.

황혼이 깊어지는 할머니들의 가을은 푸석푸석 메마르고 쓸쓸하기가 젊은이들보다 심한가 보다. 이 해를 넘기기 전에 가까운 외국이나 국내 여행이라도 다녀오자는 주장이 너무 거세어 마냥 외면하기 어렵다는 걱정을 언뜻 비쳤었다. 그런 뒤 잠잠했었다. 지난 금요일 아내가 커다란 장보따리를 두 개나 들고 낑낑거리며 현관에 들어섰다. 연유를 물었더니 월요일 할머니들의 여행에 소용이 닿는 장바구니라고 했다. 연로한 노인들일지라도 여자는 여자였던가. 잡다한 소모품에다가 주전부리를 미리 알뜰살뜰하게 장을 봐왔기에 이르는 얘기이다.

오늘 아침 손주를 등교시키고 그 무거운 짐을 걸머메고 큰길에 나가 아내와 함께 택시에 실어 보냈다. 1박 2일 일정으로 전주지방을 둘러보고 오리라며 떠났다. 여행에 나선 사람은 좋을지 모른다. 하지만 나는 꼼짝없이 손주의 끼니를 꼬박꼬박 챙기고, 학원과 태권도장을 보내고, 저녁엔 목욕을 시킨 뒤에 숙제와 일기 쓰는 것을 도우며 손을 보태야 한다. 아울러 내일 아침 시간에 맞춰 깨워 씻기고 먹이고 옷을 챙겨 입혀 등교시키는 일은 온새미로 내 모가치이다. 처음 떠 맡겨질 때는 떫고 쉽으며 앎이 짧고 부실해 아득했었다. 하지만 심심치 않게 이런 경우를 맞닥뜨리면서부터는 이골이 날 정도로 백신(vaccine)을 충분히 접종한 격이라서 아무렇지도 않다.

아내는 성장과 학교와 직장생활 모두 서울에서 했다. 그런 까닭인지 국내외 여행, 중고등학교나 대학 동창, 친정의 동기간 등과 만남을 위해 툭하면 서울 나들이를 떠난다. 그럴 경우 그 덤터기를 옴팡 뒤집어쓰고 언짢을지라도 정해진 나날을 쩔쩔매지 않고 잘 견뎌낸다. 다른 사람의 눈으로 보면 백발의 남정네가 채신머리없이 집안 돌봄이 역할을 떠맡은 모양새 이리라. 이 경우 어린 손주와 밀고 당길지라도 간극을 좁히며 서로에게 닮아 갈 수 있어 나름대로 좋은 경험을 쌓는 계기가 되어 다행이다.

지금 이 시간 우리 내외는 대상은 다르지만 누군가를 정신적으로 흡족하게 서비스해야 한다는 공통분모를 안고 있다. 나는 어린 손주의 심기를 거슬리지 않으려고 온갖 정성을 기울이며 낮은 자세를 한 채 신경을 곤두세우고 있다. 한편, 아내는 연로한 할머니들의 시중에 여념이 없을 터이다. 어쩌면 이는 아내의 버긋한 신앙에서 돌출한 냉담 때문에 연유하는 징벌이 아닐까? 그런 여인네와 한 지붕 밑에서 사는 내게도 날벼락이 씌워져 손주와 녹록지 않은 소꿉놀이를 하고 있는지도 모를 일이다.

2014년 11월 10일 월요일

낙엽 단상

낙엽의 계절엔 비움이 떠오른다. 입동을 넘겨 계절적으로는 초겨울 초입 언저리이다. 하지만 남녘엔 이제 겨우 만추의 때깔과 자태로 변해 푸짐한 만산홍엽의 장관을 펼치고 있다. 그러더니 지난 주말 무렵부터 산야의 나무가 으스스 떨며 모지락스럽게 낙엽을 떨궈내고 있다. 게다가 늘 오르내리던 산꼭대기 능선 길모퉁이에 서 있는 훌쩍 큰 돌감나무 우듬지의 고욤만한 빨간 감 하나가 간당간당 거려 위태위태했다. 스산한 분위기에 싱숭생숭해져 허둥대며 길을 걷는데 황송하게도 낙엽이 수북하게 쌓여 밟고 지나치기 민망했다.

낙엽에 대해 생각이 미친다. 이른 봄부터 공들여 싹틔워 더운 여름날에도 나무를 위해 봉사해온 숭고한 잎사귀들이다. 생살 같은 그들을 울긋불긋 분단장시켜 몰인정하게 낙엽으로 떨궈내 영원한 별리(別離)의 아픔을 해마다 되풀이한다. 자연의 섭리를 생각하면 그쪽이 되레 영생의 길이며 자연에 순응하는 옳은 이치이다. 그럴지라도 처연한 기분은 어쩔 수 없는 인지상정일러라.

한 살이를 마감하는 계절인 가을엔 대자연의 순리에 순응이 영생이라는 순환에 이르는 길이다. 왜냐하면 꽁꽁 얼어붙는 삼동에 봄여름처럼 모체인 나무가 물이나 영양분을 공급해 잎사귀를 먹여 살린다고 가정하자. 그리된다면 나무와 잎사귀는 함께 장렬하게 얼어 죽는 참극을 피할 도리가 없다. 그런 불행을 피하기 위한 대처 방안을 장구한 세월에 걸쳐 터득했을 게다. 그 결과 그들은 가을에 이르면 서둘러 잎사귀를 낙엽으로 떨궈낸 뒤에 나무 자신은 죽은 듯이 동면에 접어드는 방법을 택했으리라. 그렇게 어미품을 떠나 자연으로 회귀한 잎사귀는 자연스럽게 부식되어 나무의 자양분으로 뿌리를 통해서 흡수된다. 결국, 이렇게 이듬해 이른 봄에 새로 돋아나는 잎사귀로 환생함으로써 영생에 이르는 지혜로움을 터득했으리라.

봄에 돋아나는 잎사귀는 광합성을 하는 엽록소의 빛깔로 초록빛을 띈다. 물론 잎사귀에는 엽록소 이외에도 다양한 색소들이 포함되어 있지만 힘이 센 엽록소에 묻혀 밖으로 드러나지 않는다. 그러다가 가을이 되면 겨우살이 준비를 위해 필요한 영양분은 서둘러 나뭇가지로 보낸다. 그리고 잎사귀로 통하는 통로에 떨켜(abscission layer)라는 차단막을 형성하여 영양과 물의 공급을 꽉 틀어막아 버린다. 이렇게 되면 엽록소가 파괴되기 시작하고 숨겨져 제 모습을 드러내지 못하던 다른 색소들이 비로소 제 색깔을 띈다. 이것이 단풍이다. 이때 나무의 종류에 따라 주된 색소가 다른 까닭에 단풍의 색깔이 달라진다. 예를 들면 단풍나무에는 안

토시아닌(anthocyanin)이 많아 붉은 색깔, 은행나무에는 크산토필(xanthophyll)이 많아 노란 색깔, 상수리나무에는 탄닌(tannin)이 많아 칙칙한 갈색을 띄는 단풍으로 채색된다.

나무는 때가 되면 누가 시키거나 조언을 하지 않아도 미련 없이 몽땅 내려놓거나 비울 줄 안다. 그런데 만물의 영장이라는 우리는 구두선처럼 읊조리면서도 허접한 일상의 허업(虛業)을 비롯해 번뇌나 망상 따위를 내려놓거나 비우지 못해 화를 부르는 경우가 숱하다. 과감하게 비워 틈이 생겨야 꼭 소용에 닿는 알토란 같은 새로운 지식을 깨우치면 채울 터인데. 따지고 보면 모든 게 뜬구름같이 허무하고 덧없는 허상(虛像)들을 꼭 거머쥐고 안달복달할까. 생각을 거듭해도 출구가 보이지 않는 화두 같다.

논어(論語)에서 '칠십은 하고 싶은 대로 해도 법도를 벗어나지 않는다'는 뜻의 '종심소욕불유거(從心所慾不踰矩)'라고 했다. 그럼에도 불구하고 미욱한 때문인지 일흔 해째 세상을 살면서 잡다한 탐욕이나 허망한 번뇌에서 한 발도 비켜서지 못하고 있다. 그런 때문에 매사에 일희일비를 되풀이하며 끙끙 앓기 일쑤다. 이제 불과 달포 뒤 새로 맞을 을미년(乙未年)에 이르러 천지개벽하듯이 세상 이치에 달통해서 잡다한 일상에서 초연해질 수 있다면 더 할 수 없이 좋으련만. 하지만 터무니없는 허황된 꿈은 일찌감치 버리는 게 정신건강에 이로울 것 같다. 그래서 공연한 허세를 내치고서 예대로 세상사 밀고 당기며 맘 길 따라 뚜벅뚜벅 발밤발밤 걸으며 유유자적하게 살기로 작정하니 맘이 편타.

2014년 11월 18일 화요일

겨우살이 준비

어쩌다 보니 우리 집 올 겨우살이 채비가 얼추 끝난 모양새이다. 그 옛날 뒤주에 쌀을 가득 채우고, 김장을 하고, 땔감을 준비하면 삼동 날 준비를 너끈하게 끝낸 것으로 여겼다. 소설(小雪)을 이틀 지난 월요일 하루 종일 비가 내렸다. 어쭙잖은 봄비를 연상할 초겨울 비 밑이 몹시 질겼다. 아파트 입구 길 양쪽과 단지 내의 조경수와 주변의 비탈진 산기슭에 자생하는 나무를 위시해서 다양한 활엽수가 만산홍엽의 흥취를 돋우고 있었다. 그런데 비를 맞으며 뭉텅뭉텅 떨어지고 있었다. 흐드러진 단풍이 풍성해 이 가을 쓸쓸하지 않고 넉넉했었다. 그런데 오늘이 지나면 깡그리 떨어지고 앙상한 나뭇가지만이 녹록지 않은 겨우살이 준비에 들어가리라.

인동(忍冬)의 세월을 견뎌낼 자연의 섭리는 예외가 없지 싶다. 그런 까닭에서 선조들은 가을이 깊어지면 땔감을 허청(虛廳)에 그들먹하게 쟁여 비축해 두었다. 아울러 가을걷이 햇곡을 방아 찧어 양식을 곳간 독에 가득 채웠다. 거기에 더해 김장을 담가서 김칫독을 땅에 묻는 것으로 겨우살이 준비를 마쳤다고 여겼었다. 이런 맥락이라면 우리 집은 다가올 삼동에 대한 대비는 야무지게 마쳤다. 이 준비가 우리 내외의 주변머리가 출중하여 슬기로운 지혜로 거둔 결과와는 거리가 멀고 괴리가 있다.

지난 10월 4일(음력 9월 11일) 선친 기제사 날에 셋째 여동생이 배추김치를 넉넉히 보내와 최근까지 먹었다. 그런데 열흘 전쯤에는 막내 여동생이 총각무 김치와 동치미를 각각 흘러넘칠 만큼 보내주었다. 또한 어제 선영(先塋)에서 모신 문중의 시사(時祀) 길에 만난 막내 여동생이 배추김치를 담가서 두통 택배로 보내려고 짐을 꾸려 놨다고 했다. 이 김치가 도착하면 우리 집 올겨울 김치 담그기는 전(廛)을 펴지도 않고 광을 가득 채운 꼴이다[19].

어제 일요일의 일이다. 조상을 받드는 문중 시사 길에 셋째 여동생 집을 방문했다. 그런데 고구마 한 박스를 비롯해 이것저것 주섬주섬 싸주어 민망했다. 오죽했으면 살림 거덜 난다고 말렸을까. 그러면서 자기 집에 김장을 할 때 넉넉히 담아 또 보내 주겠노라고 하여 염치가 없어 사양하는 시늉을 했다. 또한 둘째 누님댁에 갔더니 역시 고구마 한 박스와 쌀 한 포대를 차에 실어 주시는데 못 이기는 척하고 넉살 좋게 받아가지고 왔다.

19) 이 글을 쓴 뒤인 11월 26일에 올해 예순셋인 셋째 여동생이 김치냉장고용 박스 3개에 가득하게 담을 양의 김치를 택배로 보내와 김치 풍년이다.

여기저기에서 주는 대로 사양하지 않고 잔뜩 싣고 집에 돌아왔다. 아파트 출입구 앞에 주차시키고 손에 닿는 대로 짐을 내려 네 번인가 집으로 옮기고 나서 사달이 발생했다. 마지막 남은 쌀자루가 너무 무거워 아내와 둘이서 들었다가 내려놓기를 반복하며 쩔쩔매던 찰나였다. 같은 출입구를 사용하는 장년 하나가 귀가하다 그 꼴을 보고 번쩍 들어 엘리베이터에 옮기더니 2층인 우리 집 현관 안쪽까지 들어다 주고 바람처럼 사라졌다.

쌀을 옮겨준 이에게 제대로 고맙다는 인사도 전하지 못해 큰 빚을 진 기분이다. 이사 온 지 한 해가 되어도 2층에 사는 관계로 엘리베이터를 타지 않아 이웃들과 수인사를 나눌 기회가 거의 없다. 그런 때문에 같은 출입구에 함께 사는 46가구 중에 얼굴을 제대로 익힌 경우가 거의 없다.

땔감을 준비하고, 월동용 양식을 곳간의 독에 가득 채우며 김칫독이 넘쳐 날 만큼 김치를 담그면 왠지 든든하다. 그런 관점에서 삼동 준비는 야무지고 옹골지게 마무리했기에 이제 무엇을 해야 할까. 느긋한 마음의 여유를 가지고 겨우내 좋은 글이나 실컷 쓰도록 진력할 일만 남아있다.

2014년 11월 24일 월요일

몽환 속 춘향

부질없는 연민으로 실컷 헛물만 켰던 꼬락서니를 떠올리기도 싫다. 내심에는 잔뜩 별러 남원 고을 춘향을 만나 고백해 볼 요량으로 나서려는 아침이었다. 고희라는 나잇값이 부끄럽게 가슴은 콩닥콩닥 발걸음은 주책없이 쿵쾅거렸다. 느긋하게 채비해도 탈이 없으련만 조바심으로 종종댔다. 꼭두새벽에 일어나 면도와 목욕재계를 하고 아내가 낌새를 알아채지 못하게 정갈하게 개켜둔 칼칼한 내복을 찾아 갈아입었다. 비록 난벌이 진솔옷은 아닐지라도 옷주제가 추레하지 않도록 꽤나 신경 썼다. 한편 아껴둔 새 양말을 훔치듯 찾아내 상표를 떼고 신었다. 불원천리 달려가 버선발이 되어도 꾸리한 발 냄새를 풍기지 않으려는 의뭉스런 속내였다. 아내가 챙겨주는 아침을 뜨면서도 마음은 이미 콩밭에 달려가 있어 천치처럼 히죽히죽 헛웃음 짓는 내심을 들킬세라 뜨끔했다.

바람기 가득한 가증스런 속내를 감추고 서둘러 옷매무새를 바로잡기 여념 없었다. 게다가 도반들과 모꼬지 떠나려고 약속한 장소까지 아내에게 데려다 달라고 뻔뻔스러운 부탁까지 했다. 외간 여인네를 연모하며 나서는 고약한 심보를 꼭꼭 숨기고 말이다. 그동안 몇 번 스치듯 그녀 옆을 지나쳤어도 곁을 내주지 않아 고백해 볼 짬이 도통 없었다. 하지만 이번 길에 용기를 내어 고백하면 진심이 올곧게 전해질 것 같다는 얼토당토않은 착각에 빠져 구름 위를 둥둥 걷는 기분이었다. 머나먼 길을 댓바람에 달려가 고백하고픈 충동을 억누를 수 없었다. 그래도 주변의 이목과 입방아가 무서워 여럿이 떠나는 여정에 섞여 은근슬쩍 에둘러 은밀한 고백으로 맘을 전하려는 음흉한 셈을 반복했었다.

도반들과 마산의 내서 농산물시장에서 만났다. 남해고속도로로 진주에 이르러 다시 대진고속도로를 달리다가 함양IC에서 88고속도로로 접어들어 남원에 이르는 데 불과 두 시간 남짓했다. 마음은 벌써 그녀를 향해 불같이 타오르는데 눈치 없이 하루 종일 엉뚱한 곳으로 끌고 다니며 애간장을 태웠다. 곧바로 광한루로 달려가 곧이곧대로 고백하고픈 마음은 굴뚝같았다. 그래도 겉으로는 태연자약한 척 행동하면서도 속으로는 끙끙 앓았다.

내 눈에는 춘향 모습으로 가득 채워져 아른거렸다. 그런데 남원에 도착해서 인도하는 곳이 최명희의 혼불문학관이었다. 한 시간 남짓 관장의 설명과 전시장을 둘러보고 점심을 들면서도 심기가 불편했다. 애오라지 춘향과 마주하고픈 맘뿐이었다. 점심을 마치기 무섭게 이 도령과 춘향이 별리의 정한이 서려 있다는 오리정(五里亭)을 인사치레로 둘러보고 만인의총(萬人義塚)으로 갔다.

정유재란 때 남원성을 지키다 전사한 군관민을 합장한 무덤으로서 사적 제272호이며 남원시 향교동에 있다. 너른 평지의 잔디밭과 산비탈에 계단식으로 조성된 묘역은 순국선열들을 올곧게 대접하는 것 같아 흡족했다.

이어서 만복사지(萬福寺址)를 찾았다. 남원시 왕정동에 자리하고 있는 고려 문종 때 지어진 만복사 터이다. 그런데 동국여지승람 권지39, 남원도호부 불우조(佛宇條)에 이렇게 기술되어 있단다. "기린산 아래에 있는데, 동쪽에 오층전이 있고 서쪽에 이층전이 있으며, 전 내에는 있는 동불의 길이가 35척이다. 고려 문종 때에 창건되었다". 이런 가람이 화려했던 영화의 흔적을 옹색한 빈터로 웅변하고 있어 세월의 무상함을 실감했다.

노루 꼬리를 닮은 가을의 짧은 해가 서산마루를 넘을 지음 춘향테마파크(향토박물관)에 도착해 서둘러 한 바퀴 돌았다. 그리고 어둑어둑 땅거미가 져서 옆 사람도 제대로 식별하기 어려울 무렵 광한루에 겨우 닿았다. 첫 새벽부터 불원천리 달려온 길이건만 하루 종일 엉뚱한 곳을 빙빙 돌다가 이제사 겨우 춘향을 찾은 꼴이었다. 하기야 벌건 대낮에 그녀를 만나면 쑥스러워 허둥댈지 모를 일이었는데 다행히 신의 은총이 내렸다는 아전인수 격의 위로를 하면서 떨리는 발걸음을 내디뎠다.

어둠이 드리워져 은밀한 만남과 찰떡궁합으로 여겨질 때였다. 출입구를 지나 춘향사당으로 가벼운 발걸음을 옮기며 콧노래를 불렀다. 사당 안쪽 정면의 춘향 영정이 거의 보이지 않아 불안했다. 아니나 다를까! 사당 앞에 이르러 아무리 헛기침을 해대고 열려있는 문틀을 조심스럽게 두드리며 기척을 해봐도 묵묵부답으로 괴괴 적적했다. 등불이라도 밝혀 볼 요량으로 사방을 더듬으며 살폈어도 스위치를 찾지 못해 끝내 허사였다. 얼마를 그렇게 씨름하다가 그녀가 멀리 출타했을 것이라는 결론을 내리고 발길을 돌리는 심정은 씁쓸하고 애석했다. 동행한 여류 문사들이 허사라면서 빨리 맘 고쳐먹고 발길을 돌리라고 퉁을 줘서 더 버틸 재간이 없었다.

미련이 남아도 어쩔 수 없어 뒤돌아 광한루각(廣寒樓閣) 앞쪽으로 오가는 오작교를 지날 때였다. 어린이만 한 덩치의 시커먼 잉어의 흐릿한 모습을 보고 괴물 같아 움찔했다. 연못을 가로지르는 오작교를 지나 반대편(출입구 뒤쪽)의 월매집으로 방향을 정했다. 벌써 어두워 환한 전등불이 눈부셨다. 마당으로 들어섰다. 오른쪽 별채가 유난히 눈길을 끌었다. 자석에 이끌리듯 그곳으로 향했다. 부용당이었다. 그 방안에는 이성이 마비될 것 같은 상황이 펼쳐졌다. 진한 배신감을 느꼈다. 절절한 흠모의 정이 그녀에게 닿으리라 생각했는데. 닭이 첫 홰를 치며 '꼬끼요~' 하고 새벽을 알릴 무렵에 잠자리를 박차고 일어나 분단장했다. 그리고 산 넘고 물 건너 찾아온 내 눈앞에 이 도령과 주안상을 마주한 모습은 하늘이 무너지는 참담함을 안겨줬다.

두고두고 후회할 것 같아 한 번쯤 고백해 보려고 별렀던 나들이였다. 그런 그녀가 여봐란듯이 정인과 주안상 차려 놓고 밀회를 나누다니 피가 거꾸로 돌고 숨이 멎을 충격이었다. 눈 뜨고 볼 수 없어 돌아서 몇 걸음 옮기다가 하늘에 대고 몽니라도 부려야 분이 풀릴 것 같았다. 그래서 입을 크게 벌리다가 힐끗 문간채 사랑

방에 눈이 멎었다. 거기에 이 도령의 그림자 경호를 담당하는 방자가 버티고 앉아 게걸스럽게 밥을 먹고 있었다. 비록 봉두난발(蓬頭亂髮)을 빼닮은 목곧이는 아닐지라도 불량기가 철철 넘치는 모습에 주눅이 들어 찔끔했다. 춘향에게 왕배덕배 따져 보고픈 맘은 굴뚝같았으나 끽소리도 못하고 종종걸음으로 대문 밖으로 꽁무니를 빼는 내 모습이 한심했다.

스트레스를 푸는 방법 중에 하나가 식탐이라 했던가! 틀어지고 배배 꼬인 심사를 숨기고 추어탕을 볼따구니가 터져라 퍼 넣으며 애꿎게 황진이라는 토속주만 벌컥벌컥 마셔댔다. 얼마를 그리 먹고 마셔댔더니 조금은 분이 풀리고 마음의 안정을 찾을 수 있었다. 이런 내 속내를 좀 더 멋있게 묘사하려고 연신 붓방아를 찧어도 꽉 막혀 끙끙대다 포기했다.

어처구니없는 몽환적인 춘향에 대한 꿈이었나! 돌아오는 차 속에서 곰곰이 생각해도 일장춘몽이거나 과도한 욕심에 이성을 잃었었지 싶은 후회가 살포시 밀려왔다 사라졌다. 결국, 달(月)을 보려고 벼르고 별러 나선 모꼬지에서 '달을 보지 못하고 달을 가리키는 손가락만을 바라본다'는 견지망월(見指忘月) 격의 어리석음을 벗어나지 못했으니 오호통재(嗚呼痛哉)라!

저녁 식사를 마치고 마산으로 돌아오는 차에서 아무렇지도 않은 듯 많은 얘기를 주고받았다. 그럼에도 가슴은 몹시 시리고 허전하며 상실감이 무척 크고 무거웠다. 그런 낌새를 보이며 집에 들어갔다가는 어떤 지청구를 듣게 될지 모른다는 위기감이 엄습했다. 평화를 겨냥한 위장 계책으로 차 안에서 먹다가 남았던 귤

여남은 개가 들어 있는 검정 비닐봉지를 손에 들고 천연덕스럽게 휘적휘적 집으로 돌아오던 내 모습이 어색해 쓴웃음이 절로 났다.

좋은문학, 통권 제60호, 2015년
(2014년 11월 30일 일요일)

을미 원단의 돋을볕

을미 원단의 바람이요 다짐이다. 또 한해가 역사의 뒤안길로 사라지고 찬연하게 밝아온 을미(乙未) 원단을 버선발로 뛰어나가 하당영지(下堂迎之) 하는 마음으로 정중하게 마중한다. 황홀한 서기가 담뿍 서린 돋을볕이 온 누리를 감싸고 은총을 내리는 환희의 새아침이다. 을미는 육십 간지 중에서 서른두 번째로서, 을(乙)은 청(靑)인 까닭에 '파란양의 해'가 밝아왔다. 예로부터 양은 착하고 온순하며 무리를 지어 화목하게 활동하는 동물로서 평화의 상징이다. 이에 연유하는지 양의 해 태생은 자비롭고 유순하며, 친절하고 온화하고, 마음이 넓고 진실하며, 관대하고 인내심이 있고, 창조적이며 품위를 존중하는 성격을 소유한다는 게 통설이다.

우리는 산업화 과정에서 물질문명을 최고선으로 내세웠다. 그 때문에 과도한 압축 성장을 지향했던 어두운 그늘의 적폐(積弊)

를 무시할 수 없는 현실이다. 이런 요인이 갈등의 불씨가 되어 공존과 공생이나 상생의 대승적인 가치 추구보다는 질시와 반목 속에 고약한 덤터기 씌우기나 폄하가 끝없이 불뚝댔다. 그럼에도 면전에서는 입발림으로 잘 보이려고 안달복달하는 사술을 서슴지 않으면서도 천연덕스럽게 능치는 게 보편적인 세태의 인심이었다. 게다가 네 편과 내 편으로 갈라져 끝 모를 소모적인 대립적 구도가 날로 첨예해져 갈등의 골은 깊어지고 냉소와 정쟁이 끊임없이 발호(跋扈)하고 있다. 이런 까닭에 상대의 강점은 화투패처럼 꽁꽁 감춰 놓고 의식적으로 외면한 채 어물쩍 넘기려 한다. 그에 비해 허물의 경우는 양파껍질 벗기듯이 야박하게 까발리는 냉혹한 인심이 우리의 숨겨진 진면목일지도 모른다.

비정상을 상징하는 부스러기이다. 끼니 때우기도 어려웠던 가난에서 벼락 치듯이 부를 축적한 패거리들은 일거수일투족이 졸부의 옹졸한 전형을 보여 눈꼴 사나운 경우가 숱하다. 못된 송아지 엉덩이에 뿔부터 난다고 했던가! 우리 사회의 졸부나 일그러진 기득권층들은 '권력(힘)이란 안개처럼 사라진다'는 뜻의 권서여무(權逝如霧)라는 경고를 귓등으로 흘려버린다. 그런 까닭에 '사회적 신분에 상응하는 도덕적 의무'를 뜻하는 노블레스 오블리주(noblesse oblige)는 다른 행성의 도덕률 잣대인 듯 애써 외면하려 든다. 이런 온당치 못한 태도가 빈발하는 게 무척 낯설고 황당하다. 우리 사회의 그늘진 곳에서는 공자(孔子)가 얘기한 손자삼요(損者三樂)를 탐닉하는 꼴불견 일탈이 흔하다. 결국, 다부진 도전과 열정을 쏟아내는 진솔함 대신에 '교만하고 즐거움을 좋아하며', '편안하게 노는 것을 좋아하고', '향락에 빠짐을 좋아하는' 사회적 병폐 현상은 도덕적 해이로 이어져 척결해야 할 암적 존재이다.

일찍이 맹자(孟子)는 '군자에게는 세 가지 즐거움이 있다(君子有三樂)'고 일깨웠다. 그것은 첫째로 '양친이 모두 살아 계시고 형제가 무고한 것', 둘째로 '하늘이나 사람에게 우러러 부끄러움이 없는 것', 셋째로 '천하의 영재를 얻어서 교육하는 것'을 이른다.

맹자의 삼락을 다른 측면에서 생각한다. 그 첫 번째 즐거움은 '사람의 의지나 뜻 혹은 노력으로 이루어지지 않는다. 그것은 하늘이 내려주는 축복으로 신의 영역이며 은전'이다. 왜냐하면 부모형제의 수명이나 무고는 사람의 소관이 아니기 때문이다. 그리고 두 번째 즐거움은 '신실한 자세와 도덕률에 입각한 청교도적인 삶의 자세를 유지한다면 가능'하다. 하지만 단순히 부끄럽지 않은 삶에 그치는 것은 소승적인 삶에 지나지 않는다는 한계가 있다. 세 번째 즐거움은 '단순히 천하의 영재를 모아 교육하는 차원을 벗어나 대승적인 삶을 이르는 가르침'이지 싶다. 왜냐하면 나나 내 가족이라는 소승적인 범주를 초월하여 '우리'라고 하는 큰 세상을 위해 공헌을 선결필요충족조건으로 한다. 이는 공존과 상생을 위한 열린 마음과 자세를 전제로 한 삶을 깨우쳐 주려는 가르침이 분명하다. '나'라는 작은 틀에서 '우리'라고 하는 큰 세상이나 우주와 조화를 위한 대승적인 자세와 안목을 함축하고 있기 때문이다.

하늘의 축복이 전제되고 소승적인 견지에서 대승적인 삶으로 지평을 넓힘은 새로운 차원의 세계를 겨냥한 변화의 조짐이다. 이는 모두가 향유하는 문화가 개인 문화 차원에서 집단문화로 진일보하려는 태동의 증좌이다. 오늘이 어렵고 힘들어도 공존과 상생의 철학을 바탕으로 과감하게 구각을 깨려는 환골탈태는 미래를 위해 필요하다. 어떤 자리에서 무슨 일을 하든 나를 중심으로 하는 폐쇄적이고 소승적인 아람치에서 벗어나 열린 세상을 염원하는 대승적인 자세로 집단문화를 활짝 꽃피워야 한다.

인술을 펼치는 의사를 이런 시각으로도 본다. 의학 지식을 가까스로 터득한 소의(小醫)는 기껏해야 병을 고치는 치병(治病)의 수준이 고작이다. 그리고 식견을 어느 정도 구비한 중의(中醫)는 사람을 고칠 수 있다는 치인(治人)이 한계 능력이다. 그들에 비해서 하늘의 이치나 자연의 섭리를 달통한 대의(大醫)에 이르면 나라를 다스릴 수 있는 치국(治國)이 너끈하기에 세상도 바꾼다는 인식이다. 우리네 삶이나 쓰는 글도 이와 다를 바 없는 이치일진대 '어떻게 살아야 할까'라고 부질없는 자문자답이 진정 필요한 걸까?

우리는 마음의 텃밭에 영혼의 씨앗을 뿌려 글이라는 쏠쏠한 소출을 꿈꾸는 글밭지기이다. 원래 자연을 빌어 가꿔야 하는 농사일은 청정지역이라야 쏟아부은 노동력에 비례하는 탐스런 수확을 기대할 수 있다. 그럼에도 우리의 영원한 고향인 글밭에도 고약한 모리배 같은 정파가 독버섯처럼 자리 잡아 패거리를 지어 끼리끼리 문화가 만연되었다. 그런가 하면 동종교배 현상의 만연으로 열성 유전인자 발현을 우려해야 할 수준으로 문화 환경이 오염되지 않았나 하는 우려를 지울 수 없다. 그 같은 까닭에서 보이지 않는 철옹성 같은 서로의 유리장벽을 과감하게 허물고 하나로 대동단결하여 힘차게 뭉치는 결연한 각오와 다짐이 그 어느 때보다도 절실한 이즈음이다.

툭하면 패거리를 만들고 지연과 학연을 따지며 집단으로 사분오열하여 뒤엉켜 할퀴고 생채기 내면서 마음의 문에 단단한 빗장을 채웠던 어제로부터 자유로워져 과감히 별리했으면 좋겠다. 아집과 편견 그리고 번뇌의 늪에 빠졌던 지난날의 소승적인 가치관에서 대승적인 차원으로 승화를 위한 관용과 화해와 용단의 길을 활짝 여는 원년이 되길 간원한다. 해가 지면 미련 없이 그를 떠나보내야 달과 별이 보이는 법이다. 희망적인 변화의 기미가 감지된다면 우리는 저마다의 글밭에서 평화롭게 귀한 어린싹을 가꾸면서 소담한 결실을 꿈꾸며 내일을 한껏 기대할 터인데. 이런 맥락에서 을미 원단의 돋을볕이 희망의 바이러스가 되어 지구촌 구석구석을 골고루 어루만지며 행운을 전파한다면 이보다 더 큰 홍복(洪福)이 또 있을까!

시와 늪, 2015년 봄호(통권 26), 2015년 1월 17일
(2015년 1월 1일 목요일 을미 원단 아침에)

너를 들이지 못하는 까닭

애써 지우고 싶은 기억의 회상이다. 아내의 전화를 받고 진동한동 서둘러 동물병원으로 달려갔다. 어제까지만 해도 눈을 뜨고 숨을 쉬던 애완견 포미 녀석은 싸늘한 주검으로 변해 있었다. 게다가 눈을 감지 못한 채였다. 손으로 눈을 감겨주며 극락왕생하라고 빌었다. 어제 입원실을 찾았을 때 녀석은 퀭한 눈으로 나를 멀뚱멀뚱 바라보며 무엇인가를 하소연할 듯이 멈칫거렸었다. 하늘이 노랗고 머릿속은 하얗게 변했으며 세상은 깜깜 암흑천지 같았다. 이처럼 아픔이 크고 참담한 마음에 이르러 허우적거릴 줄은 상상하지 못했다. 가족 하나와 영원한 별리를 겪는 고통이나 슬픔과 무엇이 다르랴.

작은아이가 대학 신입생 때였다. 아이가 앞뒤 재보지 않고 덥석 구입한 젖비린내 나는 강아지 한 마리가 막무가내로 밀고 들어와 겉돌면서 애처롭게 내 눈치를 살피며 전전긍긍했다. 처음엔 환불

하라고 엄명을 내리고 상종하지 않고 눈엣가시처럼 여겨 매정하게 대했다. 게다가 적임자가 나타나면 무조건 양도하라는 단호한 최후의 방침 천명도 허튼소리에 지나지 않았다.

어긋한 만남과 애증이 가시지 않은 채 소 닭 보는 듯했다. 그런데 집으로 밀고 들어온 사나흘 만에 심하게 아파 일단 병원으로 달려갔다. 갓 낳은 아기 격인 어린 생명이 경각을 다투는 위급한 상황이라면서 당장 입원 치료시키라는 엄명이 떨어졌다. 옴치고 뛸 재간이 없어 다소곳이 따랐는데 나중에 병원비가 녀석을 구입했던 가격의 두 배에 해당해 기함할 뻔했다. 저를 순순히 받아들이지 못하는 삐딱한 내게 여봐란듯이 녹아웃(knockout) 펀치를 날리며 뻔뻔스럽게 다시 돌아왔다. 그 후 시간이 지나면서 잘못된 만남도 전생에 엮인 삐딱한 업이려니 마음을 고쳐먹고 동반자로 받아들였다.

포메라니안(pomeranian)이라는 품종이었다. 처음엔 자질구레한 충돌과 갈등으로 맘고생도 많았다. 뒤죽박죽인 와중에 실제 주인인 작은아이가 슬쩍 꽁무니를 빼면서 수수방관했다. 그런 까닭에 녀석의 보살핌은 자연스럽게 나와 아내의 몫이었다. 밀고 당기면서 녀석에게 엎어져 알콩달콩 7년인가 지낼 무렵 느닷없이 노환이 찾아왔다. 어느 날부터인가 먹이를 먹으면 토하고 시름시름 앓기를 달포 남짓 지속하여 입원시켰다. 그런데 보람도 없이 쓸쓸한 병원에서 표표히 저승으로 떠났다.

녀석을 잃는 아픔이 낙인처럼 가슴 깊숙이 새겨진 이후에 다시는 애완동물(a pet) 아니 반려동물(companion animal)을 키울 자신이 없다. 그래서 지난날 포미를 데리고 왔던 작은아이의 아들인 손주가 반려동물 타령을 해도 단칼에 내쳤다. 나와 아내의 반대가 완강해지자 손주가 여섯 살 때인가 이런 말을 했다. 나중에 '할아버지와 할머니가 죽으면 강아지를 사다가 키우겠다'고. 그 손주가 지금도 똑같은 소원을 툭하면 들먹인다. 하지만 나는 요지부동이다. 지난날 된통 겪었던 애완동물에 대한 트라우마 때문이리라.

아른아른 눈에 밟히는 포미의 마지막 순간을 생각하면 가슴이 떨리고 마음이 아파 눈물이 핑 돈다. 기왕에 먼 길을 떠날 운명이라면 집으로 데리고 와서 품에 안고 보낼 걸 하는 후회막급이다. 그런 맥락에서 슬픈 인연이 되풀이될 개연성 때문에 반려동물 언저리에도 기웃거리지 않을 참이다.

우리말에서 애완동물은 '사랑스러워 구경하고 싶은 동물', 영어에서는 '옆에 두고 만지면서 귀여워할 수 있는 동물'로 정의하고 있다. 사회가 발달할수록 물질은 풍요로워진다. 이에 비해 인간은 점점 자기중심적이고 삭막해진다는 진단이다. 그렇지만 동물은 예와 다름없이 천성 그대로 순수하단다. 이런 상황에서 동물과 교감을 통해 인간 본연의 성정을 되찾으려는 것이 동물을 애완하는 일이다. 그 대상 동물을 '애완동물'이라고 정의한다.

1983년 오스트리아 빈에서 인간과 애완동물의 관계(the human-pet relationship)를 주제로 국제심포지엄이 개최되었다. 이 모임은 동물 행동학 창시자로서 노벨상 수상자인 K. 로런츠(Konrad z. Lorenz : 1903~1989) 80세 탄생일을 기념하기 위해 오스트리아 과

학아카데미가 주관했다. 여기서 개, 고양이, 새 따위의 애완동물 가치성을 재인식하여 반려동물로 부르도록 제안하면서 승마용 말도 여기에 포함시켰다. 이 같은 일련의 합의 도출은 동물이 인간에게 주는 다양한 혜택을 존중하여 애완동물은 장난감이 아니라는 견지에서 더불어 살아가는 동물로 개칭했던 성숙한 가치관의 반영이다.

사람의 수명이 길어지고 사회가 불안해지면서 홀로 사는 독거자인 독(獨), 부모가 없는 고아인 고(孤), 광부(曠夫) 다시 말하면 홀아비인 환(鰥), 혼자된 과수댁이자 원녀(怨女)인 과(寡)가 늘어나 말년이 외로운 이들이 기하급수적으로 늘어나고 있다. 토굴에서 면벽(面壁) 수도하는 수도승이 아님에도 불구하고 매일 대화 한마디 없이 외롭게 사는 독거노인들께 반려동물은 매우 소중한 존재이다. 어디 그뿐이랴. 최근 은퇴한 베이비부머(baby boomer : 1955~1963)가 펫부머(pet boomer)로 급부상하고 있다는 얘기가 단순한 화젯거리가 아님이 확실하다.

온전한 가족의 가정이라도 다양한 일로 상처받고 아파하는 영혼이 순수한 천성을 지닌 반려동물에게서 받을 수 있는 위로의 가치는 무궁무진하다. 이는 천박한 물질이나 이해타산이 따르게 마련인 번드르르한 인간관계보다 훨씬 순수하고 아름답다. 이런 연유에서 자꾸 곁눈질을 하게 마련인 반려동물에 대한 진한 아픔의 그림자를 아직도 지우지 못해 앓고 있다.

반려동물을 사랑하거나 동행하는 게 아니라 에니멀호더(animal hoarder)에 흡사한 이들이 적지 않다. 그들이 별다른 고민 없이 기르던 동물들을 아무렇지 않게 버림으로써 유기동물(abandoned animal)로 만드는 비정한 행동이 사라졌으면 좋겠다. 오래전 해외 나들잇길의 방콕의 어떤 호텔에서 일이었다. 늦은 저녁인데 여러 마리 개떼가 어슬렁거려 자연스레 개가 화제로 등장했다. 대화 중 가이드 말이 충격적이었다. "여기서는 유기견이 넘쳐나기 때문에 공공(公共) 수의사의 중요 업무 중의 하나가 그들을 포획하여 중성화 수술을 하는 일"이라고 했다. 우리는 그런 불행한 단초를 제공하는 원흉으로 전락하지 않기를 간원한다.

너랑 살아야 하는 이유, 해드림출판사, 테마수필, 2015년 4월 30일
(2015년 1월 18일 일요일)

새내기를 위한 붓방아

모레면 춘삼월이다. 이 봄에 새로운 출발을 위한 설렘과 두려움으로 밤을 지새울 다양한 새내기들에게 말 부조를 해 볼 요량으로 붓을 들었다가 옴짝달싹 못 하고 붓방아를 찧으며 밥만 축내던 '밥쇠'의 독백이다.

그림을 업으로 하는 동네의 얘기이다. 처음 입문하면 무조건 남의 그림을 그대로 베껴 그리는 임모(臨模)단계에 머물게 마련이라고 한다. 그 경지를 끝없이 반복하다가 남의 그림에 자기의 생각이나 느낌을 가감하는 방작(倣作)단계로 진일보한다는 얘기이다. 이 수준에 이르면 남의 색채가 옅어지고 자기 특징과 때깔이 점점 뚜렷해진다. 그렇게 수많은 세월이 지나면 완벽하게 자기주관이나 철학을 바탕으로 고유한 화풍(畵風)을 이룩하여 하나의 화가로 탄생한다는 천명에 공감한다.

검술과 그림은 차원이 다를 법한데 맥을 같이한다. 검술을 하는 이들이 들려준다. 검술에서 단련(鍛鍊)은 필연적이다. 그런데 단(鍛)은 같은 동작을 1천 번, 련(鍊)은 1만 번 반복 연습을 뜻한다는 얘기이다. 단순한 검술 동작 하나를 익히는데도 피나는 노력이 따라야 함을 웅변한다. 이러한 이치는 어찌 그림이나 검술에만 국한되리오. 세상만사 투철한 도전정신이나 자기희생 없이 얻을 수 있는 게 존재할 손가. 그렇지만 새내기들에게 천금 같은 삶의 지혜나 지식도 슬기로운 전수 방법과 때가 있는 법이다.

병아리가 부화를 시작하면 일정한 시간 내에 달걀껍질을 깨고 밖으로 나와야 새 생명을 얻는다. 이에 부합한 행위가 줄탁동시(啐啄同時)이다. 부화란(孵化卵) 속의 병아리가 껍질을 깨고 밖으로 나오려고 연약한 부리로 죽을힘을 다해 쪼아대는 행위가 줄(啐 : 쪼을 줄)이다. 이때 어미 닭은 병아리가 쪼아대는 소리를 알아채고 바깥에서 부리로 껍질을 쪼며 돕는 행위를 탁(啄 : 쪼을 탁)이라고 한다.

이 숭엄한 찰나에 아귀가 맞아야 할 철칙은 '줄'과 '탁'이 동시에 이루어져야 한다는 사실이다. 병아리와 어미 닭이 함께 껍질을 쪼지만, 어미는 도우미에 머물 뿐이다. 결국 어미는 병아리가 세상 밖으로 나오도록 결정적인 역할을 하지 않는다. 알을 깨고 광명천지로 나오는 탄생의 환희는 병아리 자신의 의지와 도전이 낳은 결실에 따른 보상이며 축복인 셈이다. 모든 세상사가 이와 조금도 다름이 없음을 새내기들이 새겨 두었으면 좋으련만.

어떤 삶을 겨냥해야 할까. 인술을 펼치는 의사에게서 답을 찾는다. '의학 지식을 가까스로 터득'한 소의(小醫)는 기껏해야 병을 고치는 치병(治病)의 수준을 넘을 수 없고, '식견을 어느 정도 구비'한 중의(中醫)는 사람을 고칠 수 있다는 치인(治人)이 한계 능력이다. 그들에 비해서 '하늘의 천리나 자연의 섭리를 달통'한 대의(大醫)에 이르면 나라를 고칠 수 있다는 치국(治國)이 가능하기에 세상도 너끈하게 바꾼다는 인식이다. 우리네 삶이나 하는 일도 다를 바 없을진대 '어떻게 살아야 할까!'라는 화두에 대한 되새김이 필요한 걸까.

가을에 파종할 보리나 밀을 봄에 파종하면 결실하지 못한다. 그들은 가을에 파종하여 겨우내 혹독한 추위를 온몸으로 견뎌내며 생물학적으로 형질이 변형되는 버널리제이션(vernalization) 과정을 거쳐야 결실에 이른다. 우리의 삶도 같은 맥락이라는 견지에서 맥(脈)도 모르는 터수에 침통(鍼筒) 흔드는 짓을 하면서 외람되게 새내기들에게 응원가를 부르고 싶었다. '훨훨 날아라! 하늘 높이'라고.

경남신문, 2015년 2월 27일, '작가칼럼'
(2015년 2월 20일 금요일)

정월대보름의 조명

정월 대보름을 되새겨 본다. 정월대보름을 오기일(烏忌日) 또는 상원(上元)이라고 한다. 상원은 도가(道家)에서 이르는 상원(1월 15일), 중원(7월 15일), 하원(10월 15일)을 일컫는 삼원(三元) 중의 하나이다. 도가에서는 삼원일에 하늘의 선관이 인간의 선악을 가름해 평결한다고 여겼다. 그렇게 인간을 살피는 때를 원(元)이라고 불렀다.

전통사회에서 절일(節日)로서 정월대보름(1월 15일), 칠월백중(7월 15일), 팔월한가위(8월 15일) 등의 명일이 있다. 이들은 죄다 보름을 모태로 한 세시 풍속이다. 이러한 관점에서 대보름은 농경사회에서 한 해의 풍요와 기원이 이루어지기를 비손하는 상징적인 의미를 담고 있다. 그 유래를 짚어본다. 정월의 절일은 설과 대보름이 있다. 조선 시대 간행된 동국세시기에 의하면 '대보름날도 선달그믐날 수세(守歲) 풍속처럼 집안에 등불을 켜놓은 채로 밤을 새운다'는 기록이 보인다. 이날의 풍속은 농경사회에서 액(厄)을 떠나보내고 복을 지으려는 소망과 풍년을 바라는 기원이 담겨있다.

전통 풍속과 조우이다. 그 옛날 농경사회에서 정월은 농사꾼이 휴식을 취하며 농사지을 채비를 하는 계절이다. 특히 정월을 노달기라고 하여 가마니 짜기, 새끼 꼬기를 하면서 절기에 맞게 동제(洞祭)나 줄다리기, 지신밟기 등이 성행했다. 동제는 마을의 안녕을 기원하는 제사로서 대개 보름날 자정 전후 시각에 큰 바위나 노거수를 대상으로 지냈다. 비용은 빈부나 반상을 따지지 않고 십시일반으로 정성을 보태는 게 우리네 정서였다. 그리고 제관은 심신이 정갈한 마을 원로 중에서 하나를 추대했다.

줄다리기는 부락이나 마을별로 패를 나누어 했는데 풍요와 다산을 기원하는 놀이로서 농촌에 전승된 농경의례였다. 이 놀이에서 암줄이 이겨야 풍년이 든다고 믿었다. 그 외에 지신밟기는 마당 밟기, 매귀(埋鬼), 걸립 따위로 불리는 걸립패가 정초부터 대보름 무렵까지 집집마다 돌며 복을 빌어 줬다.

개인적으로 행했던 풍속과 만남이다. 첫째로 부럼 깨기이다. 아침에 일어나서 견과류(밤, 호두)나 땅콩 따위를 깨물면 일 년 내내 종기나 부스럼이 나지 않는다고 믿어왔던 습속이다. 둘째로 더위팔기이다. 해가 뜨기 전 이른 아침에 일어나 사람을 만나면, 상대방 이름을 부른 뒤에 대답을 할 경우에 재빠르게 '내 더위 사 가세요'라 말하면 그해에 더위를 먹지 않는다고 여겼다. 셋째로 아침 식사를 마치고 소에게 사람과 똑같이 보름 음식을 차려준다. 이때 소가 오곡밥을 먼저 먹으면 풍년이 들고, 나물을 먼저 먹으면 흉년이 든다고 믿었다. 넷째로 액연(厄鳶) 날리기이다. 대보름날이 되면 연에다가 액(厄)이나 송액(送厄)이라고 써서 날리다가, 해질 무렵에 연줄을 끊어 날려 보냄으로써 액막이를 한다고 믿었다. 다섯째로 아낙네들은 이 무렵에 단골무당을 불러다가 가신이나 잡신들에게 넉넉하게 음식을 풀어먹이며 섬김으로써 가정의 안녕을 비는 안택을 했다.

달맞이와 여럿이 하나로 화합을 꾀하던 민속놀이를 들여다본다. 첫째로 달맞이이다. 초저녁에 높은 곳에 올라가 솟아오르는 달을 보면서 풍년을 점치거나 소원을 빌었다. 둘째로 달집태우기 혹은 달집 사르기가 있다. 달맞이를 할 때 주위를 밝히기 위해서 대나무나 긴 나무를 뼈대로 세우고, 그 둘레에 짚이나 청솔가지 등을 두껍게 높이 쌓아 올려 달집을 만든다. 이때 달이 뜨는 동쪽으로 문을 내는 게 달집의 전형이었다. 달집 안에는 짚으로 만든 달을 걸어 놓으며, 동녘에 달이 솟아오를 시간에 맞춰 풍물을 치면서 태웠다. 달집이 고루 타오르면 풍년, 불이 중간에 꺼지면 흉년, 달집이 타면서 넘어지는 쪽 마을은 풍년, 이웃 마을에 비해 잘 타오르면 풍년이 든다고 믿었다. 셋째로 달집태우기가 막을 내리면서 어둠이 짙어져 깜깜해지면 아이들은 쥐불놀이를 하며 논밭둑에 마른풀을 태웠다. 넷째로 청년들은 이웃 마을과 횃불싸움을 했다. 다섯째로 복토 훔치기, 다리 밟기, 사발 점, 나무 그림자 점, 닭 울음 점, 고싸움, 쇠머리대기, 오광대탈놀음, 까마귀밥 주기 등의 다양한 민속놀이를 펼쳤다.

즐겨 먹던 음식이나 계절을 대표하던 절식이다. 첫째로 예로부터 찹쌀을 찌고 밤이나 대추와 꿀을 비롯하여 기름과 간장을 함께 쪄낸 다음에 잣을 박은 약반(藥飯)을 만들었다. 이 약반절식은 아주 오랜 역사를 지닌 습속이다. 지방에 따라서는 약반 대신에 오곡밥이나 찰밥을 대용으로 즐겼다. 이때 진채식(陳菜食)이라고 하여 말려둔 아홉 가지 나물(무청시래기, 호박고지, 박고지, 가지, 버섯, 고사리, 다래 순, 취나물, 아주까리 잎)을 요리해서 먹었다. 둘째로 이날은 성(姓)이 다른 세 집 이상의 밥을 얻어먹어야 그해의 운수가 대통한다고 믿었다. 평상시에는 하루에 세끼 밥을 먹었다. 그에 비해서 대보름날은 아홉 번 먹어야 좋다는 속설로 틈틈이 여러 번 먹었다. 셋째로 동국세시기에 따르면 '청주 한 잔을 데우지 않은 채로 마시면 귀가 밝아진다' 고했다. 대보름날 아침에 귀밝이술을 마시는 풍습이 오늘날에도 전해진다. 넷째로 이 계절의 절식으로 복쌈이 있다. 이는 밥을 김이나 취나물 혹은 배춧잎 등에 싸서 먹는 풍습으로 이를 먹으면 복이 온다고 믿었다.

우리 선조들은 상생과 공존을 위해 두레와 품앗이나 풍물 따위를 통해 공동체의 가치를 추구했다. 이런 맥락의 연장선상에서 액막이나 복을 비는 비손을 비롯해 풍년을 염원하던 대보름이 겨우 부럼을 깨거나 오곡밥을 먹는 습속 정도가 명맥을 잇고 있다. 흔해빠졌던 달집태우기나 줄다리기 따위의 풍습을 더듬어 보려해도 일부러 길을 찾아 나서야 할 형편이다. 버거운 삶에 찌든 세월의 더께가 녹록지 않은 오늘이다. 두둥실 떠오르는 달을 보며 소원을 빌거나 달집을 태우면서 액운을 쫓는다는 생각에서 몸과 마음을 경건하게 가다듬으려는 자세만으로도 힐링의 의미를 부여할 수 있는 정월대보름이 아닐까.

건강보험, 3월호 2015. Vol 197, 국민건강보험공단

어떤 딸깍발이의 이모작 준비

괴짜 공학박사 제자 얘기이다. 지난 칠월 초사흘 제자 R 박사를 위시하여 H 박사와 함께 거창대학 교수인 또 다른 제자 K 박사의 산막(山幕)을 다녀왔다. 두 이레 전쯤 약속했던 나들이로서 몇 해 전 K 박사가 산을 구입해 조림을 시작했는데, 그곳을 둘러보자는 제안에 따라 약속했던 나들이였다.

K 박사는 전공이나 현재 직업을 연관 지어 생각할 때 하도 엉뚱해 다른 행성에서 온 별종 같다. 그는 일관되게 컴퓨터공학을 전공한 공학박사로 직업은 교수이다. 한데, 그의 또 다른 관심은 영림가(營林家)이면서 농부이다. 거창 읍내의 가녘 작은 언덕배기 천여 평의 산지를 구입하여 관상수와 각종 묘목을 가꾼 지 오래되어 지금 시장에 출하해도 흘러넘칠 정도이다.

그 뿐이 아니다. 몇 년 전부터는 거창의 북부인 덕유산으로 가는 국도 37호선에 인접한 고제면(高梯面) 두메 깊숙한 골짝에 너른 산을 구입해 호두나무를 비롯한 각종 유실수와 더덕과 두릅을 재배하기 시작했다. 그런데 자기 산의 경계에 철제 울타리를 치는가 하면 현대식 산막을 지어놓고 정년퇴임 후의 이모작을 준비하는 별종 같은 책상물림이다. 게다가 그의 태를 묻은 고향은 대전으로 따지고 보면 거창은 인연이 전혀 없는 타관인 데다가 황혼을 보낼 산막은 이웃 하나도 없는 적막강산의 심심산골이다.

거창 읍내에서 20여 분 가까이 37호선 국도를 달리다 고제면 어느 지점에서 에움길로 접어들었다. 가파른 비탈길을 오르려면 갈맷빛 산자락과 어른의 키를 훌쩍 넘게 웃자란 시들부들한 잡초에 정나미가 떨어질 만큼 심란했다. 산골짜기의 고즈넉하고 괴괴한 분위기에서 벗어날 심산에서 깜냥대로 두 눈을 부릅떴는데도 산득하고 오싹한 기분에 떨다가 산막에 도착했다.

잔뜩 긴장한 채 얼마나 골짜기를 거슬러 올라왔을까? 낯선 산막 앞에 차를 세웠다. 대충 200여 평의 대지에 40평 남짓하게 건축된 산막은 크게 3부분으로 나누어졌다. 가장 아래쪽은 창고로 각종 비료 및 장비를 보관했다. 두 번째 공간은 괭이와 삽, 분무기, 예초기 여러 대, 각종 공구, 작업용 장화, 낫, 면장갑 수백 켤레, 종류별로 다양한 톱, 라면을 위시하여 대형 냉장고(일꾼들이 마실 음료와 소주 보관용)가 설치되어 있었다. 이곳은 작은 만물상을 능가할 다양한 각종 농기구들이 종류별로 여러 개씩 정리되어 있었다. 마지막 공간은 사람이 기거할 방으로 컴퓨터와 텔레비전의 작동은 물론이고 가정용 냉장고와 옷장과 이부자리까지 고루 갖춰져 있었다. 그 외에도 손님이 한꺼번에 몰려왔을 때 사용할 천막과 야외 바비큐 시설도 오달졌다.

금년 봄에 자기 산의 둘레 전체에 높이 2m쯤의 철제 울타리를 둘러쳤다는 얘기였다. 울타리 없이 방치했더니 애지중지 키운 더덕을 싹쓸이로 캐가고 애써 가꾼 두릅을 야멸치게 꺾어 가는 야박한 세태가 마뜩치 않더란다. 그뿐 아니라 약용 나무나 열매를 함부로 베어가거나 따가는 데도 속수무책이라서 고심했다는 얘기였다. 이같이 비뚤어진 양심에 온새미로 정나미가 떨어져 내키지 않지만, 철책을 쳤다고 했다.

포클레인이 들어갈 수 있도록 자신의 소유인 산 전체에 지그재그로 길을 냈다. 그리고 그 길을 따라 일정한 간격으로 다양한 약재나 유실수 수백 주와 호두나무 5백여 주(株)가 심어져 주인의 정성을 머금고 칠칠하게 자라고 있었다. 산주(山主)의 다부진 정성과 오진 꿈이 자라는 모습을 샅샅이 훑어봐도 흠잡을 데가 없었다. 그러한 관점에서 그의 애착은 취미 수준을 초월한 경지였다. 얼마나 과학적으로 준비하는지 방증할 편린이다. 각종 유실수나 호두나무에 열매가 맺으면 포클레인에 장착한 특수 장비로 나무를 흔들어 수확하는 방식을 도입할 수 있는 거리를 고려하여 나무를 심었다고 했다. 한편, 현재 포클레인 한 대를 사다 농장에 두고 필요할 때마다 길을 내거나 나무를 심으며 운전법을 익히고 있었다. 내가 방문했던 산에서 얼마간 떨어진 곳에 있는 또 다른 산도 같은 형태로 가꾼다고 했다.

흔히들 할 일이 없어지면 '시골에 가서 농사나 지을까?'라고 한다. 이런 귀농은 열에 아홉은 참담한 실패를 뼈저리게 겪으며 되출당한다. 생의 이모작으로 택하는 귀촌 또한 마찬가지이다. K 박사처럼 미리 차분히 준비하고 과학적인 분석을 바탕으로 올곧은 대비는 선결필요충족조건이다. 비탈진 산에 자라는 다양한 유실수를 비롯해 호두를 수확할 때 노동력을 줄이는 방도를 궁리해 경쟁력을 높이려는 생각이 그 예이다. 포클레인에 특수 장비를 부착하여 나무 열매를 수확하는 기술을 미리 체득하기 위해 포클레인을 구입하여 시험 운전을 해보는 그다. 시나브로 원천기술을 축적하는 자세는 기껏 구두선이나 나불거리는 얼치기 댕초가 아니라 오갈 데 없는 진솔한 농사꾼의 안목이다. 청정한 심심산골에서 구도자처럼 황혼의 삶을 욕심 없이 누릴 미쁜 그의 모습을 그리다가 내 맘까지 흐뭇하며 느껍고 훈훈하다.

문학공간, 2016년 1월호(통권 제28권 314호), 2016년 1월 1일
(2015년 7월 12일 일요일)

산의 품에 엎어지는 연유

한사코 넉넉한 산의 품을 파고들고 싶다. 산의 품에 안기면 세속의 때가 덕지덕지 덮여있는 영혼이 정갈해져 맑고 티 없는 자성의 눈이 트일 것 같은 착각에 빠져 발걸음이 한결 가벼워진다. 게다가 흐리멍덩해진 총기까지도 되돌아오리라는 은근한 욕심 또한 그에 버금가는 미쁨이다. 언제 찾아도 어머니의 너른 품 같이 안온하다. 그럼에도 지엄한 법도나 철학을 들먹이면서 야멸치게 내몰거나 험한 지청구를 하지 않아 되레 민망한 때가 숱하다.

산을 사랑하고 즐겨도 문리를 제대로 터득한 전문 산악인이나 등산가와 견줄 수 없는 어정잡이다. 그들이 왕후장상의 씨앗인 성골이나 진골이라면 나는 보잘것없는 천출의 초라한 날갯짓 흉내에 지나지 않는다. 왜냐하면 그들이 겨냥하는 산에 대한 가치관이나 철학과 내 견해 사이에는 메꿀 수 없는 간극이 존재한다. 나는 산을 즐겨도 기껏해야 간편한 준비로 동네 뒷산 오르내리는 멋에 겨워 우쭐대는 홍타령이 고작이다. 이는 세작이 봉황의 높은 뜻을 닮거나 따를 수 없음과 같은 이치이리라. 제멋에 겨워 사는 게 사람이라고 했던가! 비록 산을 대하는 격이 이름 없는 필부의 처지를 벗어날 수 없어 초라하고 추레한 모양새일지라도 움츠러들지 않고 깜냥대로 즐기며 자족할 줄 아는 마음의 부자이다.

때로는 먼동이 트기 전인 깜깜한 첫 새벽에 그의 품에 안기면 퍽 상쾌하다. 이 경우 손전등이나 헤드랜턴으로 길을 밝혀야 한다. 그런데 멧돼지가 자주 출몰하는 지역을 지날 때는 그것으로도 모자라 신문지를 준비했다가 둘둘 말아 횃불처럼 환하게 밝혀 엄습하는 두려움을 잠재우기도 하는 우스꽝스러운 짓도 불사한다. 희뿌연 여명이 밝아 오기 전 등산은 잡다한 생각 없이 걸을 수 있어 좋다. 오직 길바닥을 살피며 걷기에 몰입해야 넘어지거나 미끄러질 우려를 피할 수 있기 때문이다. 그렇게 걷다가 어둠이 걷히며 희뿌연 여명이 밝아오면 미지의 신천지와 조우하는 기분으로 형용하기 어렵다.

새까만 새벽의 산길은 무언가를 잔뜩 꿈꾸는 미지의 세상이 열릴 것 같아 흥분과 설렘 속에 맞는다. 무념무상의 상태로 어둠 속을 걷다가 동녘에 태양이 불끈 솟아오르면 신을 대하듯 받들어 모시는 경건한 마음으로 하루를 연다. 한편, 아침에 나서는 산길은 왠지 가뿐하고 힘찬 서기를 담뿍 폐부로 빨아들일 것 같아 절로 힘이 솟고 발걸음은 마냥 가볍다. 이에 비해 석양이나 저녁 어스름의 산길은 하루를 돌아보는 되새김을 통해서 자신을 투영해 보며 생뚱맞게 엄숙해지게 마련이다. 늘 같은 산길도 맛과 멋은 어느 때 걷느냐에 따라 사뭇 판이한 게 자연의 묘미이다. 그런 까닭에 계절에 따라 산이 주는 느낌이나 메시지는 전혀 다른 모습과 때깔로 다가온다.

약동하는 봄의 산길은 치장을 즐기는 젊은 여인네처럼 무척 화사하고 역동적이다. 연록의 향연이 펼쳐지는가 하면 성급한 봄꽃이 앞다퉈 꽃망울을 터뜨리는 환희로 마냥 싱그럽고 희망과 꿈을 그리는 사랑의 노정이다.

여름 산길은 울울창창한 숲이 어우러진 녹음이 싱싱하고 짙푸른 세상의 잔치마당과 흡사하다. 하지만 뙤약볕이 부담되고 팥죽땀을 연상시키는 비지땀을 흘리며 헉헉대는 만만치 않은 대가를 지불해야 등정의 맛을 즐길 수 있다. 따라서 이런 난관을 극복하려는 다부진 각오가 선결충족조건이다. 그런 때문에 고진감래의 참뜻을 깨우쳐야 하는 게 여름 산길이다.

가을 산길은 열매가 영글어 가는 환희를 만끽한다. 하지만 마음을 달뜨게 하는 만산홍엽의 단풍으로 자칫하면 자신이 누구인가를 잊을 위험이 도사리고 있다. 따지고 보면 한 살이의 끝자락에서 돌아봄과 조락의 묘미를 되새기면서 자연으로 회귀를 아귀 맞춰보며 삶을 타인의 거울로 들여다보는 자세가 절실한 계절인데 말이다.

겨울 산길은 텅 빈 산야에 벌거벗고 잔뜩 웅크린 나목을 향해 혹독하게 불어대는 삭풍과 동장군의 훼방이 따르게 마련이다. 그래도 맑고 청정한 진아(眞我)의 모습과 마주하며 돌아 볼 수 있는 맹성의 계절이다. 허례나 허식의 겉치레를 훌러덩 벗어버리고 나서는 모양새가 참모습을 찾아가려는 구도의 길과도 상통한다는 견지에서 이르는 얘기이다.

일터 지키기나 누군가를 찾아 얽히고설킨 실마리를 풀어야 할 일로부터 해방된 진정한 자유인이다. 결국, 꼭 매조지해야 할 일이나 찾아가거나 찾아올 사람이 별로 없는 세상의 한가로운 길을 만보(漫步)하더라도 손가락질받지 않을 세월의 강을 훌쩍 건넌 지금이다. 이런 처지이기에 참된 나를 돌아보며 부질없고 껍데기뿐인 탐욕이나 번뇌의 속박으로부터 자유선언이 가능한 산길이다. 그렇다고 등산길이 명산 준령이거나 심산유곡이어야 할 까닭이 없다. 그저 집 근처의 야트막한 산으로 간편한 아웃도어(outdoor) 차림에 생수 한 병 손에 쥐면 만사형통이다.

등산길에 꼭 지키려는 철칙이 있다. 먼저 특별한 예외가 아니라면 나 홀로 등산을 고집한다. 왜냐하면 누군가와 무리를 이루면 호흡 조절이나 산행 속도 같은 잡다한 면에서 제약이 따른다. 그 외에 내가 길동무의 호흡이나 감흥 조절에 치명타를 안기는 걸림돌이 될 개연성을 부인할 수 없다는 이유에서이다. 아울러 등산길엔 지갑을 지참하지 않는다. 자칫하다가 하산 길에 누군가와 배가 맞아 소주라도 한잔 나눈다면 하루 헛농사를 지은 격이기에 오그랑장사를 하고 싶지 않다는 결기 때문이다.

산은 텅 빈 무채색의 청정 공간이다. 거기는 탐욕이나 번뇌를 비롯해 교만의 찌꺼기나 일그러진 흔적이 없기 때문에 맑고 밝아 명경같이 투명한 영지이다. 평지보다 조금 우뚝 솟아난 수목의 천국일 뿐이다. 하지만 세속의 풍진이 오염시킬 수 없는 청아한 공기와 바람이 터줏대감인 별천지이다. 그런데도 외람되게 허업(虛業) 같은 삶의 허접한 찌꺼기를 뒤집어쓴 모양새로 산의 온유하고 청청한 품을 파고들기를 되풀이한다. 그래도 모질고 박정하게 내치거나 허물하지 않는 너그러움은 자연의 섭리인가 아니면 끝모를 모태(母胎)의 사랑법을 닮음 이련가!

삶에 부대끼며 버겁게 쫓다가 변곡점 언저리에서 돌출하게 마련인 고민이나 미욱한 욕심과 드잡이를 하며 갈피를 잡지 못하고 끌탕으로 이어지는 게 다반사이다. 이런 정황을 맞닥뜨리면 불현듯 산이 그리워 앞뒤를 따져보지 않고 휘적휘적 집을 나서는 게 이즈음의 버릇이다. 이 길에 내가 모르는 나와 만날 수 있다거나 새로운 세상의 섭리를 깨우칠 실마리라도 가외로 얻을 수 있다면 더할 수 없는 보람이며 희열이 될 터이다. 그럼에도 무심한 세월은 제 갈 길을 예와 다름없이 묵묵히 흘러갈 뿐이다.

문예감성, 제13집, 2016년 봄호, 2016년 4월 30일
강남신문, 제1236호, 2016년 6월 21일~6월 27일
(2016년 2월 10일 수요일)

진국

닮고 싶고 부러운 동료 얘기다. 쏜살같이 빠른 세월을 신실하게 살아온 훈장이런가! 아직 꽃다운 청춘의 기억이 생생한데 장년의 중후한 학자풍이 J 교수의 민낯인데 낯섦은 왜일까. 돌이켜 보니 첫 만남 이후 서른을 훌쩍 넘는 성상이 흘렀다. 그러므로 변화는 당연할 터인데 내 맘속에 또렷이 자리 잡은 첫 만남에서 각인된 강렬한 인상은 홀연히 흘러간 그 옛날과 다르지 않아 혼란을 불러일으킨다.

지난 85년 봄 학기부터 일터의 같은 학과에서 동업중생을 시작했지 싶다. 그 당시 내가 불혹의 고개를 막 넘어설 무렵이었고, J 교수가 20대 막바지 고개를 넘어서려던 시기였을 게다. 그렇게 함께 일하다가 지난 2011년 2월에 내가 정년퇴임을 했다. 실업자로 전락한 직후부터 입때까지 한결같이 살뜰하게 챙겨줘서 늘 고맙고 송구하다. 그래도 보답의 길이 막연해 꿀 먹은 벙어리 마냥 말을 아낀 채 심적인 빚쟁이로 머뭇거릴 뿐이다.

엘리트의 탄탄대로를 거침없이 달렸던 화려한 학력에 걸맞게 논리적이고 합리적이다. 게다가 시비곡직이 분명하고 올곧은 선비정신을 지닌 잠룡 같은 논객이기도 하다. 조선 시대 선비의 전형으로 남산골샌님의 딸깍발이 정신을 얘기하는데 그 기개를 고스란히 빼닮았다. 이제까지 함께했던 세월 동안 매사에 맺고 끊음이 추상같았고 호불호가 명명백백했다. 또한 길이 아닌 곳을 기웃거리면서 흐트러진 모습을 보이지 않았던 대찬 강골이었다.

세상에 자기 가정이나 자녀를 귀히 여기지 않은 이는 없으리라. 하지만 입때까지 살아오면서 J 교수처럼 자신의 희생을 감수하면서 가족에게 지극정성을 다하는 경우를 보지 못했다. 두 아들의 아버지로서 자식 사랑은 유별날 정도였다고 회억된다. 대학 진학 이전까지 등하교 문제, 학습계획이나 보조 학습 따위를 비롯해 전반에 걸쳐 꼼꼼하게 보살피는 정성은 웬만한 사람은 족탈불급으로 흉내도 낼 수 없었다. 그런 보살핌 때문인지 두 아들은 남들이 시샘을 할 만큼 성공 가도를 달리며 승승장구하고 있다.

큰아들의 경우 J 교수의 뒤를 이어 S대학에 진학했다가 미국으로 건너가 누구나 선망하는 명문대학에서 공학박사 학위를 취득하고 귀국해서 S그룹 연구소의 연구원으로 일하면서 결혼하여 득녀까지 했다. 한편, 며느리 역시 S대를 거쳐 미국 유수의 명문 음대에서 박사학위를 취득하고 현재 대학에 출강하고 있다. 그런데 이 큰아들은 앞으로 국제 변호사가 더더욱 유망하다는 판단에서 연구소를 사직하고 미국의 손꼽히는 로스쿨에서 재학 중인 걸출한 동량이다. 한편, 작은아들은 국내에서 외고를 졸업하고 곧바로 미국 최상위 대학에 진학해 학업에 전념하는 모범적인 인재로 전도가 양양하다. 이런 그의 두 아들을 지켜보며 밖에 나가며 고하는 인사인 출필곡(出必告), 밖에서 돌아와 뵙고 인사하는 반필면(反必面)도 제대로 따르지 못할 정도로 어릿한 두 아들을 둔 나는 무엇을 했는지 부끄럽기 그지없다.

신의 어처구니없는 시샘이며 실수였던가? 모든 면에서 부족함이나 부러울 게 없는 삶이었는데 이승의 연이 짧았는지 몇 해 전에 현합(賢閤)[20]을 잃었다. 투병 중에 최고의 병원과 의사를 수소문하여 진료를 받도록 진력해 가슴이 뭉클했다. 아울러 전국을 뒤져 특별한 선식(禪食)을 제공하는 눈물겨운 병수발을 지속해 왔다. 몇 해 동안 병수발을 하던 그를 지켜보면서 진인사대천명(盡人事待天命)이라는 말의 참뜻을 곱씹었던 적이 숱했다. 이 시절 드러나지 않았던 더덜이 없는 참모습을 넘겨다보면서 나라면 어떻게 했을까 자문자답했던 때가 많았다.

병이 깊어진 막바지 무렵이었다. J 교수와 함께 남모르게 공원묘원과 납골당을 둘러보러 다닌 적이 있다. 그때 구절양장 같은

---

20) 현합(賢閤) : 남의 아내 존칭이다. 조선 시대에는 신분에 따라 처(妻)에 대한 호칭이 다양했다. 왕(王)의 처는 왕비(妃), 벼슬아치의 처는 부인(夫人), 선비의 처는 유인(孺人)이나 부인(婦人), 평민의 처는 처(妻)로 불렀다. 지금은 남의 처를 모두 동일하게 부인(夫人)이나 부인(婦人)으로 부른다. 그렇지만 대통령 부인을 특별히 영부인(領夫人)이라고도 한다. 이런 연유에서 남의 처를 호칭할 때 자기 처 이르듯 아내라고 부르는 것은 어법에 어긋난다. 그리고 다른 한편 관계 지시 호칭의 경우에는 아내를 가리키는 다양한 호칭이 통용되었다. 처(妻), 내자(內子), 내권(內眷), 실인(室人), 형처(荊妻), 내상(內相) 따위를 위시하여 부인(夫人), 현합(賢閤), 영실(令室), 영규(令閨), 망처(亡妻), 망실(亡室), 가인(家人), 존합(尊閤), 영부인(令夫人), 합부인(閤夫人), 사모님, 고현합(故賢閤), 고영부인(故令夫人), 고실(故室), 졸처(拙妻), 세군(細君), 집사람, 안댁, 마누라, 계집, 아내, 안사람, 색시, 여편네 따위가 쓰인다.

깊은 속내를 통해 언뜻언뜻 쉽게 묻어나던 참사랑의 조각을 대하며 마음이 아파 쩔쩔맸었다. 예로부터 부모가 명을 달리하면 천붕지통(天崩之痛)이라 하여 산에 묻고, 자식의 죽음은 참척(慘慽)이라 하여 가슴에 묻는다고 했다. 그렇다면 부모나 자식보다 더 애절할 상처(喪妻)는 과연 어떻게 부르고 어디에 묻어야 합당할까?

대쪽같이 곧은 선비의 기품에도 세월 따라 나이 듦으로 넓고 심오해졌음일까? 젊은 시절엔 본령인 연구와 학생들 가르치는 일 이외의 곁가지 같은 허접한 매명이나 외도를 백안시하며 단호하게 내쳤었다. 그런데 최근에는 대학의 살림살이를 총괄하는 가장 핵심적인 보직을 두 해나 맡았으니 예와 사뭇 다른 완숙한 풍모를 엿보게 했다. 아니 이는 따뜻하게 세상을 보듬는 후덕함 같아 슬기로운 인간미 발로로 투영되었다.

어느결에 일터를 물러나고 다섯 해를 꽉 채워가고 있다. 옛 동료 중에 유일하게 안부를 묻고 알뜰살뜰하게 챙겨주고 있다. 그것은 빙산의 일각이다. 수시로 점심이나 저녁 식사 자리를 비롯해 주석까지 만들어 줘 그냥 고맙고, 송구해도 유구무언으로 딴청을 부릴 따름이다. 게다가 내가 추레하고 지갑이 얇아 보였는지 용돈 마련할 자리까지 다리를 놓아주는 매파 노릇까지 자임하는 까닭에 더 이상의 중언부언해서 무엇하리오. 그럼에도 시간이 지날수록 통화 한번 하려면 망설이며 쭈뼛댄다. 실업자에 대해 신경 쓰게 하고 싶지 않다는 알량한 자존심이 그렇게 만든다. 흔히들 거짓 없이 참된 것 또는 그런 사람을 진국이라고 한다. 이런 맥락에서 그는 오갈 데 없는 진국이다. 이는 곧고 바른길을 고집하거나 신뢰를 깨지 않는 청청한 선비정신이 변치 않는 형형한 성품을 두고 조심스레 이르는 얘기이다.

시와늪, 2016년 신년호(통권 30호), 2016년 1월 23일
(2015년 12월 10일 목요일)

여보나도족

나이 들면 눈치코치도 없어지는 걸까? 하릴없이 집에 붙박이로 어정대는 까닭에 오갈 데 없는 구들직장이나 아낙군수 꼬락서니이다. 그런 때문에 외형적인 조건으로 가름하면 영락없는 여보나도족(族)이다. 하지만 감히 항변한다. 그 부류와 삶의 양태가 판이하게 다르다고, 비록 주야장천 집지킴이 노릇을 하는 어바리일지라도 아내에게 하루 세끼 꼬박꼬박 챙겨달라고 눈을 부라리며 왈왈대거나 어깃장을 지를 만큼 간이 큰 삼식(三食)이가 못 된다. 게다가 아내의 외출이나 나들잇길에 따라나서겠다고 몽니를 부릴 대찬 주변머리가 못 되는 새가슴이라는 관점에서이다.

우리 사회에서 여보나도족으로 불리는 개념은 일본문화의 영향을 받았다는 얘기이다. 일본에서 직장을 퇴직한 남편이 하루 종일 집에 죽치고 있다가 아내가 외출할 때 "나도((わしも) 갈게"

라며 쭈뼛쭈뼛 따라나서는 부류의 남편을 와시모족(ワシモ族(ぞく))이라고 칭한 데서 유래했다는 전언이다.

아내의 입장에서 보면 무위도식하는 주제에 외출 때마다 기어코 따라나서겠다고 떼를 쓰듯이 어깃장을 놓는 남편이 탐탁할 까닭이 있겠는가! 따라서 사사건건 의견이 귀나기 때문에 충돌과 갈등을 겪으며 가슴앓이도 심할 게다.

어딘지 처연하고 야박하며 찬바람이 가슴 속을 후벼 파고드는 모양새이다. 남편의 입장에서 보면 험한 세상에 태어나 뼈 빠지게 일해서 처자식 부양하다가 명퇴나 정년이라는 벽을 뛰어넘어 승천하지 못한 서러운 이무기들이다. 대명천지 어디에다 대고 하소연할 길 없기 때문에 가정이라는 울타리 안에서라도 위안을 받고 싶은 심정일 게다. 하지만 일손을 놓은 백수인 터수에 삼식이 노릇을 하는 것으로도 눈 밖에 날 위험한 지경으로 몰린 지 오래일지도 모른다. 게다가 엎친 데 덮친 격으로 눈치코치도 없이 나들잇길마다 따라나서려고 몽니를 부리는 때문에 미운 털 박힌 밉상으로 전락했으리라.

아내의 입장에서도 할 말이 많을 게다. 혼인 이후 어려운 가정 꾸리며 아이들 키우고 학교 보낸 뒤 황혼에 이르러 자신의 정체성을 찾으려고 별러 자유를 향유할 천재일우의 기회를 잃고 싶겠는가! 그런 순간에 눈에 거슬리는 행동만 골라 염장 지르듯이 자꾸 보채며 막무가내로 파고들려는 남편이 밉다 못해 괘씸할 게다. 남편의 하는 행동이 눈엣가시처럼 못마땅해 하대(下待) 방법으로 여보나도족으로 비하하는 현실이 아닐까!

가는 세월 잡거나 매어 둘 재간이 없다. 일터에서 내려선 지 벌써 여섯 해째로서 어성꾼 노릇은 현재 진행형이다. 구차하게 여보나도족으로 몰릴 두려움 때문에 선수를 쳤던 게 아니다. 나 스스로 편해지기 위해 일터에서 물러나며 다짐했던 원칙 두 가지가 있다. 그 첫째가 피치 못할 가정사 외에는 부부 사이의 개인적인 영역을 간섭하거나 주제넘게 넘보지 않는다. 둘째는 매일 점심은 스스로 해결하리라는 다짐이었다. 이들 원칙은 돌발 변수가 생기지 않는 한 바뀜 없는 철칙같이 지켜지고 있다.

우리 부부의 전생은 가계(家系)나 격에서 천양지차였던가 보다. 매일 하는 운동도 나는 허름한 등산복을 챙겨 입고 등산화를 졸라맨 뒤에 몇 시간씩 걷는 머슴운동을 으뜸으로 꼽는다. 하지만 아내는 승용차로 수영장을 오가며 수영을 해온 지 30년쯤 되는 관계로 마님운동 애호가이다. 이런 때문에 천출 꼴의 나와 영락없는 안방마님 모양의 아내가 운동 과정에서 마주치면서 으르렁대거나 생채기를 내며 끌탕을 칠 소지가 원천적으로 배제되었다.

나는 등산을 하는 외에 특별한 약속이 없는 한 집에서 글을 쓰거나 책을 읽는다. 나에 비해 아내는 보통 아침 식사를 마치고 집안 정리가 끝나기 무섭게 밖으로 나간다. 이런 때문에 바깥나들이라는 관점에서 보면 내가 집지킴이 노릇을 시작한 순간부터 아내와 나의 역할이 완전히 뒤바뀌었다.

밖에서 무엇을 하는지 참빗장수처럼 시시콜콜 캐보거나 염탐하려 들지 않는다. 대충 어림짐작컨대 매일 오전에는 영어 공부를 하거나 그림을 그리는 것 같다. 한편, 오후에는 수영장에 갔다가 이따금 지인들과 만남의 자리를 갖는 눈치이다. 또한 가끔 고등학교나 대학 친구들과의 모임을 위해 서울에 가거나 배가 맞는 지인들과 무리 지어 떠나는 외국여행도 집을 나서며 알려주는 것으로 족하다. 그렇게 행동한다고 군말을 덧붙이거나 더 들추려고 날을 세우며 시비를 입찰하지 않는다.

거의 매일 등산을 다녀와서 스스로 해결하는 점심은 내 취향대로 즐길 수 있어 흡족하다. 일터를 지키던 시절 집에서 점심 준비는 철저하게 아내 몫이었다. 하지만 요즈음 점심 해결을 위해 아내를 붙들어 두고픈 마음은 눈곱만큼도 없다. 한편, 점심 이후 아내가 귀가할 때까지는 완전한 자유이기 때문에 주로 글에 관련된 일이나 컴퓨터 작업에 몰두한다. 이런 연유로 아내와 각을 세우고 입씨름을 하거나 감정의 골을 후벼 파며 아파서 허우적거릴 겨를이 없다. 혹자는 서로에게 무관심한 삶이라고 우려할지라도 이런 형태도 집안의 화평에 이르는 하나의 방안이 틀림없다.

요즈음 백세 인생이라는 노래가 공전의 히트를 하면서 "…전해라"라는 말이 요원의 들불처럼 번지고 있다. 이제는 얼추 백세 가깝게 수명이 길어진 게 분명하다. 그러므로 누구나 일터에서 내려선 뒤에 짧게는 30년, 길게는 50년 가까이 삶을 꾸려야 한다. 이런 세월에 부부가 슬기로운 공존의 지혜를 터득해 가면서 바람직한 삶의 길을 묻는다.

감정이 메마르고 늙어가는 애잔한 세월에 지나치게 같이 시간을 보내거나 같은 공간에서 붙어 지내면 무조건 좋을까. 그럴 경우 서로의 가슴을 할퀴고 후벼 파서 난 생채기를 잔인하게 핥는 것 같은 불협화음이 발생할 소지가 다분하다. 이를 슬기롭게 비껴갈 무난한 길이나 묘책이 없는 걸까!

비좁은 공간일지라도 집안에서 사용하는 공간을 서로 달리하는 지혜는 어떨까! 또한 비록 덤거리 처지일망정 아내의 나들이에 대해 좁쌀영감처럼 따지거나 캐지 않는다면 괘씸죄에 걸려들 위험을 줄이는 묘약일러라. 한편, 부엌이라는 특수 공간과 친해지는 길도 아내를 이해하고 환심을 살 걸출한 마중물이 될 개연성이 크지 않을까? 아울러 아내를 좀 더 이해하기 위해 입은 다물고 귀는 크게 열어 놓는 자세 또한 슬기로운 묘방이 될 법하다. 아내의 울화병 원인은 남편에 기인하는 부원병(夫源病)인 경우가 절대 다수란다. 이는 가슴 깊이 새겨야 할 경고이자 조언으로 수용하는 마음가짐은 기본적으로 여보나도족으로부터 자유선언의 첩경이리라.

시와늪, 2016년 봄호, 통권31호, 2016년 3월 26일
(2016년 1월 18일 월요일)

Ⅲ. 청천벽력

치아의 하소연

청천벽력

추락

블랙아웃 현상의 검진 결과

되새겨 보는 오복

부곡 모꼬지

새벽을 여는 등산

요산요수

사지의 유래와 시사점

정유 원단의 발원

이사 온 에어컨

내게 수여된 훈장

길은 예와 같건만

치아의 하소연

세월 앞에는 장사가 없다고 했다. 70여 년 동행했던 치아와 또다시 매정한 별리를 겪는 아픔을 삭여야 했다. 그동안 일편단심으로 충직하게 지켜주던 그들이 더는 버텨내지 못하겠다며 몽니를 부리며 드러누워 시위를 했다. 묘수가 없어 치과를 찾아가 뽑는 매정한 조치를 내릴밖에 다른 길이 없었다. 아직 결별을 해야 할 처지가 아님에도 말이다.

지난 정월 열이튿날 하악(下顎 : 아래턱) 우측측절치(가쪽 앞니)가 소임을 포기하고 스스로 빠져버렸다. 그 후 얼마 지나지 않아 상악(上顎 : 위턱) 우측제1소구치(첫째 작은어금니)가 걷잡을 수 없이 흔들리기 시작했다. 그뿐이면 오죽 좋으랴. 며칠 전부터는 간당간당한 상태인 데다가 참을 수 없는 통증이 간헐적으로 되풀이돼 팥죽땀이 삐질삐질 솟아났다. 그동안 켜켜이 쌓았던 각별한 정리를 생각해 무던하게 참으며 전전긍긍했었다. 하지만 한계 상황에 이르러 눈물을 삼키며 백기를 들었다. 결국, 오늘 치과를 찾아가 발치(拔齒)하는 것으로 영원한 결별을 고했다.

연이 그뿐이었던가 아니면 치아를 험하게 사용했던 징벌 같은 업보로서 곪아 터진 격일까! 내 나이의 동년배들에 비해 험한 일을 해왔다거나 육체적 어려움을 많이 겪지 않은 셈이다. 따라서 험한 음식을 먹었던 적이 없음에도 불구하고 치아 때문에 겪는 아픔이 만만치 않았다.

돌이켜 보면 치아와 결별은 이미 40대에 시작되었다. 위턱(상악)이나 아래턱(하악)을 막론하고 좌우에 자리한 제2대구치(둘째 큰 어금니)와 제3대구치(셋째 큰 어금니 혹은 사랑니)가 썩거나 바스러져 8개 모두 뽑았다. 그러므로 제3대구치를 포함해 32개의 치아 중에 24개가 남아 있었다. 그런데 몇 해 전 어느 날 하악좌측측절치(가쪽 앞니)가 기능을 잃어 할 수 없이 뽑았다. 그리고 하악좌측중절치(가운데 앞니)와 하악좌측견치(송곳니)를 브리지(bridge)로 하여 하악좌측측절치(가쪽 앞니)의 의치(義齒)를 했었다.

결국, 어쩌다가 24개의 치아만 남아있다. 그중에서도 3개(하악우측측절치, 상악우측제1소구치(첫째 작은 어금니), 하악좌측측절치(가쪽 앞니))를 뽑음으로써 원래 치아는 21개뿐인 셈이다. 그나마 모두가 정상이라면 좋겠다. 현재 남은 치아들 중에서 흔들리는 것이 여럿이다. 그래서 앞으로 어떻게 악화될지 노심초사해야 할 지경이니 가시밭길을 불안하게 기분이다.

집의 대문이 휑하니 열려 있는 형상이다. 흉하기 짝이 없어 없는 하악우측측절치(가쪽 앞니)는 임프란트를 하는 방법 외에는 선택의 여지가 없단다. 하지만 치조골이 약해 뼈 이식을 한 뒤에 임프란트 시술을 해야 한다고. 그 때문에 시간도 최소한 여섯 달이 예상되고 비용 또한 치아 하나에 백만 원을 훌쩍 넘는다는 귀띔이다. 하나뿐이라면 고민 없이 흔쾌히 받아들이련만 현실은 녹록지 않다. 왜냐하면 오늘 뽑은 상악우측제1소구치(첫째 작은 어금니)를 위시하여 현재 흔들리는 치아까지 예상한다면 비용 부담이 녹록지 않을 뿐 아니라 견뎌내야 할 고통 또한 수월치 않을 터이기 때문이다.

젊은 날 무엇이든지 거리낄 게 없이 마구 씹어 먹을 수 있는 것으로 설치며 함부로 홀대를 하지는 않았다. 그렇다고 치아에 고마움을 느꼈던 적이 아예 없다. 하지만 세월 따라 더해지는 나이는 어쩔 수 없는지 전체적으로 치아의 고장이 잦아져 삐걱대고 있다. 그 때문에 조금 딱딱한 먹거리는 고사하고 배추김치나 무 조각을 씹는데도 신경을 써야 하니 황당하고 어이가 없다. 이런 정황이 싫지만 뚜렷한 묘책이 없다.

예로부터 치아는 오복(五福)[21] 중에 하나라고 한다. 하지만 아무리 문헌이나 기록을 샅샅이 뒤져봐도 그 말을 증명할 근거는

---

21) 오복(五福) : 중국의 사서삼경(四書三經) 중의 하나인 서경(書經)의 홍범편(洪範篇)에서 언급되는 내용으로 "일왈수(一曰壽), 이왈부(二曰富), 삼왈강령(三曰康寧), 사왈유호덕(四曰攸好德), 오왈고종명(五曰考終命)"이라고 이르고 있다. 이에 비해서 청나라 학자 적호(翟灝)가 저술한 통속편(通俗篇)에 다시 오복이 등장한다. 여기에서는 "첫째로 수(壽), 둘째로 부(富), 셋째로 강녕(康寧), 넷째로 귀(貴), 다섯째로 자손중다(子孫衆多)"라고 이르고 있어 홍범편과는 다소 다른 견해를 보이고 있다.

없었다. 이는 치아가 사람에게 매우 중요함을 에둘러 담은 표현이지 싶다. 하여튼 부실한 치아는 불편한 일이며, 아울러 아름다움을 유지하고 먹거리를 씹는데 치명적인 흠결이다. 이 같은 맥락에서 앞으로 살아가는데 더 이상 악화되지 않았으면 하는 바람이다. 지금에 이르러 치아의 진정한 고마움을 깨우쳐가는 덤거리 같은 내가 과연 어느 세월에 종심(從心)에 이르면 다다르게 마련이라는 경지에 도달할 수 있을지 깜깜하기만 하다.

2016년 3월 3일 목요일

청천벽력

마른하늘에 날벼락도 유분수지 어쩌란 경고였을까? 빨간 경광등을 깜박이며 건강 이상 신호의 나팔이 요란스럽게 울려댔다. 참으로 어처구니없고 믿기지 않았다. 처연한 마음에 천야만야한 절벽의 낭떠러지로 추락한 것 같은 낭패감을 곱씹다가 할 말을 잃었다. 남의 일로만 여겼던 기억 단절 증상이 어제(2016년 3월 7일) 발생했다. 오늘 그 단초를 캐보려고 안간힘을 쓰며 노력해도 소용이 없어 안타깝다.

어제 아침에 손주 등굣길에 따라나서 배웅을 하고 내친김에 이발을 한 뒤에 돌아왔다. 집에 돌아왔을 때 아내는 평생교육원 강좌를 수강하려고 창원을 간다면서 집을 나섰다. 기왕에 나서는 길에 손주의 새 학기 학습에 참고할 교과서 몇 권을 사오라는 주문을 했다.

정오를 조금 지난 12시 반쯤에 혼자서 점심을 챙겨 먹는 도중에 아내가 전화를 했다. 창원의 책방에서 구입하려던 교과서가 대부분 품절되어 한 가지밖에 구입하지 못했다고. 전화를 받으며 지금 점심식사 중이라는 얘기했던 것 같다. 부랴부랴 서둘러 점심을 해결하고 거실 소파에 앉았다가 전혀 인지하지 못한 상태에서 부지불식간에 정신을 잃었다.

때마침 그 시각 방에서 컴퓨터 작업을 하던 유진이 아비가 있었다. 그런데 대략 1시 45분경에 방문을 열고 들여다보면서 "네가 왜 여기 있느냐"고 묻더란다. 그렇게 횡설수설하며 쓸데없는 질문을 끝없이 되풀이해서 갈피를 잡을 수 없었다고. 기절초풍할 정도로 놀랍고 황당해서 밖에 나가 있던 제 어머니에게 연락을 했단다. 아울러 형에게도 연락을 해서 모인 가족들이 난리굿을 피우며 야단법석을 떨었던 모양이다. 그동안 학교를 마치고 학원을 다녀왔던 유진이도 정신을 잃고 넋 나간 행동을 하는 꼴을 지켜보다가 서럽게 우짖으며 불안해하더란다.

전문 용어로 이런 상태를 뭐라고 얘기하는지 모른다. 마치 과음을 하고 정신을 잃는 상황처럼 필름이 끊기는 블랙아웃(blackout) 현상이 지속되었다. 그런 몰골로 여섯 시간 정도 오락가락하면서 들쭉날쭉한 행동을 거듭했던가 보다. 그러다가 저녁 8시 무렵 천우신조로 기억을 되찾기 시작했다. 기억을 찾아가며 늦은 저녁을 식구들과 함께 먹고 나서 조금 쉬다 보니 아무렇지도 않았다. 이같이 극과 극을 오락가락하는 황당한 일을 분명히 겪었다. 그럴지라도 친가나 외가 쪽에 중증의 치매를 앓거나 뇌졸중으로 앓았던 경우가 없다. 따라서 가족적인 병력에 속하지 않을 것이라는 점에서 위안이다.

나는 온통 깜깜한데 아내와 아이들이 알려주었다. 그 몇 시간 내내 가족들에게 "꿈을 꾸는 것 같다", "오늘이 며칠인가", "지금 몇 시인가" 따위를 묻고 또 물어대는 까닭에 간담이 서늘하고 행동을 종잡을 수 없었단다. 평소에 유진이는 학원이나 태권도장에 단 한 번도 빠짐 없이 꼬박꼬박 챙겨 보냈었다. 하지만 어제는 내 행동을 지켜보며 몹시도 서럽게 울고 또 울어 태권도장을 보낼 수 없어 쉬게 했다는 얘기였다.

기억이 돌아오기 시작한 시각은 오후 8시를 지날 무렵이었지 싶다. 그렇게 혼비백산한 채 허둥대다가 한시름 놓으며 늦은 저녁 식사를 하는 가족의 모습은 엉망이었다. 한결같이 얼굴 표정이 굳어져 있었고 유진이 두 눈은 퉁퉁 부어올라 안쓰러웠다. 하기야 가장이 몇 시간 동안 정신을 잃은 채 넋 나간 행동을 되풀이 해댔으니 그 심정이 오죽했으랴? 게다가 이해할 수 없는 행동을 지켜보면서 어린 손주가 얼마나 심한 충격을 받았을까! 그런 위급한 상태에서 휘청대면서도 병원에 가자는 얘기에 완강하게 거부하더란다. 그래서 잠자코 기다리며 지켜봤다는 전언이었다.

어제 그 혼란을 겪는 중에도 가족은 알아보는데, 사는 아파트의 동(棟)이나 호수(號數)를 비롯하여 이전에 살던 곳은 기억하지 못하더란다. 다른 가족은 정확히 알아봤단다. 하지만 웬일인지 유진이를 승주로 혼동하더라는 얘기였다. 정신을 되찾으며 그동안 발생했던 얘기를 들으면서도 전혀 기억이 나지 않아 답답하고 섬뜩했다.

유진이와 함께 잠자리에 들었다. 나란히 누워 말했다. “할아버지!”, 나와 아까 약속한 것처럼 “내가 스물네 살까지 살아야 해(아마도 헛소리로 약속했던 모양이다)”라고. 그리고 내 손을 꼭 쥐고서 “할아버지 아프지 마”라면서 “자기가 잠들 때까지 손을 잡아 달라”는 부탁을 하는가 싶더니 이내 무지개다리 저 너머 꿈나라로 떠났다. 할아버지를 걱정하고 눈이 퉁퉁 붓도록 울었던 손주에게 미안하기도 하고 한편으로는 미쁘고 사랑스러웠다.

오늘 아침 식사를 마친 뒤에 유진이를 등교시키고 두 아들 그리고 아내와 병원을 찾았다. 일찍 병원에 도착해 외래진료를 신청했다. 그런데 오늘은 이미 모두 예약이 완료되어 내일이나 진찰이 가능하다고 했다. 그렇다고 응급환자로 등록할 처지는 아니지 싶었다. 그래서 내일(3월 9일) 11시 30분에 신경과 전문의 진찰을 받도록 예약하고 곧장 집으로 돌아왔다.

지금은 기분이 묘하고 묵직한 둔기로 머리를 한 대 강하게 얻어맞은 것 같이 얼떨떨하다. 나이 듦은 신의 영역으로 속수무책일까? 천리(天理)라면 순순히 따르려 해도 왠지 사기를 당한 것 같아 내치며 거세게 도리질하고 싶은 충동이 일고 있다. 어쩌면 뇌졸중이라는 혼돈의 늪으로 한 발 들이민 상태일지도 모른다는 섣부른 예단이나 속단은 입에 올리기 싫어 애써 외면하기로 했다.

내일 예상과 같은 결과로 진단되어도 담담히 받아들일 각오이다. 그래도 아쉽고 불만스러운 마음이 말끔하게 사라지지 않음은 왜일까! 덤거리 같은 처지에 주제넘은 집착이고 미련이리라. 그래도 내일 전문의의 진단 결과에 구차하게 변명하지 않고 자연스럽게 수용하며 순리에 따를 요량이다.

질풍노도처럼 밀고 들어오는 점령군의 행동처럼 일거에 나를 제압한 청천벽력(靑天霹靂)의 증상이 믿기지 않을뿐더러 황당하다. 이는 마치 오래된 나무의 우듬지가 예기치 않은 사태로 우지끈 부러짐과 흡사한 변고가 아닐까! 그렇다고 무언가를 원망하며 울분을 토할 일이 아니다. 불행 중 다행으로 지금은 정상으로 이렇게 담담하게 글로 정리할 정도이다. 그런 까닭에 안도의 숨을 내쉬며 평온을 유지할 수 있다. 유한한 삶이기에 하늘의 이치나 자연의 섭리를 거역하는 과욕은 피하기로 했다. 하지만 언제가 될지 모르는 내 삶의 끝자락이 험하게 일그러지거나 추하게 변색되지 않도록 최선을 다함으로써 평소의 모습을 유지하고픈 욕심이 절절하다. 뜻대로 지켜질지 모르지만, 지금의 심정이 그렇다는 얘기이다.

2016년 3월 8일 화요일

추락

건강을 잘 지킨다고 자부해 왔다. 그 믿음은 사상누각이며 부질없는 남가일몽이었던가! 덧없는 세월엔 장사가 없나 보다. 자신만만한 치기를 조롱하며 서푼어치도 못되는 오만을 단박에 깔아뭉갤 사태가 벼락 치듯이 닥치리라고 예견치 못했다. 예기치 못한 상태에서 가벼운 뇌졸중 증세가 나타났다. 창졸간에 건강에 빨간 경고등이 켜지면서 천야만야한 절벽으로 추락한 기분이었다. 고삐 풀린 망아지처럼 분수를 모르고 함부로 나대던 미몽에서 깨어나라는 일깨움치고는 야박하고 매정해 섧고 떫다.

지난 3월 7일(2016년) 오후 1시 45분경부터 갑자기 블랙아웃(blackout) 같은 기억 단절 현상을 경험했다. 그렇게 6시간 정도를 깜깜한 혼돈의 세계를 헤매다가 천우신조로 8시경에 정신을 되찾았다. 그리고 아무 일도 없었다는 듯이 9시경에 가족들과 저녁 식사를 했다. 칠흑 같은 어둠 속에서 오락가락하던 6시간 정도

완전히 비정상이었다고 한다.

"오늘이 며칠이냐?"
"지금이 몇 시냐?"
"별다른 의미도 없는 서류를 들고나와서 이게 무엇이냐?"
"작은아들 보고 네가 왜 여기에 있느냐?"

따위의 질문을 수없이 되풀이 하면서 횡설수설을 거듭하여 가족들은 황당무계했었단다. 혼돈의 늪에 빠져 허우적거리며 가족들의 얼을 뺄 정도로 헛소리를 해댔던 모양이다. 그러다가 기억을 되찾고 나서 언제 그렇게 했느냐는 듯이 멀쩡하게 가족들과 저녁 식사를 하고 평소처럼 잠자리에 들었다.

8일 이른 새벽을 맞았다. 두 아들과 아내에게 떠밀려 삼성창원병원을 찾아가 신경과에 진료를 신청했다. 담당 전문의는 문진을 마치고 뇌졸중 현상이 가볍게 지나간 것으로 유추되기 때문에 자세한 검사가 필요하단다. 해마 쪽에 미세한 상태의 흔적으로 나타날 정도로 지나갔을 것이라는 소견이었다. 의사의 지시에 따라 몇 가지 검사를 신청했다. 그러나 이미 예약된 환자가 많아 어쩔 수 없이 채혈 검사와 심전도검사는 다음인 9일로 예약했다. 그리고 자기공명영상(MRI)검사와 뇌파검사는 모레인 10일로 예약하고 진료도 받지 못한 채 그냥 집으로 돌아왔다.

9일이 밝아왔다. 전날 예약에 따라 확실한 정황의 파악과 체계적인 분석을 위해 일차적으로 채혈 검사(많은 혈액을 채취하여 5개로 나누어 담아 각각 다른 검사에 사용한다고 했음)와 심전도검사를 받았다. 10일엔 검사를 위해서 아침 식사를 거른 채 오전 10시에 병원에 도착했다. 대략 30분 정도의 MRI 검사를 받은 뒤에 11시부터 대략 1시간 정도의 뇌파검사를 받았다. 그 후에 병원 앞의 음식점에서 가벼운 죽으로 점심을 먹었다. 다시 병원에 돌아와서 대기하다가 2시 무렵에 MRI 검사와 뇌파검사 결과의 분석에 대한 주치의 소견을 들었다.

우선 가장 우려했던 치매 증상과 관계가 없어 불행 중에 다행이었다. 무엇인가 불안한 징조가 분명하다고 예상했었다. 그럼에도 그 실체가 무엇인지 듣는 순간 둔기로 머리를 한 대 얻어맞는 기분이었다. 의사는 해마에 가벼운 뇌졸중 증상의 흔적이 확실하다며 MRI 검사 결과인 필름을 보여 주었다. 다행인 것은 그 크기가 대략 8mm 정도이기 때문에 지금부터 치료와 관리를 철저히 하고 섭생에 유의한다면 별문제가 없어 보인다고 안심을 시켰다. 그리고 다음에 재진을 할 때까지 복용할 약의 처방을 받았다.

해마에 나타난 혈전의 원인이 무엇인지 정확하게 추적하기 위해서는 신경초음파검사와 심장초음파검사가 필요하다고 얘기하여 곧바로 그들 검사를 신청했다. 하지만 환자가 많아서 다음 주 월요일(14일)로 예약되었다. 그러므로 예약된 날 두 가지 검사를 받고 나서, 다시 일주일 정도 지난 22일에 겨우 주치의를 만나 자세한 진단 결과를 들을 수 있다는 얘기였다.

종합병원이 다양한 검사를 통해 체계적으로 원인을 규명하여 치료하는 원칙에 동의한다. 하지만 병이 발생한 후에 완전한 진단 결과에 따라 치료방법이나 약물 투여 내용이 결정되는 과정이 지나치게 길다. 그 때문에 명이 짧은 사람은 그 중간에 불귀의 객이 되는 불상사가 발생하지 않을까? 내 경우 병의 발생일은 7일이고 최종 진단 결과를 들을 수 있는 날이 22일로 예정되어 있다. 따라서 병증이 나타면서부터 최종적인 진단결과는 정확하게 15일이 소요된다[22]. 또한 각종 검사비 중에서 건강보험공단의 부담을 제외하고 개인의 직접 부담액이 대략 160만 원이다. 이는 적지 않은 부담이다. 여기에다가 부대비용까지 더하면 더욱 무거운 짐이 될 공산이 크다.

병원에서 '뇌졸중의 위험인자 관리'라는 작은 책자를 건네주면서 참고하라고 했다. 여태까지 매주 5번 정도 14~15km 정도 되는 등산을 해왔고, 금연한 지 10년이 넘었으며, 육류보다는 채소류를 즐겨왔다. 그렇다고 당뇨병이 있었던 것도 아니고, 고지혈증의 징후가 보였어도 심각한 수준이 아니었다. 그런가 하면 혈압도 안정적이었던 데다가 특별한 심장질환도 없었다. 그런데 이번에 혈압을 측정했더니 정상치에서 조금 웃도는 형편으로 나타났다. 험을 들추자면 매월 한 번 정도 술을 마셔왔었다. 하지만 이제부터는 그마저도 경계의 대상으로 확정 고시되었다.

오늘날 첨단과학을 바탕으로 하는 전자제품은 우리 생활과 밀접한 관계가 있다. 그런 제품들도 십수 년 지나면 수명을 다해 폐기처분된다. 하물며 70년 이상 나를 지탱토록 애쓰던 장기나 육체가 탈이 나거나 기능이 퇴화되었다고 야단법석을 떨어야 할 일

22) 추기(追記) : 이 글을 쓰고 11일 뒤인 3월 22일 모든 정밀검사 결과 특별한 이상이 없는 것으로 판명되어 이전과 다름없이 정상적인 생활을 하고 있다.

이 아니다. 흔히들 오늘날 장수 시대라고 한다. 하지만 하늘의 이치나 자연의 섭리를 거역할 수 없는 게 우리네 인생이기에 갑자기 닥친 당혹스러운 현실을 담담하게 받아들이며 슬기롭게 순응할 요량이다.

한맥문학, 2016년 7월호, 통권 310호, 2016년 6월 25일
(2016년 3월 11일 금요일)

블랙아웃 현상의 검진 결과

병마는 벼락 치듯 덮쳤는데 원인 규명은 굼벵이처럼 느리고 굼떠 부지하세월(不知何歲月)이었다. 그래도 천지신명이나 조상의 음덕이었을까!

"지난번에 발견된 혈전 흔적 외에는 어디에도 이상 없이 깨끗합니다."

하지만 만약을 위해서 약을 복용하세요. 아울러 처방될 약의 종류와 쓰임새와 효능에 대해 세세히 설명했다. 하지만 청맹과니의 귀에는 제대로 들어오지 않고 앞서 얘기한 "이상이 없고 깨끗합니다"라는 말이 맴돌며 윙윙대서 어물쩍 넘겼다. 이어지는 주된 줄거리 내용은 약을 처방해 줄 터이니 꼬박꼬박 복용하고 다음 진료 예약 일에 내원하라는 요지였다.

끝 모를 어둠의 터널에 빠져 허우적거리는 꼬락서니이라서 착잡했다. 병증이 발현한 날은 지난 7일(2016년 3월)이다. 그리고 최종결과를 판정받는 날이 오늘 22일이었기에 발병하고 15일 만이다. 어쩌면 결코 가볍게 넘길 수 없는 상황으로 몰려 전전긍긍 끌탕을 쳤던 기간이 보름째였다. 이로 인해 막연한 두려움뿐 아니라 밤잠까지도 설쳐대며 끙끙댔던 심적 부담과 갈등은 결코 가볍지 않았다.

병증의 이력은 대략 이렇다. 지난 3월 7일 오후 1시 반 무렵부터 8시경까지 대략 6시간 남짓 무자비한 점령군처럼 나를 집어삼켰던 기억상실은 블랙아웃(blackout)과 흡사했다. 이 혼돈의 순간에는 가족을 제외하곤 모든 것을 기억하지 못했다. 하지만 8시 무렵부터 운 좋게 기억을 되찾았다. 그 난리를 치고 아무렇지도 않다는 듯이 9시경에는 가족들과 저녁 식사를 마치고 놀다가 평소와 같이 편안하게 잠을 잤다.

8일 새벽 여느 날처럼 일찍 일어나 준비를 하고 서둘러 삼성창원병원에 가서 신경과 진료를 접수를 했다. 그런데 당일 진료 예약이 끝났던 관계로 다음 날(9일) 11시 30분에 진료 예약을 하고 집으로 돌아와 쉬었는데 아무런 이상 증세가 없었다. 9일 다시 병원을 방문하여 신경과 진료를 받음과 동시에 채혈(엄청 많이 채혈하여 여러 가지의 검사를 한다며 5개 용기에 나누어 담음)을 한 뒤에 심전도검사도 받았다. 아울러 그다음 날(10일) 다시 병원에 가서 MRI 검사, 신경생리검사(뇌파검사)를 받고, 그 결과 뇌의 해마 쪽에 8mm 정도의 혈전 흔적(뇌졸중)을 발견했다.

혈전 흔적의 원인을 규명하기 위해 정밀검사로 신경초음파검사, 심장초음파검사가 필요하다고 했다. 서둘러 그 두 가지 검사를 신청했지만 이미 예약한 환자가 많기 때문에 빈 시간을 찾기 어려웠다. 겨우 14일로 예약하고 약을 처방받아 가지그 집으로 돌아왔다. 그러고 보니 병증이 발생한 뒤에 나흘째 되는 날 처음으로 약을 복용하는 꼴이다. 이래도 되는 걸까? 그리고 14일에 다시 병원을 찾아 신경초음파검사와 심장초음파검사를 받았었다.

일련의 검사를 마치고 그 결과에 대한 주치의의 최종적인 종합판정을 받는 날이 바로 오늘(22일)이었다. 진료 예약 시간인 2시보다 일찍 병원에 도착해 담당 카운터에 접수를 하는 한편 혈압도 측정했다. 그런데 오늘따라 무슨 일인지 약속시간이 훌쩍 지났는데도 내 차례가 오지 않아 조바심에 가슴을 태웠다. 지루하고 답답한 마음에 한 번만 체크해서 제출하는 혈압 측정을 쓸데없이 두 번이나 했다.

주치의의 진료를 받은 뒤에 다음 진료를 다음 달(4월 15일)로 예약했다. 그리고 수납창구에서 진료비를 납부한 뒤에 약의 처방전을 받아들고 병원 앞 약국에 가서 약을 한 보따리 받았다. 얼추 한 달 동안 아침과 저녁으로 복용할 양이기 때문인지 엄청나게 부피가 커서 깜짝 놀랐다. 약값은 상상외로 저렴했다. 건강보험공단이 부담해야 할 부분까지 더해 셈해 봐도 마찬가지라는 사실이 믿어지지 않았다.

병원에서 진료와 검사를 받으면서 느낀 소회이다. 건강보험공단의 부담을 감안하더라도 각종 검사비가 지나치게 고가에다가

보험에 적용되지 않은 검사가 숱했다. 이 같은 의료비 부담 때문에 치료를 포기하는 경우가 발생하지 싶었다. 왜냐하면 이번에 내가 받았던 검사 6가지 중에 2가지(신경초음파검사와 심장초음파건사)는 보험에 적용되지 않기 때문에 내가 부담했던 검사비가 모두 160만 원 정도였다. 입원이나 수술 없이 단순히 외래로 접수하여 검사받고 약을 복용할 따름인데 말이다. 여기에다가 입원과 수술이 더해질 경우에 병원비는 눈덩이처럼 불어날 것이다.

현실의 잡다한 문제는 의도적으로 외면하련다. 다만 내 병증을 유발할 정도로 특별히 기능이 나빠진 장기가 없단다. 따라서 앞으로 섭생에 유의하고 꾸준히 운동을 지속하면 생활에 지장이 없으리라는 주치의 소견이었다. 함께 병원에 갔던 아내가 잔뜩 긴장했다가 큰 염려를 하지 않아도 된다는 얘기를 듣고 난 뒤에 편안한 화색으로 변했다.

장수에 대한 미련이나 욕심은 없다. 생을 누리는 동안 정신 줄을 놓거나 치매나 뇌졸중으로 무의식의 혼돈 상태가 오래 지속되어 가족이나 남에게 험한 꼴을 보이지 않았으면 하는 바람이다. 아울러 가족에게 감당하기 어려운 무거운 짐이 되지 않고 깔끔하게 삶을 마무리 할 수 있기를 간원한다.

2016년 3월 22일 화요일

되새겨 보는 오복

여태까지 오복이란 말에 귀 기울였던 적이 없다. 그런데 최근 치아의 불협화음이 빈발하면서 "치아는 오복 중의 하나"라는 말이 새롭게 다가왔다. 왜? 오복이라고 이름 지었으며 과연 치아를 비롯해서 무엇을 포함하는 개념인지 궁금했다.

오복(五福)을 사전에서 이렇게 정의하고 있었다. "유교에서 이르는 다섯 가지의 복. 보통 수(壽), 부(富), 강녕(康寧), 유호덕(攸好德), 고종명(考終命)을 이른다. 유호덕과 고종명 대신 귀(貴)와 자손중다(子孫衆多)를 꼽기도 한다." 이는 틀에 박힌 정형적인 해석이다. 이와 다른 견해를 찾았지만 헛수고였다. 다만 대상 계층에 따라 오복에 포함되는 내용이 달라질 수 있다는 개방적인 견해가 있었다. 이에 따르면 꼭 지정된 다섯 가지 복이 아니라 '모든 혹은 온갖'이라고 확대 해석 가능타는 주장이다.

치아가 오복에 포함된다는 기록이나 보고서는 어디에서도 찾을 수 없었다. 이를 미루어 짐작컨대 치아가 식욕이나 소화 기능에 미치는 영향을 증명할 수 있다는 맥락에서 오복으로 꼽아 왔으리라는 유추가 가능할 뿐이다.

원래 오복(五福)은 중국의 사서삼경(四書三經) 중의 하나인 서경(書經)[23]의 홍범편(洪範篇)에 처음으로 등장한다. 원전(原典)에서 "일왈수(一曰壽), 이왈부(二曰富), 삼왈강령(三曰康寧), 사왈유호덕(四曰攸好德), 오왈고종명(五曰考終命)"이라고 이르고 있다.

첫 번째의 복은 수(壽)이다. 장수가 으뜸이라는 얘기이다. 요즈음은 백세인생이라는 말이 회자된다. 하지만 그 옛날에도 오래 행복하게 삶을 제대로 살았다고 말하려면 3갑(三甲)인 회갑(回甲), 회혼(回婚), 회방(回榜)을 훌쩍 뛰어넘도록 수를 누려야 한다고 이르지 않았던가!

두 번째 복은 부(富)이다. 다시 말하면 부자가 되는 것을 두 번째 복이라는 얘기이다. 이런 인간의 심리를 꿰뚫어 본 사마천(司馬遷)이 사기(史記)에서 재산의 위용에 대해 이렇게 일갈했었던가 보다. 타인의 재산이 자기보다 10배 많으면 비굴해지고, 100배 많으면 공손해지며, 1,000배 많으면 두려워지고, 10,000배 많

23) 서경(書經) : 공자가 요(堯)임금, 순(舜)임금 시절부터 주(周)나라에 이르기까지 정사(政事)에 관련된 문서를 수집 정리, 분석하여 편찬한 책을 서(書)라고 호칭했다. 이를 한대(漢代)에는 상서(尙書)라고 지칭해오다가 송대(宋代)에 이르러 서경(書經)이라고 불렀다. 그러므로 서와 상서 그리고 서경은 동일한 것을 지칭한다.

으면 노예가 된다고 말이다.

예로부터 공수래공수거(空手來空手去)라고 했다. 맞는 말이다. 하지만 부자는 고대광실이 부럽지 않은 대저택에 사는가 하면, 죽어서도 왕릉을 능가하는 묘지를 꿰차고 저승의 생을 누린다. 이에 비해 가난뱅이들은 살아생전 빈털터리 신세를 면치 못해 게딱지 같은 집에 애옥살이를 하게 마련이다. 그렇게 곤고하게 살다가 유명을 달리하면 손바닥만 한 공동묘지에 오척단신을 눕거나 벌집을 연상하는 납골당에 영혼을 의탁하지 않던가? 이들 사이에 도저히 메꾸지 못할 간극과 괴리의 존재를 어떻게 설명해야 할까! 물론 경우에 따라서는 정신적 부(富)가 물질적 부를 능가하는 경우를 얼마든지 상정할 수 있으리라.

세 번째 복이 강녕이다. 건강이 세 번째 복이라는 얘기이다. 건강은 육체적 건강과 정신적, 환경적 건강을 생각할 수 있다. 전자의 경우 선천적으로 타고나거나 후천적으로 끊임없는 운등을 통해 소기의 목적을 달성할 수 있다. 한편, 후자의 경우는 취미나 재주를 비롯해 주위 환경의 변화나 개선을 통해서 달성 할 수 있다. 옛날부터 이르기를 동가홍상(同價紅裳)이라고 하지 않던가! 우리 조상들이 의복, 그릇, 도자기, 돗자리, 입춘방(立春榜), 떡판 따위에 복(福), 수(壽), 강녕(康寧) 등의 문구를 넣었다. 그 외에도 경복궁 임금의 처소 이름을 강녕전(康寧殿)으로 이름을 붙임으로써 친근한 이미지를 통해 강녕의 꿈을 절절하게 빌었던 것 같다.

네 번째 복이 유호덕이다. 남에게 선행을 베풀어 덕을 쌓는 것이 네 번째 복이라는 얘기이다. 그런 철학이 "개 같이 벌어서 정승 같이 써라"라는 경구를 탄생시켰지 싶다. 이를 서양식으로 말하면 지배층의 도덕적 의무를 말하는 노블레스(noblesse) 오블리주(oblige)가 아닐까? 유호덕의 가치관이 우리 조상들에게 적선지가/필유여경(積善之家/必有餘慶), 적악지가/필유여앙(積惡之家/必有餘殃)이라는 인과응보의 이치를 깨우치게 일깨웠는지도 모른다.

다섯 번째 복이 고종명이다. 결국 천수를 다하는 것이 다섯 번째 복이라는 얘기이다. 이를 현대 개념으로 재해석하면 이승의 여행을 마치는 순간 웰다잉(well dying)을 바라는 염원과 일맥상통한다. 무병이나 무고통 속에 이승의 삶을 마감한다면 최대의 축복이다. 최근 전국에 우후죽순처럼 개원한 노인요양병원에서 임종 순간만을 기다리는 듯한 노인들의 모습을 떠올린다. 최근 장수시대라고 호들갑을 떨어대는 사회의 주장이 공허하고 부질없는 구두선(口頭禪) 같이 들림은 삐뚤어진 심보 때문일까! 분명히 누구나 고상한 죽음을 맞이할 권리를 갖고 있다. 그런데 현대판 고려장 같은 요양시설을 따스하고 안온한 천국으로 확 바꿀 묘책은 없는 것인지?

홍범편에서 일렀던 오복에 대한 내용이 청나라 학자 적호(翟灝)가 저술한 통속편(通俗篇)에서 다시 나타난다. 여기에서는 "첫째로 수(壽), 둘째로 부(富), 셋째로 강녕(康寧), 넷째로 귀(貴), 다섯째로 자손중다(子孫衆多)"라고 이르고 있다. 서경과 다르게 바뀐 두 가지 복에 대해 생각해 본다. 아마도 남에게 덕을 베푼다는 유호덕보다 귀(貴)가 낫고, 하늘이 부여해준 천수(天壽)를 누리는 고종명보다 자손이 많이 번창하는 게 더 큰 축복이라는 가치관 때문에 그 두 가지를 바꿨을 것으로 유추된다.

"귀하게 된다"라는 화두에 담긴 참뜻을 헤아려본다. 통속적인 출세나 부의 축적을 의미하는 걸까? 아니면 인격적으로 완벽한 지식과 자연의 이치와 하늘의 섭리를 꿰뚫어 통섭의 경지에 이르러 선지자 반열에 도달을 함축할까? 아무리 생각을 해봐도 전자의 세속적인 이룸을 얘기하는지 후자의 정신적 혹은 철학적 승화를 뜻하는지 자꾸 헷갈려 갈팡질팡하고 있다.

농경사회 특징 중의 하나가 다산(多産)이다. 자식이 많다는 것은 노동력을 확보해 너른 농경지를 경작할 수 있다는 사실을 웅변한다. 이런저런 연유로 전통사회에서는 다산이 가문을 융성하게 만드는 초석이라는 사상이 지배했다. 그래서 자손중다를 커다란 축복으로 꼽았으리라. 출산을 기피하는 작금의 가치관에서도 과연 합당한지 갈피를 잡기 어렵고 헷갈린다.

그 옛날 오복이라고 칭함은 반드시 숫자 다섯(5)을 지칭한 개념이 아니고 뭉뚱그려 "온갖 혹은 두루" 정도로 수용했던 개념이 아니었을까. 왜냐하면 우리 조상들은 새로 집을 짓는 과정에서 상량(上梁)할 때 대들보에 연월일시(年月日時)를 쓰고 그 아래에 다음과 같이 이어서 쓰는 게 관례였다. '하늘의 세 가지 빛(해와 달 그리고 별)에 응하여 인간에게는 오복을 갖춘다'는 뜻의 "응천상지삼광 비인간지오복(應天上之三光 備人間之五福)"이라고 썼다. 여기서 오복이 정확하게 무엇을 뜻하는지 밝힌 기록을 찾을 수 없기 때문에 온갖 혹은 두루 라는 뜻으로 유추할 수 있다는 견해이다.

고대의 가치관을 바탕으로 정립된 오복이다. 디지털 문화가 지배하는 세상에 온새미로 섭수(攝受)할 철학을 담은 개념일까? 오늘 이 순간에 모두가 수용할 오복을 다시 정립한다면 어떻게 바뀔지 자못 궁금하다. 그럴지라도 이들 개념이나 뜻하는 바가 곰팡내가 진동할 만큼 고루하지 않다는 생각이다. 그래서 온고지신(溫故知新)의 심정으로 그들 하나하나를 되기는 내가 앞가림도 제대로 못 하는 간서치(看書癡) 꼴은 아닐까!

호주한국문학, 통권9집, 2016년 9월 10일, 호주한국문학협회
(2016년 4월 4일 월요일)

부곡 모꼬지

문학에 뜻을 함께하는 동도들의 모임이었다. 이번 시와 늪 제32집 출판회 및 하계문학의 밤 행사의 백미이자 압권은 사명대사 유적지(경남도지정 기념물 제116호)에서 생가지(生家址 : 밀양시 무안면 사명대사생가로 642)와 기념관 친견이었다. 그동안 여러 차례 밀양에 발걸음을 했건만 이곳은 미답지로 남겨져 늘 아쉬워 미련이 남았었다. 지난 일요일(7월 4일) 심란하게 쏟아지는 장맛비를 뚫고 달려가 알현해 간곡한 소원을 풀었다. 그 외에도 영산정사를 비롯해서 표충비와 만남은 각별했다.

원체 풍수지리에 청맹과니 주제인데다가 비가 오락가락하고 안개가 자욱해 산세나 지형을 꼼꼼히 살필 수 없어 섣불리 속단키 어렵다. 하지만 좌우로 길게 발달한 골짜기 깊숙한 혈(穴)에 자리한 생가터는 매우 인상적이었다. 마치 엄마가 양팔을 벌려 가슴에 아이를 품는 형국 같아 포근하고 안온하며 상서로움이 충만한 지기가 꿈틀대는 느낌이었다.

복원된 대문에 위에 걸려있는 '송운대사구택(松雲大師舊宅)'이라는 현판이 반겼다. 순간 반가운 마음에 주인장의 허락도 받지 않고 대문 안으로 발을 내디뎠다. 집안 구석구석을 샅샅이 훑으며 대사의 얼과 혼을 온새미로 더듬고 싶었다. 미욱한 때문인지 마냥 겉돌다가 발길을 돌렸다. 까막눈의 처지에 드높은 큰 스님의 영적 바탕을 탐하려는 비례를 범했다. 그럼에도 크게 혼내거나 냉정하게 내치지 않고 후하게 품어준 게 은총일러라.

대사의 기념관은 찾는 이를 압도할 정도로 겉치레의 위용을 갖췄었다. 하지만 입구에 충의문(忠義門)이라는 현판이 붙은 곳에서부터 전시관 건물에 이르기까지 모두가 시멘트 구조물이었다. 게다가 길바닥 대리석 위까지 곳곳에 지하수가 솟아나와 질척였다. 지하수 처리를 위한 암거(暗渠)나 도랑 따위의 시설이 부실한 날림공사의 흔적이 엿보여 씁쓸했다. 시설에 대해서는 혹독한 험담을 피할 수 없어 보였다. 그렇지만 큰 스님의 다양한 자료를 수집하여 기념관에 모음으로써 멸실(滅失)을 방지했던 갸륵한 정성에 대해 고개가 절로 숙어졌다.

사명대사의 유적지를 둘러보고 찾은 곳이 영산정사(靈山精舍 : 밀양시 무안면 가례로 233)이다. 이 사찰은 대웅전과 2기(基)의 9층 석탑, 범종, 요사채, 관세음보살상, 성보박물관, 절 마당에서 내려다보이는 언덕에 불사중인 와불(臥佛) 등이다. 특이한 것은 이 절의 범종 크기는 세계 최대라고 하는데 연이 닿아 우리 일행은 여덟 번에 걸쳐서 타종하며 맥놀이(울림) 현상을 바로 옆에서 경험했다. 또한 현재 불사중인 와불은 우리나라 최대 규모가 될 것이라는 자랑이었다.

영산정사는 외형적으로는 중국풍의 9층 기와집 형태이다. 하지만 내부는 4층으로 구성되어 있으며 성보박물관이 있다. 여기에는 세계 기네스북에 등재된 부처님 진신사리 100만 과(顆)와 외국 팔만대장경 원전(原典)인 10만 패엽경(貝葉經)과 2천여 점에 달하는 여러 나라의 불상(佛像)이 전시되어있다. 건물로 들어가서 엘리베이터를 타고 올라가 4층(경전관)에서 경전을 구경하고, 3층(사리관)으로 내려와 사리를 살펴본 뒤에, 2층(불상관)에서 불상을 구경하고, 1층으로 내려와 수많은 국사(國師)들의 초상을 감상하다 보면 얼추 1시간은 족히 소요되지 싶었다.

영산정사를 거쳐 이전에도 몇 번 친견했던 홍제사(弘齊寺) 경내에 있는 표충비(表忠碑 : 밀양시 무안면 동부동안길 4)를 찾았다. 이 홍제사는 1742년 영조 때 사명대사의 표충사당과 표충비각을 보호하기 위해 건축된 수호사찰이다. 우선 표충비 앞에는 무안리 향나무(지방기념물 제119호)가 있다. 이 나무는 나무 높이 1.5미터, 가슴높이 둘레 1.1미터이며 수관(樹冠)은 녹석의 큰 나무 양산을 펼쳐 놓은 형상이다. 그런데 이 나무는 1738년 사명대사의 5대 법손(法孫)인 태허당 남붕선사(泰虛堂 南鵬禪師)가 표충비를 이곳에 세우고 기념으로 식수한 것으로 전해지고 있다.

표충비는 영조 18년에 사명대사의 충의를 기리기 위해 송운의 5대 법손인 태허당 남붕(泰虛堂 南鵬)이 건립했다. 전면(前面)에는 송운대사의 행적, 후면(後面)에는 스승이신 청허당 서산대사

(淸虛堂 西山大師)의 공덕과 기허대사(騎虛大師)의 사적, 측면(側面)에는 표충사 사적기(表忠寺 事蹟記)를 새겼다. 이 비가 유명한 것은 나라에 큰일이 있을 때를 전후하여 비석에 구슬땀이 흐르는 것으로 유명하다. 기록에 따르면 1894년 11월 19일 동학운동 직전에 흘린 땀을 시작으로 입때까지 서른 차례를 훌쩍 넘을 정도로 땀을 흘렸다고 한다. 이를 두고 민간에서는 아직도 사명대사의 우국충정 영혼이 전해져 그렇다고 믿어 신성시하고 있다는 전언이다.

억수같이 내리는 빗속에서 표충비와 야트막한 담장으로 구분된 홍제사로 발길을 옮겼다. 자그마한 절의 전면에 적당한 간격으로 큰 글자로 사홍서원(四弘誓願)을 세로로 써 붙여 놓은 게 퍽이나 인상적이었다. 이는 모든 보살들의 공통적인 서원(맹세)이라는 의미에서 총원(總願)이라고도 한다. 이는 결국 성불하여 중생을 구하겠다는 다짐으로 성불제중(成佛濟衆)을 뜻한다. 홍제사 대웅전을 향해 다가갈 때 맨 왼쪽에부터 오른쪽으로 가면서 다음 내용을 세로로 쓴 글자가 차례로 붙어있다.

중생무변서원도
(衆生無邊誓願度 : 중생이 가없이 많지만 기어이 모두 구제하겠다)
번뇌무진서원단
(煩惱無盡誓願斷 : 번뇌가 끝이 없지만 기어이 끊겠다)
법문무량서원학
(法門無量誓願學 : 광대무변한 불타의 가르침을 모두 배우겠다)
불도무상서원성
(佛道無上誓願成 : 가장 존귀한 불도를 닦아 성불하겠다)

오래전 계획된 일정이라서 장마와 겹쳐도 미룰 수 없었다. 하지만 장대 같은 장맛비속을 뚫고 오갔던 노정은 되레 운치가 있어 좋았다. 지난 토요일(7월 3일) 창녕의 부곡온천 한성호텔에서 공식적인 행사가 열렸다. 이어서 이튿날인 일요일엔 밀양의 무안면에 자리한 사명대사 유적지, 영산정사, 표충비를 둘러보는 기행이 이어졌다.

첫날 공식행사 제1부에서는 간단한 특강에 이어 식전행사로 가야금 연주와 하모니카 연주로 분위기를 한껏 띄운 뒤에 본 행사가 시작되었다. 국민 의례 따위의 의례적인 과정을 거쳐 50명이 넘는 참석자를 하나하나 소개했다. 몇몇의 축사와 축시, 축하 케이크 절단에 이어 5명의 문우에 대해 시상하는 것으로 막을 내렸다. 이어서 문우인 K 시인의 첫 시집 "사랑하라 하시네"의 출판 기념식이 펼쳐졌다.

저녁 식사를 하며 담소를 나누다가 호텔연회장으로 돌아와 밤 11시 무렵까지 여흥의 자리를 가졌다. 다른 일정 때문에 당일 귀가가 불가피한 경우는 저녁 식사 뒤에 떠났다. 나머지 문우들은 모두 회식 자리가 파할 때까지 참석했다. 마지막까지 남아 숙박하는 경우는 열 명 남짓했다.

일요일 아침 서둘러 아침 식사를 마치고 3대의 승용차에 분승하여 이웃한 밀양으로 향했다. 장맛비가 소나기처럼 퍼붓다가 잦아들기를 되풀이하는 날씨라서 산허리까지 내려앉은 구름이 운치를 더해 각별했다. 예정된 기행을 마치고 다시 부곡으로 돌아와 점심을 먹은 뒤에 공식 일정을 마쳤다.

사뭇 거세진 빗줄기를 가르며 마산을 향한 국도 주행은 별스러운 맛과 멋을 자아냈다. 자욱한 안개와 낮게 내려앉은 하늘이 하나로 어울려 신비한 비경의 복판을 뚫고 내닫는 기분이었다. 내서(內西)에 이르기까지는 하늘에 구멍 뚫린 듯 억수같이 비가 쏟아졌다. 내서를 지나 쌀재 터널을 빠져나와 예곡동(禮谷洞) 언저리에 이르렀을 때는 비가 개어 딴 행성에 불시착한 묘한 느낌이었다.

여느 모꼬지가 그렇듯이 이번에도 번외 무대가 인상적이었다. 공식적인 무대를 통한 얻음보다 개인적인 대화나 교류가 더 쏠쏠했다. 불과 쉰 남짓한 문우이지만 모두의 삶이 다르고 성격이 판이하다. 하지만 문학이라는 공통분모로 엮여 파주와 서울과 의정부, 청주와 구미 그리고 대구를 비롯해 영남 일원에서 장맛비에도 기꺼이 참여했다. 모두 좋은 추억을 안고 일상으로 돌아가 왕성한 창작활동에 임했으면 좋겠다. 오랜만에 반가운 얼굴을 마주하고 덕담을 주고받던 순간의 모습들을 되새김하는 즐거움을 만끽하며 히죽이고 있는 내가 비정상은 아닐지어다.

2016년 7월 5일 화요일

새벽을 여는 등산

여느 날처럼 새벽 등산으로 아파트 뒤쪽에 자리한 청량산에 다녀왔다. 사위가 칠흑 같은 새벽 4시 반쯤에 등산을 위해 집을 나서는데 필수품은 손전등이나 헤드랜턴이다. 길을 밝히지 않으면 암흑 같은 꼭두새벽에 서둘러 기상해 흐리멍덩한 정신으로 된비알의 울퉁불퉁하고 조붓한 에움길을 안전하게 오를 재간이 없다. 하기야 등산길 거개가 빼곡한 나무숲 터널길이라서 평소에 낮이라도 날씨가 흐리면 어스름 녘처럼 침침하다. 어제가 칠석이었는데도 집을 나서는 순간부터 반 시간 넘도록 불을 밝히고 숲속을 걸어야 겨우 길바닥이 희미하게 드러났다. 하지 앞뒤 무렵에는 같은 시간대에 길을 나서도 일찍이 희뿌옇게 여명이 밝아오는 때문인지 각종 산새들이 시끄러울 정도로 지저귀며 조잘댔다. 그런데 이즈음 그 시간엔 쥐 죽은 듯이 고요하여 되레 괴괴해 한갓지기도 했다.

내 유일한 취미는 동네 뒷산인 청량산을 오르내리는 등산이다. 벌써 10년 이상을 매주 대여섯 번 오르내리고 있다. 그런데 등산 시각은 낮을 원칙으로 한다. 하지만 무더운 여름의 시작부터 가을이 무르익어 햇볕이 여름날에 비해 확연하게 이울거나 날씨가 찹찹해질 무렵까지(7월~10월 말)는 새벽 등산을 으뜸으로 꼽는다. 신록의 계절부터 초여름까지의 이른 새벽 숲속은 산새의 지저귐으로 몹시 시끄럽고 부산하다. 아마도 짝을 짓고 산란을 하며 부화하는 사랑의 계절인 때문이 아닐까? 그에 비하면 여름날 숲속의 새벽은 일찍 잠에서 깨어난 매미의 울음이 가득해 소란스러울 지경이다. 산에 끌려 애정을 가지다 보면 계절에 따라 변하는 자연의 섭리를 터득할 것 같다는 오만에 빠진 나를 발견하고 깜짝 놀라 겸손을 잃지 않으려고 애를 쓴다.

새벽 등산은 애호가들끼리 암묵적인 약속에 따라 일정한 시간에 등산로 입구에 모여 무리를 이루어 산행하는 경우가 많다. 한두 해의 여름에는 그런 정서와 법도를 충실히 따랐다. 하지만 그들은 전문 산악인들처럼 산행속도가 빠르고 중간에 쉬지 않는다. 그러므로 나와는 격이 다른 프로급으로 어울리기에는 거북하고 족탈불급이었다. 그다음부터는 각별히 배가 맞는 길동무를 만나지 않는 한 줄기차게 외톨이 등산을 고집한다. 그런데 여기에 가끔 골칫거리 같은 위험에 직면하기도 한다. 심심산골의 험준한 준령도 아니련만 무뢰배를 연상시키는 멧돼지 가족이 심심치 않게 출현해 잔뜩 긴장을 시키고 두려움에 떨게 만들기 때문이다. 그동안 그들과 몇 차례 삐딱한 조우를 하며 가슴을 쓸어내렸음에도 포기하지 않고 끈질기게 등산을 이어가고 있다.

집을 나서면서부터 진을 빼게 하는 가파른 비탈길을 위시하여 몇 곳의 깔딱 고개 따위를 얼추 반 시간 넘게 치고 오르면 중간에 위치한 산꼭대기 능선 길로 접어든다. 요즈음 이 지점에 이르면 날이 밝아와 사방이 환하고 안개가 끼지 않으면 마창대교가 저 멀리 발아래 아른거린다. 마산 내만(內彎)을 왼쪽으로 끼고 외만 쪽을 향하여 울창한 숲의 터널을 20여 분 걷다 보면 청량산 정상에 다다른다. 이 구간은 눈에 들어오는 수목과 발아래 아스라한 마산만의 자태에 흠뻑 취하여 무념무상의 상태로 거닐며 즐기기 안성맞춤이다.

어슴푸레 밝아오는 첫새벽에 아름드리 고목은 아닐지라도 울울창창한 나무가 빚어낸 갈맷빛 숲속은 도리어 칙칙하고 어두컴컴해 으스스하고 고약하다. 그래도 능선 길을 자분자분 걷는 순간 동녘에 황금빛을 발하며 이글이글 솟구치는 태양은 온 누리를 휘황찬란한 세상으로 바꾸는 장엄한 의식 같다. 떠오르는 태양의 돋을볕은 눈 깜짝할 찰나에 멀쩡한 바다를 펄펄 끓는 모습으로 바꾸는 조화를 부린다. 그런가 하면 하늘을 찌를 듯 웃자란 나무가 빼곡한 숲속까지 황금빛 동살이 비수처럼 파고들며 전혀 다른 비경으로 바꿔놓는 무진장한 힘과 요술에 절로 경외감이 든다.

새벽 등산은 낮에 비하면 4, 5km 짧은 거리로 산 정상에 갔다가 돌아오는데 10km 남짓하다. 그럼에도 낮에 비해 사뭇 다른 멋과 맛을 만끽하는 묘미에 푹 빠지게 하는 포만감을 맛본다. 깜깜한 새벽에 손전등으로 길을 밝히며 녹록지 않은 깔딱 고개 몇을 지나 비탈길을 올라 중간의 산꼭대기에 이르는 과정이 있다. 이 과정은 구도의 길처럼 경건하거나 미지의 먼 길을 위해 첫 새벽에 길을 나서는 것 같은 진지함 때문에 좋다.

밝아오는 새아침 희뿌연 나무숲 속을 걸으며 동녘의 태양과 동살의 장엄함을 한껏 향유하며 걷는 노정은 그 무엇과도 바꿀 수 없는 즐거움이다. 이는 산에 반쯤 미친 사람만이 누릴 수 있는 특권이자 호사이다. 중간에 운동을 하면서 천천히 내려오는 하산길은 산과 자연, 울창한 나무숲 그리고 새와 곤충들과 어울리게 마련이다. 그렇게 어우러지면 마음을 부자로 만들어 행복하고 꿈결 같은 시간으로 쓸데없는 생각이 말끔히 가셔져 좋다. 얻음이 있으면 잃음이 따르는 게 자연의 법도일까? 모든 게 흡족하고 나무랄 데 없는데, 흡혈귀를 방불케 하는 악착같은 모기떼에게 통행세를 바치는 셈치고 얼마간의 헌혈은 묵시적으로 허용할 통 큰 배포가 전제되어야 한다.

열 개 성상(星霜)을 훌쩍 넘기며 이른 새벽에 꾸준히 산에 오르는 6, 70대의 등산객 중에서 할머니 대여섯은 내가 다니는 등산길의 터줏대감이며 토박이들이다. 그 옛날 매운 시집살이로 내몰던 시어머니가 매일 새벽 4시쯤에 잠을 깨워 강제로 산꼭대기에 다녀오라고 성화를 댔다면 결과가 어땠을까. 그랬다면 새 각시 시절에 보따리를 싸가지고 줄행랑을 쳤으리라는 우스갯소리를 스스럼없이 한다. 그럼에도 불구하고 결코 젊지 않는 나이에 깜깜한 오밤중에 일어나 나서는 길에 멧돼지가 출몰해도 신경 쓰지 않는 대범한 그들이다. 그렇게 매일 등산길에 나서는 자신들이 비정상으로 중독자라는 실토하기도 한다.

나는 왜 산길에 중독된 듯이 집착하는 걸까! 처음 나설 즈음이라면 건강을 겉으로 내세우며 중언부언했으리라. 하지만 지금은 그렇지 않다. 그저 좋고 거르면 찜찜해서 습관적으로 반복하는 행동이라는 게 격에 맞을성싶다. 이런 화두와 일맥상통하지 않을까! "밥은 왜 먹을까? 구차하게 '살기 위해서'와 같은 사족을 붙이기보다는, 그저 반복적으로 먹는 게 습관이 되었기 때문"이라고. 어찌 되었든 산을 오르는데 구차한 이유가 필요치 않다. 그 참된 의미를 진정으로 깨우치고 싶다면 당신도 눈 딱 감고 십 년만 꾸준히 산을 동무 삼아 파고들어 보세요. 그러면 자연스러운 문리를 스스로 터득하고 깨우치리라.

마산사랑 그 늪에 빠지다, 2016년 마산문협사화집, 2016년 11월 15일
(2016년 8월 11일 목요일)

요산요수

논어(論語)에 나오는 요산요수(樂山樂水)에 대한 내용이다. 공자가 제자들에게 얘기했다. "인자(仁者)는 산을 좋아하고(仁者樂山), 지자(知者)는 물을 좋아한다(知者樂水)"라고. 그러면서 지자는 "성격이 마치 물처럼 생기가 있으며 즐거운 삶을 누릴 것"이다. 한편, 인자는 "마치 산처럼 고요하며 장수할 것"이라고 설파했다.

자공이 여쭸다. "인자는 왜 산을 좋아하는가요?"라고. 이에 공자가 이런 맥락의 답을 주셨다.

"산은 초목이 무성하여 새들과 짐승 따위의 뭍짐승들이 둥지를 틀고 새끼를 치며 생활하는 터전이다. 또한 사람의 생활에 필요한 다양한 먹거리나 쓸거리를 제공해 주는 어머니 품같이 넉넉한 보고이다. 그런데 아무리 퍼내도 영원히 마르지 않는 샘처럼 끝없이 무진장 내준다. 결국 산은 사람들에게 이로운 것을 끝없이 베풀고 내주기만 한다. 그럼에도 절대로 어떤 대가를 돌려받으려 하거나 공치사하며 자기를 내세우는 법이 도통 없다. 이러한 이치가 인자는 산을 좋아하게 만드는 까닭이다."

자공이 다시 여쭈었다. 그렇다면 "지자는 왜 물을 좋아하는가요?"라고. 이에 공자는 이런 취지의 철학을 담은 답을 들려주었다.

"물은 두루 미치지 않는 곳이 없다는 맥락에서 마치 사랑의 미덕과 흡사하다. 또 외형적으로 보면 낮은 쪽으로 무질서하게 흘러가는 것 같아도, 언제나 일정한 방향으로 흐르기 때문에 정해진 틀이나 법도를 벗어나지 않는다. 이는 정의와 같다. 어쩌다가 물이 깊은 계곡으로 낙하해도 두려움에 떨거나 본연의 모습을 잃은 채 경거망동하지 않고 의연한 모습으로 분수를 지키며 다시 유유히 제 길을 찾아 흐른다. 이는 지혜로움을 웅변한다. 또한 물은 유연하여 연약해 보여도 이르지 못하는 곳이 없기에 이는 슬기로움의 징표이다. 그런가 하면 세상의 모든 것은 물속에 들어갔다 나오면 하나같이 깨끗해진다. 이는 마치 비뚤어지거나 그릇된 사고의 노예가 된 사람을 교화시키는 것과 같은 이치와 닮은 꼴이다. 이런 특징이 곧 지자의 성품이 아니겠는가?"

무심한 산이지만 온갖 초목과 뭍짐승들의 삶의 터전으르 인간이 필요한 다양한 먹거리나 쓸거리를 아낌없이 내준다. 하지만 마르지 않은 영원한 샘 같기 때문에 어쩌면 어머니 품 같이 깊고 자애롭다. 게다가 무진장 베풀고 온 누리의 다양한 삶을 품어 주지만 스스로의 공을 내세우거나 대가를 되돌려 받으려고 욕심을 부리지 않는다. 이는 어쩌면 우리가 금과옥조처럼 얘기하는 노블레스(noblesse) 오블리주(oblige) 철학의 본보기 역할을 너끈하게 해내고 있음이다. 이런 때문에 일찍이 공자께서 "인자는 산을 좋아한다"라고 갈파하지 않았을까 하는 생각에 이르렀다.

이르거나 미치지 못함이 없는 물의 성질은 미덕(美德)이다. 또한 높은 곳에서 낮은 곳으로 흐르는 물은 순리에 순응하는 자연의 섭리이기 때문에 이는 마치 정의(正義)와 같다. 아울러 어떤 돌발적인 변고에도 제 갈 길을 벗어나지 않고 묵묵히 제 자리를 찾아감은 지혜(知慧)로움이다. 이 외에 유연해도 어디든지 닿을 수 있음은 슬기를 뜻한다. 한편, 무엇이든지 물속에 들어갔다 나오면 깨끗이 세척됨은 교화(敎化)와 같은 이치를 웅변함이다. 이런 맥락에서 "지자(知者)는 물을 좋아한다"라고 설파했으리라.

대학에 갓 발을 내딛고 무서울 게 없었던 시절의 회상이다. 한두 해 앞서거니 뒤서거니 자리를 잡았던 풋내기 교수 열 안팎이 무리 지어 요산요수회라는 이름을 들먹이면서 추렴하듯이 뜻을 모아 주위의 산천을 찾아다녔던 적이 있다. 그때 무리 지어 다녔던 동료들은 출신학교나 전공 그리고 나이나 성격 여부를 따지지 않았다. 게다가 정식모임 이름이나 회칙도 없이 사발통문을 통해서 모이곤 했었다. 그럼에도 말전주[24)]를 하거나 모임에 해코지하는 경우가 없어 내내 밝은 분위기에 활동적이었다. 하지만 그 모임에서 과연 요산요수의 참뜻을 깊이 새기며 그에 걸맞은 품격을 갖췄던 동료들이 몇이나 있었을까! 그로부터 서른대여섯 해가 지

---

24) 말전주 : 여러 사람의 말을 좋지 않게 전하여 이간질함 또는 그런 짓을 뜻한다.

난 지금도 산과 물을 매일 마주하며 벗한다 해도 공자가 이른 품격에 다다르기는 까마득히 요원하다는 생각에서 주워섬기는 독백이다.

2016년 10월 11일 화요일(선고(先考)의 제삿날)

사지의 유래와 시사점

완벽한 비밀이나 범죄가 존재할 수 있을까? 우리는 '쥐도 새도 모르게'라는 말을 한다. 그런가 하면 이를 정면으로 부정하는 '낮말은 새가 듣고 밤말은 쥐가 듣는다'라는 말이 경구처럼 널리 쓰이는 현실에서 둘 중에서 어느 쪽이 사리에 아귀가 맞을까!

믿음이 실종된 험한 세태 때문인지 세상을 살아가다 보면 이런 유형의 얘기를 이따금 듣는다. "이 얘기는 당신에게만 특별히 해주는 거야. 그러니 절대로 다른 사람에게 말하면 안 된다네. 꼭 비밀 지켜야 해! 라고 다짐을 하면서 입을 귀에 바짝 대고 소곤소곤 비밀 얘기를 들려준다."

경천동지할 비밀은 영원히 묻어두기 위해 우선 입에 재갈을 물려야 할 일이다. 그것으로도 미덥지 못하다 싶으면 튼튼한 지퍼를 채우거나 야무지게 재봉질을 하고 무덤까지 가지고 감으로써 비밀을 지켜야 도리이다. 그런데 무슨 조화인지 전해 들은 얘기를 곧바로 누군가에게 말하고 싶어 입이 근질근질해지는 게 보편적인 심리인가보다. 그렇게 안달을 하다가 이윽고 특급 비밀이기 때문에 말하면 큰일이 난다는 다짐을 포함해서 전해 들었던 얘기를 통째로 옮기는 경우가 숱하다. 어디 그뿐이던가! 요즈음 젊은 남녀 사이에 사랑이 깨지면서 단둘이 은밀하게 촬영했던 동영상이 SNS에 버젓이 떠도는 현상이 빈발해 안타깝게 만들기도 한다.

천 리를 꿰뚫는 혜안이 있었을까? 완벽한 범죄나 비밀이란 없음을 매구같이 갈파했던 중국 후한 시대 양진(楊震)의 드높은 정신세계를 되새기는 나들이다. 양진은 후한 제6대 안제(安帝) 시절의 인물이다. 그는 관서(關西) 출신으로 학문이 깊어 박학다식하며, 인품이 고매할 뿐 아니라 대쪽같이 곧고 청렴결백해서 관서의 공자(孔子)라고 추앙을 받았다. 세월이 지나고 나이가 들면서 더욱 청렴해지고 인품 또한 고결해져 승승장구를 거듭했다. 그는 마침내 군사 분야의 최고 책임자인 태위(太尉)의 벼슬자리까지 승직(昇職)했다.

양진이 동래군(東萊郡) 태수로 임명받았을 적의 일화이다. 임지로 부임하려고 길을 재촉하다 해가 저물어 창읍(昌邑 : 현재 산동성 금향현)의 객사(客舍)에 머물렀다. 낯선 객사에서 밤이 깊도록 여러 가지 생각에 잠겨 있을 때 홀연히 창읍현 현령(縣領)인 왕밀(王密)이 인사차 찾아왔다.

둘 사이는 각별한 인연으로 엮인 사이였다. 왕밀은 양진이 형주

(荊州)에서 자사(刺史)로 재임하던 시절에 인연이 싹텄다. 그 시절 젊은 사람의 학식과 재능이 뛰어남을 발견하고 관직에 천거했었다. 다시 말하면 왕밀을 발탁해 공직 가도를 달릴 수 있도록 천거해 준 은인이 바로 양진이었던 까닭에 매우 각별한 사이였다. 오랜만에 재회한 두 사람은 밤이 깊어가는 줄도 모르고 회포를 풀며 도타운 정담을 나누었다.

밤이 이슥해질 무렵이었다. 왕밀이 슬며시 옷깃에서 황금 열 냥을 꺼내 양진 앞으로 밀어 놓고 조아렸다. 그동안의 보살펴 주신 은혜에 대한 작은 정성의 표시라며 받아달라고 했다. 그러나 양진은 서릿발 같이 내쳤다. 뇌물이 아니라 베풀어주신 하해와 같은 은혜에 대한 보답으로 드린다며 거두어 달라고 거듭 간곡하게 말했다. 하지만 양진은 정색을 하고 일갈했다.

"옛날부터 공(公)의 사람됨을 익히 잘 알고 있음을 물론이려니와 학식과 인품이 출중함도 잘 기억하고 있다네. 그리고 공은 내가 짐작했던 대로 출세를 해 현령 벼슬에 오르지 않았는가! 또한 여태까지의 인품을 미루어 짐작할 때 앞으로도 승승장구할 것을 의심치 않는다네. 그러니 나에게 보은이라면 그것으로 충분하지 않은가!"라고 말하며 끝끝내 내쳤다.

왕밀은 물러서지 않고 곡진하게 사뢰었다. "아니올시다. 그렇게 박정하게 내치시면 제가 너무 섭섭하고 부끄럽습니다. 게다가 지금 방에는 태수님과 소인밖에 없지 않습니까? 오로지 태수님에 대한 마음을 나타내는 작은 정표이니 부디 옛정을 생각하셔서 너그럽게 거두어주십시오"라고 주청했다.

그에 대한 양진의 대꾸였다. 왕밀의 면전에서 곧바로 준엄하고 통렬하게 타이르며 일갈했다. “공과 나 단둘이 있기에 아무도 모른다는 말인가! 그러나 하늘이 알고, 땅이 알며, 임자가 알고, 또한 내가 아는데 아무도 모른다고 할 수 있겠느뇨(천지지지 자지아지 하위무지(天知地知 子知我知 何謂無知))”라며 단호하게 내쳤다. 아마도 양진은 본질과 근본이 수사(修辭)와 얄팍한 술수로 압도되는 사회, 외양과 그럴듯한 언변(言辯)이 내실이나 실력을 능가하여 본말이 전도된 어지러운 사회를 경계했지 싶다.

여기서 간과할 수 없는 원초적 문제가 엿보인다. 먼저 왕밀은 떳떳하지 못하기 때문에 인사를 빙자하여 남이 모를 야밤에 뒷문(backdoor)으로 숨어들어 알현을 꾀했다. 그렇게 양진에게 접근해 엉뚱한 이유를 들어 견강부회(牽强附會)하며 황금 덩이를 건네려 획책했다. 이는 빼도 박도 못 할 뇌물의 본보기이다. 선물이라는 탈을 뒤집어쓴 요물 같은 뇌물은 사실은 이익을 받는 데 따른 대가이다. 그 대가로 옳고 그름을 바꾸거나 거짓과 참을 비롯해 선과 악을 뒤집는다. 그런 때문에 올곧은 사람들은 한결같이 멀리한다.

치명적인 흠결을 교묘하게 얼버무려 포장하기 위한 비뚤어진 술책의 산물이었을 게다. 뇌물에 대해서 그럴듯한 이름을 붙여 호도하기는 예나 지금이나 다르지 않았던가 보다. 중국의 청나라 시절 관리들에게 은밀하게 전했던 뇌물에 대해 헤어지며 섭섭하다고 드린다는 별경(別敬), 더운 여름 시원하게 지내라는 빙경(氷敬), 추운 겨울 따스하게 지내라는 탄경(炭敬), 명절 즐겁게 보내라는 절경(節敬) 등의 고상한 이름으로 미화시켜 불렀다. 그런가 하면 오늘날 우리 사회에서는 떡값 혹은 대가성 없는 돈 따위로 가증스럽게 눈속임으로 포장하여 주고받는 후안무치가 횡행한다.

사지(四知)라는 말이 생겨난 유래를 되짚어 봤다. 이 고사는 정녕 단순하게 청렴결백에 대한 교훈으로만 우리에게 공명을 주지 않으리라. 크나큰 비리나 명백한 진실을 은폐하거나 왜곡하려고 획책하는 어리석은 사람들에게 이르는 촌철살인의 경고이다. 아울러 삐뚤어진 기득권층이 사리사욕을 위해 탐욕과 오만을 일삼는 경우가 숱하다. 그런 음흉한 실체가 고스란히 드러나는 경우를 위시하여 치명적인 잘못에 대해 면책을 꾀하거나 몰래 덮어버리려는 파렴치 따위에 대해서 일침을 가하려는 큰 가르침이 아닐까 싶다.

시와 늪, 2017년 봄호(통권35), 2017년 3월 15일
(2016년 10월 12일 수요일)

정유 원단의 발원

새해를 꿈꾼다. 동녘 하늘가에 힘차게 솟구치며 이글거리는 태양이 온 누리에 내뿜는 동살의 상서로운 서기와 기원하는 꿈과 소망이 어우러져 여느 날과 사뭇 다르게 경건한 정유 원단의 아침이다. 올 정유년의 첫날은 공교롭게도 일요일로 시작되는 평년이다. 연이 닿는 술가(術家)의 도움말은 대충 이랬다. 넷째 천간(天干)인 정(丁)자는 음화(陰火)로 음년(陰年)에 해당되는 해로써, 색상은 오방색(五方色) 중에 적색(赤色)이다. 그리고 유(酉)는 음금(陰金)에 해당하는 오행이다. 따라서 음년에 해당하는 올해에 태어날 닭띠들은 붉은 닭이라는 얘기였다.

어디까지 믿어야 할지 가늠할 재간이 도통 없다. 하지만 전문가들이 닭띠의 성격과 특징을 대강 이렇게 간추리고 있었다. 닭띠의 좋은 면이다. 첫째로 의리가 있고 신념이 확실하다. 둘째르 상상력이 번뜩이며 모험심이 강하다. 셋째로 창의력이 뛰어나다. 넷째로 목표에 대해 성실하게 임한다. 한편, 단점을 이렇게 지적하고 있다. 첫째로 독선적이며 몽상가이다. 둘째로 상황을 감안하지 않고 바른말을 잘한다. 셋째로 의욕이 지나쳐 해가 될 경우가 있다.

새해의 원단을 맞을 때마다 누구나 자신의 소원을 간곡하게 기원하리라. 나라님 경우라면 국태민안과 부국강성, 무명의 평범한 가장이나 민초라면 가정의 화평과 가족의 수복강녕과 소원 성취를 장엄하게 솟아오르는 태양의 돋을볕을 받으며 곡진하게 빌게다. 내게 나라를 위해 빌라면 이런 소원을 주저리주저리 주워섬기지 않았을까. 올해는 먼저 '함량 미달의 정치꾼들이 푸닥거리하듯 하수구처럼 함부로 쏟아내며 벌이는 허무하기 짝이 없는 말장난 수준의 정쟁거리를 비롯하여, 요괴 같은 강남 아녀자가 질펀한 굿판 벌이듯 국정을 거덜 내며 농단한 난장질의 찌꺼기를 씻은 듯 말끔히 거두어 정화시켜 달라'고. 이처럼 각자의 처한 상황에 따라서 깜냥대로 천태만상의 소망이나 꿈이 발원의 대상이 되었을 것임은 자명한 이치이다.

무심한 세월의 꽁무니를 숨 가쁘게 좇으며 역사의 뒤안길로 사라지는 낙오자의 무리에 끼이지 않으려고 아등바등했다. 그러다가 문득 돌아보니 생의 황혼녘 언저리를 휘적휘적 걷는 백두옹의 모습이다. 그럼에도 불구하고 나잇값에 미치지 못하는 어병한 나일지라도 진솔한 새해의 꿈과 희망을 그려본다. 선인들이 이르는 종심(從心)을 지나서 몇 걸음 더 내디뎠는데도 어수룩하게 빈 구멍이 사방에 숭숭 뚫려 엿돈이처럼 비치는 모양새가 몹시 민망하다. 이런 까닭에 오만방자한 감정의 유희가 빚어내는 망상이나 번뇌에서 자유롭고 싶다. 그래서 거추장스러운 명분이나 떠들썩

한 허황된 꿈은 애초에 접고 진인사대천명(盡人事待天命)의 자세를 바탕으로 우선 가족의 무병무탈을 빌련다. 여기에 한두 가지 덧붙이고 싶다. 먼저 책과 좀 더 가까워지고 글 하나라도 똑 부러지게 썼으면 좋겠다. 또한 모든 지인을 비롯하여 척박한 글밭에 매두몰신하며 진력하는 글쟁이 동무들 만사형통하고, 글 풍년을 일궈내 소담하고 찰진 결실을 칠칠하게 거두는 보람 가득한 한 해로 가름되길 간원한다.

예로부터 '개똥밭에 굴러도 이승이 낫다(雖臥馬糞/此生可願)' 고 하지 않던가? 게다가 고루한 틀을 혁파하기 위하여 창조적 파괴(creative destruction)를 하거나, 특별한 이변이 돌발하지 않는 한 블랙스완(black swan)의 기적은 심리적 희망 사항을 객관적인 사실로 착각하는 모순과 같다. 그런 때문에 작지만 확실한 행복인 소확행(小確幸)을 이루기 위해 올 한해를 여물 게 살아볼 각오를 다부지게 다지고 있다.

선조들의 명쾌한 가르침이다. '지나침은 미치지 못함과 같다(過猶不及)'는 갈파를 통해 준엄하게 경고했다. 이런 이치를 터득하려는 통섭(統攝)의 노력이 '술이 70% 이상 차면 교묘히 밑으로 새 나가도록 고안된 술잔'인 계영배(戒盈杯)를 만들어 나는 지혜의 세계에 이르도록 이끌었지 싶다. 탐욕의 화신처럼 게걸스럽게 긁어모은 재물이 부질없다거나 영원한 존재가 없음을 지혜롭게 일깨워주고 있다. '열흘 붉은 꽃이 없고(花無十日紅)·권세는 십 년을 못 간다(權不十年)'는 가르침을 비롯한 '달도 차면 기운다(滿月卽虧)'는 따위가 그들과 맥락을 같이 하는 부류의 일깨움이다.

디지털문화가 대세로 자리 잡으면서 세상이 한층 복잡해져서 적응하지 못해 갈팡질팡하는 경우가 숱하다. 이에 대한 해답을 '궁하면 변하라(窮卽變)'라는 충고에서 실마리를 찾아야 할 것 같다. 여기에도 금도가 있다. 왜냐하면 '재주가 덕을 앞지르지 못하게 하고(才勝德), 덕이 재주를 앞서게 하라(德勝才)'는 이름의 진정한 함의를 되새기는 슬기로움 말이다. 구태여 덕(德)이 우선 되어야 함을 강조하는 까닭은 뭘까? 그것은 지난날 경험을 통해 실증적으로 넉넉하게 예증되었다는 연유에서 얘기이다.

올해는 책과 더욱더 친해지고 야무지며 속이 꽉 찬 글을 쓰고 싶다는 얘기도 아주 낮고 소박한 범주를 의미한다. 그런 까닭에 예로부터 학문에 모두걸기를 하며 '잠이 오면 송곳으로 허벅지를 찔러 잠을 쫓아내며 애써 공부한다(刺股苦學)'는 경지에 이를 만큼 최선을 다한다거나, 안중근 의사의 휘호인 '하루라도 책을 읽지 않으면 입안에 가시가 돋는다(一日不讀書口中生荊棘)'는 경지 같은 정신이나 사상과는 전혀 차원이 다른 구상유취한 애송이 놀음 수준일 따름이다. 또한 모두가 공감할 글을 쓰고 싶다 해도 다산 정약용 선생이 '맨바닥에 앉아 너무도 오랜 시간 집필에 몰두하다가 복숭아뼈의 살갗이 세 번 벗겨졌다(踝骨三穿)'고 전해오는 얘기에 비견될 만큼의 열정을 빼닮았으면 좋으련만 애초부터 그에 미치지 못하는 족탈불급(足脫不及)이다.

비록 내놓을 만큼 이룬 반듯한 업적이나 여퉈둔 지식이 변변치 않을지라도 이제는 세상사에 '중요한 것을 해결하면, 나머지는 자연스럽게 해결된다(烹頭耳熟)'는 이치를 올곧게 깨우치고, '우물 안 개구리(井底之蛙)'의 단견을 벗어나 너른 세상을 멀리 보고 바로 걷고 싶다. 또한 부화란(孵化卵) 속의 새 생명인 병아리가 껍질을 깨고 나오며 어미와 함께 쪼아대는 행동의 참뜻을 담은 줄탁동시(啐啄同時)의 철학을 참되게 터득하고 따를 수 있다면 좋겠다. 그리됨으로써 '아무리 어려움에 처해도 의로움을 잃지 말며(窮不失義), 거침없이 잘 나갈 때 길을 벗어나지 말라(達不離道)'는 말이 함축하는 참뜻을 곰곰이 되새겨보며 느릿느릿한 황소걸음의 여유를 만끽하고 싶다. 호기롭게 다지는 정유 원단의 발원이 옹골지게 결실 맺기를 염원하며 정갈한 마음으로 두 손 모아 경건하게 비손한다.

부질없는 번뇌나 망상을 과감히 내려놓거나 비워버리고 터무니없는 집착의 굴레로부터 자유롭고 싶은 염원에서 새해의 꿈을 신실한 마음으로 빌었다. 하지만 '바닷물이 마르면 마침내 그 밑바닥을 볼 수 있으나(海枯終見底), 사람은 죽어도 그 마음을 알지 못한다(人死不知心)'는 옛말이 목구멍에 걸린 가시처럼 자꾸 맘에 걸린다. 이런 맥락에서 올해는 기필코 나잇값을 제대로 할 것인지 더덜이 없는 내 참모습을 냉엄하게 지켜볼 참이다.

시와 늪, 2017년 신년호(통권 34호), 2017년 1월 26일
(2017년 정유년 원단 아침에)

이사 온 에어컨

올 여름은 더위의 폭거로부터 자유선언이 가능하지 싶다. 가마솥더위가 용을 쓰며 심기를 긁어대면서 까탈을 부려도 눈 하나 까딱하지 않을 게다. 왜냐하면 올해 정유의 들머리인 정월 열사흗날 우리 집에 이사 온 듬직한 에어컨을 믿기 때문이다. 공장에서 출고된 이후에 다섯 해 남짓 K 교수가 일궈낸 회사인 세노텍(ceno tec)의 연구실 지킴이를 하다가 자유의 몸으로 해방되면서 연이 닿아 동거를 시작했다.

현재의 아파트로 이사를 온 뒤 지난 세 해 동안 우리 집엔 에어컨 없이 여름을 났다. 처음 두 해 여름은 유순한 날씨가 부조를 해준 격이라서 아무런 문제가 없었다. 하지만 유례를 찾기 힘들 정도로 펄펄 끓어올랐던 지난해 여름은 사정이 사뭇 달랐다. 가만히 앉아 있어도 땀이 줄줄 흐르는 살인적인 더위로 온 가족이 쩔쩔매며 진땀을 흘리기 일쑤였다. 특히 잠을 자거나 편히 쉬어야 할 밤에 열대야 때문에 벼랑 끝으로 몰려 전전긍긍했던 끔찍함은 견디기 어려운 심적 고문을 당하는 기분과 흡사했다.

인내력을 시험하던 불볕더위의 기승에 백기를 들고 당장 에어컨을 구입하려는 맘을 먹었다. 그때마다 조금만 참고 버텨보자는 마음에 뭉그적거리다가 기회를 놓치고 온새미로 더위 폭탄을 옴팡 뒤집어썼다. 그렇게 더위와 밀고 당기는 갈등을 벗어난 어느 초가을 날이었다. 우연한 자리에서 J 교수와 얘기 중에 언뜻 에어컨이 입에 올랐었다.

에어컨 얘기가 오간 뒤에 달포쯤 지날 무렵에 J 교수에게서 전화가 왔다. 아닌 밤중에 홍두깨 격이었다. 뜬금없이 댁에 설치할 에어컨을 구해놨으니 한두 달 정도 기다리라는 얘기였다. 궁금해 전후 사정을 물었다. 벤처기업으로 출발하여 지난여름에 상장한 세노텍의 연구실을 통합하는 과정에서 에어컨 한 대가 남아돌게 되었다고 했다. 그래서 회사 대표인 K 교수에게 얘기하여 양도해 주겠다는 내락을 받아두었단다.

반신반의한 상태로 긴가민가해서 귓등으로 흘린 채 마음에 담아 두지 않았다. 그런데 에어컨이 이사 오기 하루 전날(12일) 세노텍의 담당 부장에게서 전화가 왔었다. 내일 전문기사가 에어컨을 댁으로 싣고 가서 설치하도록 조치하겠다고. 아직 멀쩡한 에어컨을 무상으로 양도받는 것만으로도 송구스러운 일이다. 그런데 게다가 설치비용까지 떠넘기는 처사는 언어도단으로 염치가 없는 날강도 짓과 무엇이 다르랴.

설치비용까지 회사에 부담시키는 것은 어느 모로 봐도 도리가 아니라서 중언부언 둘러대며 극구 사양했다. 외형적인 핑계는 다가오는 봄에 다른 곳으로 이사를 할지도 모르기 때문에 무작정 설치했다가는 가동도 못 하고 다시 철거해야 할 개연성을 내세웠다. 그랬더니 돌아오는 대답이 사장인 K 교수가 에어컨의 운반비와 설치비를 모두 회사가 부담하도록 결재했다고 했다. 따라서 추후 설치할 때 연락하면 설치비를 지급하겠다고 했다. 알았다고 적당히 얼버무리며 얼렁뚱땅 통화를 끝냈다. 그렇게 우여곡절을 겪으며 아직 설치하지 않은 채로 거실에 웅크리고 있다. K 교수에게 고맙다는 전화를 했다. 그랬더니 되레 새것을 선물하지 못해 미안하다는 얘기에 응대할 말이 궁색해 쩔쩔맸다.

다섯 해 여름 동안 연구실을 지켰어도 이런저런 휴일엔 낮잠만 쿨쿨 잤을 터이다. 사정이 이러하니 기껏해야 평일 낮 몇 시간씩 가동하며 몇 해를 넘겼기에 사람에 비하면 기껏해야 청년기를 보내고 있는 팔팔한 이립의 중반에 해당하지 싶다. 그런 에어컨이 이사 오던 날 손주 유진이와 함께 안팎을 속속들이 점검하며 묵은 때를 빼내고 먼지를 닦으며 털어낸 결과이리라. 갓 출시된 제품의 포장을 뜯어놓은 것처럼 새것에 손색없이 훤칠하고 깔끔한 맵시를 뽐냈다. 이제 날씨가 조금이라도 더워질 기색을 보이면 즉각 전문기사에게 설치를 의뢰하면 무더운 여름 채비는 완벽하게 마무리된다.

지난 세 해 동안 유진이가 에어컨 문제로 불평 한 마디 했던 적이 없다. 그래서 탈 없이 여름을 거뜬히 보냈으리라고 지레짐작하고 있었다. 하지만 이번에 에어컨이 이사 오면서 숨겼던 속내의 단면을 더덜이 없이 털어놨다. 며칠 동안 새로 식구가 된 에어컨 주위를 뱅뱅 맴돌면서 닦고 또 닦으며 진한 사랑맴을 하고 나서 흡족했는지 내게 말했다.

"할아버지!"
"이 에어컨, 깨끗이 닦으니 새것처럼 멋있지!"
"응! 그렇구나."
"올여름에는 환상적으로 시원하게 보낼 수 있겠네."
"에어컨 없어도 선풍기로 시원하게 지냈잖니?"
"아니! 얼마나 더웠다고…"
"전에 살던 아파트에는 에어컨이 있어 시원했잖아…"
"그런데 이 아파트로 이사 와서 여름엔 엄청 더웠어!"
"이제, 여름이 기대된다…"

대차고 끈질기게 자기주장을 펼치지 않는 어린이라고 심적인 갈등이 없었던 것으로 오판했던 덜떨어진 할아버지는 분명 반성문을 써야 마땅하리라. 올곧게 아이의 마음을 헤아리지 못한 미욱함에 대한 자성과 깨우침이 따라야 아귀가 맞을 게다. 하기야 손주와 소소한 일상을 조율하거나 시비의 가름 과정에서 틈새가 벌어져 의견이 귀나는 경우가 어디 한둘이었으랴. 아이가 오뉴월 오이 쑥쑥 자라듯이 하루가 다르게 성장해 간다. 다양한 부문에서 그런 사실을 곱씹는 지혜로운 나로 탈바꿈이 절실한 작금이다. 아무튼 이사 온 에어컨을 빵빵하게 틀어 놓고 무더운 여름을 쾌적하고 시원하게 보내며 히죽일 유진이의 해맑은 모습이 아른거려 내 맘까지 한결 느긋해지려 한다.

2017년 1월 26일 목요일

내게 수여 된 훈장

일터를 떠나 올 무렵에 훈장을 받았었다. 하지만 그 정확한 명칭뿐 아니라 받았던 사실 자체도 까마득하게 잊고 지냈다. 그동안 두 차례 이사를 다니며 꾸렸던 이삿짐 중에서 풀지도 않고 방치해 두었던 꾸러미 중에서 잡동사니를 골라 버릴 요량이었다. 오늘 아침에 풀어 헤친 박스 속에 들어 있던 그것이 눈에 띄었다. 훈장의 존재가 신기했다. 훈장증(옥조근정훈장)과 훈장이 별도의 작은 상자(case)에 담겨 있었다. 그때 대한민국 대통령이라고 시계의 뒷면에 새긴 기념품도 함께 받았었다. 수여 받은 날(2011년 2월 28일)을 기준으로 따져보면 만으로 6년이 지난 이제 사 무슨 훈장을 받았던지 꼼꼼히 확인한 꼴이다.

여태까지 무관심했던 훈장에 대한 살핌이었다. 우리나라 법정훈장 종류는 이랬다. 무궁화대훈장, 건국훈장, 국민훈장, 무공훈장, 근정훈장, 보국훈장, 수교훈장, 산업훈장, 새마을훈장, 문화훈장, 체육훈장, 과학기술훈장 등 12가지가 있었다. 이 중에서 최고의 훈장인 무궁화대훈장을 제외한 11가지 훈장에는 각각 5가지 등급으로 구분하여 수여하도록 규정하고 있었다.

내게 수여된 근정훈장을 되새긴다. 그 취지를 들춰봤다. 근정훈장은 공무원(군인 및 군무원은 제외) 및 사립학교 교원으로서 직무에 정려하여 공적이 뚜렷한 사람에게 수여하며 5등급으로 나뉘었다. 구체적으로 1등급 청조(靑條), 2등급 황조(黃條), 3등급 홍조(紅條), 4등급 녹조(綠條), 5등급 옥조(玉條)가 있었다. 그런데 내게는 최하위인 5등급의 옥조근정훈장을 수여한 까닭은 무엇일까. 일터에 적을 두었던 근무연한 33년 몇 개월로 차상위 등급인 4등급(녹조) 조건에 이르지 못했기 때문이었으리라.

과연 내가 훈장을 받을 자격이 있을까. 근정훈장 상훈법에서 밝히고 있는 서훈 원칙의 주요 골자에 따르면 대한민국에 뚜렷한 공적을 세운 사람으로 적시하고 있다. 그렇다면 그 전제조건을 충족해 훈장을 받았다고 유추할 수 있다. 흔히들 팔은 안으로 굽는다고 하여 비불외곡(臂不外曲)이라고 말한다. 하지만 아무리 후하게 생각해도 나라를 위해 세웠던 뚜렷한 공적이라는 말 앞에서는 달리 변명거리가 없어 유구무언이 격에 맞지 싶다.

훈장증을 자세히 살폈다. 분명히 옥조근정훈장 제48976호라고 명기되어 있다. 이는 정부 수립 이후 옥조근정훈장을 받은 누계로 보면 48,976번째라는 얘기이다. 이런 사실을 감안할 때 모든 훈장을 망라하는 12가지 중에서 나머지 11가지를 제외하더라도, 근정훈장 5개 등급의 인원만 모두 합해도 어마어마한 수에 이를 것이라는 사실에 떨떠름할 따름이다.

그 옛날 나라에 공을 세운 사람에게 임금이 토지나 하인 따위를 하사하여 치하하며 기렸었다. 같은 맥락에서 오늘날에는 시류에 걸맞은 칭찬과 격려의 방법으로 훈장을 수여하는 서훈제도를 채택했으리라. 칭찬은 고래도 춤추게 한다고 얘기하지 않던가. 그래도 지금 우리의 근정훈장 수여 기준인 대한민국에 뚜렷한 공적을 세운 사람이라는 법의 취지와 다소 괴리가 있는 게 아닐까. 퇴직 선물을 안기는 것처럼 느슨한 잣대를 들이대고 남발하는 것은 아닌지 냉엄하게 되짚어봐야 할 일일지도 모른다. 왜냐하면 큰 허물없이 30여 년을 넘긴 경우는 거개가 받는 현실을 지적하는 고언이다.

언뜻 떠오르는 기억 하나이다. 무슨 연유였는지 잊어버렸다. 하지만 그해(2004년 5월 15일) 스승의 날에 교육부총리 표창장(제7573호)을 받았던 적이 있다. 달랑 A4용지 크기의 그것을 교무처로부터 전달받았었다. 지금 생각해도 왜 받았었는지 도통 어림짐작을 할 수 없다. 속된 표현으로 승급이나 승진 혹은 급여 같은 부분에 눈곱만큼의 영향도 미치지 못한다. 초중등학교의 경우는 승급과 승진에 결정적인 요소로 평가되기 때문에 서로 받으려고 경쟁한다는 얘기를 들었다. 하지만 대학에서는 아무런 의미나 가치가 없다. 대학에서는 대통령 표창을 비롯해서 외부 어느 누구의 표창도 세속적인 기준에 따른 가치가 전무한 경우가 대부분이다.

버리겠다고 벼르며 나선 길에 또 다른 업보를 만들어 두 어깨에 걸머진 모양새이다. 세월이 지나도 버리지 못하고 이사를 거듭하면서도 끈질기게 끌고 다니는 애물단지가 있다. 각종 학교의 졸업장이나 학위기를 비롯해 이런저런 표창장이나 상장을 위시해 앞에서 얘기한 훈장 등이 그 부류들이다. 차마 매정하게 쓰레기통에 쑤셔 박을 엄두나 용기가 없었다. 그래서 이참에 그들을 아예 한 데 꽁꽁 묶어서 튼튼한 박스에 넣은 뒤에 테이프를 붙이고 노끈으로 친친 동여매버렸다. 이들 또한 허접한 삶의 흔적일 뿐인데 미련이나 애착을 버리지 못하고 다시 틀어쥐는 어줍잖은 꼴이 우습다. 이들은 내가 들추지 않더라도 언젠가 누군가에 의해서 존재가 드러나 나의 지난 세월을 되돌아보는 순간이 펼쳐지리라. 아마도 내가 저세상으로 떠난 다음의 일일 게다. 왜냐하면 나는 그들을 절대로 다시 펼쳐볼 이유가 없기 때문이다.

2017년 3월 9일 목요일

길은 예와 같건만

걷기 운동을 시작한 지 얼추 스무 해를 넘겼는데 길은 예와 다름없다. 처음 형편없이 허약해진 건강을 위해 지푸라기라도 잡는 심정으로 매달렸다. 단순히 걷는 것도 힘에 부쳐 야트막한 언덕을 오르거나 거리가 조금 멀면 도중에 여러 차례 쉬어야 했다. 이 때문에 접근이 쉽고 편안한 길을 찾아 나섰었다. 이에 안성맞춤인 길이 산줄기를 따라 구불구불하게 새로 닦은 임도(林道)였다. 그 끝까지 왕복해도 겨우 10km 남짓할 뿐인데 몇 차례 쉬어야 했던 처지가 내 체력의 더덜이 없는 민낯으로 참담했다.

이따금 외도하듯 무학산, 팔용산, 만날재를 지나 쌀재와 바람재 따위의 등산길을 찾기도 했다. 하지만 꽃등부터 여태까지 줄기차게 외골수로 파고들었던 산길은 따로 있다. 마산의 남쪽인 신마산에 위치한 월영마을 아파트 단지(옛날 국군마산통합병원 터)

뒤편에서부터 마산만을 따라 덕동 쪽으로 길게 뻗은 청량산 자락의 너른 품이다. 이 길은 밤밭고개 부근의 육각정에서 시작되는 완만한 오르막의 구불구불한 임도를 따라 500여 미터를 걷다 보면 오른편 산 쪽에 다시 육각의 정자가 나타난다.

육각정이 서 있는 지점에서 임도와 등산길 중에서 어느 쪽을 선택할 것인지 결단해야 한다. 첫째로 포장된 임도를 계속 걷는 방법으로 종단(終端)지점까지 갔다가 되돌아오면 왕복 10km 정도이다. 오가는 차가 겨우 교행할 정도의 구불구불한 포장길로서 가파르게 오르내리는 구간이 없어 초보자들에게 맞춤한 산책길이다. 그래서 노약자와 부녀자들이 즐겨 찾으며 가로등을 밝히고 있어 원한다면 언제든지 자유롭게 산책할 수 있다. 둘째로 또 하나의 방법은 이 육각정에서 제법 가파른 솔숲 속을 향해 산길로 접어드는 노정이다. 이 길은 깔딱 고개가 버티고 있는 된비알을 치고 올라가 산꼭대기 능선을 걸으며 청량산 정상에서 머물다가 되짚어 돌아온다. 따라서 임도에 비해 힘이 들고 숨이 차기 때문에 햇병아리가 선불리 덤볐다가는 낭패를 당하기 십상으로 얄궂은 구석이 있다. 그래도 어느 정도 단련된 경우라면 이 등산로를 권고하고 싶다. 왜냐하면 대부분이 나무숲으로 뒤덮여 휘적휘적 걸으며 도회의 모습과 바다를 비롯해 산의 순수한 자태를 즐기면서 산행의 묘미를 만끽할 수 있다는 관점에서 추천하고픈 꿈길 같은 노정이다.

처음 서너 해 동안 등산길은 이심을 품지 않고 헛된 욕심을 버린 채 임도를 걷고 또 걸었다. 시간이 날 때마다 완만한 포장길을 걸으며 힘겹고 숨이 차다 싶으면 서두르지 않고 길옆에 앉아 숨을 고르면서 차근차근 적응하며 체력을 여퉈갔다. 지성이면 감천이라고 했던가. 하루 이틀 그리고 한 달 두 달, 계절이 변하고 해가 바뀌면서 길의 끝까지 아무런 문제 없이 걸을 수 있을 정도로 발전했다. 언젠가는 나도 저 산등성이의 등산길을 걸어서 정상에 우뚝 서리라는 희망을 안고 호시탐탐 기회를 엿봐왔다.

들뜬 기분으로 청량산 정상을 향하는 등산길에 첫걸음을 내디뎠던 게 아마도 2004년 어느 봄날이었지 싶다. 몇 해 동안 포장된 임도에서 다져진 체력을 바탕으로 무모하게 파고들었다. 그런데 다소곳이 품어줘 마수걸이 길에서 정상 등반의 환희를 만끽했다. 헉헉대기 마련인 가파른 오르막을 비롯해 산꼭대기 능선으로 이어진 나무숲 길을 익히며 가까이 다가갔다. 아울러 한적한 길을 스치고 오가던 터줏대감격인 애호가들과도 간단한 묵례를 나누며 외연을 넓혀 나갔다. 등산에 나서는 시간은 들쭉날쭉 일정하지 않았다. 동이 트기 전인 첫새벽을 비롯해서 오후 늦은 시간에 이르기까지 때를 가리지 않아 다양한 부류의 마니아들을 만날 수 있어 엄청 유익했다.

정상을 찾는 등산길에 푹 빠져 아무 생각이나 느낌도 없이 몇 해가 훌쩍 지났다. 계절이 변하고 해가 여러 번 바뀌면서 오가는 길에서 만나던 길동무들이 하나둘 눈에서 멀어져 가면 잔망스런 생각이 든다. 하지만 그 이유는 주로 건강 문제로서 아예 등산을 계속할 수 없는 상태가 되었다거나 병원을 드나들고 있다는 귀띔에 안심이 되기도 했다. 그들보다 상대적으로 건강이 나은 사람들은 편안하게 포장된 임도를 걷는 쪽으로 길머리를 돌렸다니 다행이라고 여겨졌다.

무한한 세월은 여전히 제 갈 길을 가고 있다. 이와 달리 유한한 삶을 누리는 사람들이 건강을 여툴 요량으로 정상을 겨냥하여 산길을 걷는 경우가 숱하다. 하지만 산꼭대기 정상을 찾는 사람 중에 팔순을 넘긴 분들은 거의 없다. 그런 때문인지 된비알이 거듭되는 등산길에서 연로한 분들을 만나면 무척 반갑다. 최근에 정상을 오가다 수인사를 나누며 스쳐 지나던 할머니와 재회를 했다. 거의 두 해만이었는데 눈에 띄게 수척해져 바람이 불면 날아갈 것 같이 수척한 모습으로 느릿느릿 걸음을 옮기는 모습이 무척 안타까워 외면하고 싶었다. 또한 오늘 하산 중에 산수(傘壽)를 훌쩍 넘겼을 법한 낯익은 할아버지가 연신 밭은기침을 하며 비탈길을 힘겹게 오르는 모습을 발견하는 순간 공연히 마음 한구석이 찡하고 먹먹했다.

오랜만에 만나 반가운 마음에 가까이 다가가서 아는 척을 하며 의례적인 말을 섞으면서도 편치 않았다. 돌이켜보니 등산길은 예나 지금이나 여전한데 오가는 노쇠한 이들의 발길이 하나둘 끊어지고 있었다. 이는 결국 무엇을 의미할까. 그런 정황을 곱씹다 보니 가는 세월이 야속하다 못해 울적함이 엄습해 왔다. 그 때문에 훈훈한 남풍이 밀려오는 봄의 초입 언저리임에도 불구하고 되레 움츠러들었다. 하늘의 섭리에 따름이고 순환이라는 자연의 이치에 순응하는 길임에도 곧이곧대로 받아들이지 못하는 속 좁은 내가 협협하지 못함이리라.

마산사랑, 향기로 남다, 2017마산문협사화집, 마산문인협회, 2017년 11월 22일
(2017년 3월 16일 목요일)

Ⅳ · 인산과 자평

인산과 자평

내겐 호적에 올린 이름 외에 자(字)나 호(號)가 없다. 여태까지 살아오면서 크게 덕을 쌓았거나 남이 우러러볼 이룸이 없었다. 장삼이사(張三李四)의 주변머리이기 때문에 관청에 신고한 호적상의 이름만으로도 충분했다. 따라서 그들이 없기 때문에 손해를 보거나 체면이 깎일 구석이 없었다. 그렇지만 이따금 특별한 만남이나 상황에서 미주알고주알 꼬치꼬치 캐묻는 이들이 더러 있어 낭패스러울 때도 있었다. 저간의 연유를 시시콜콜 주워섬기며 중언부언하기 싫어서 입때까지 소용이 없어 외면하며 지냈다고 얼렁뚱땅 둘러댔었다.

신분이 수직상승하거나 돈벼락을 맞을 길조일까. 귀골이나 빼어난 성공을 거둔 이들만 지닌다고 생각했던 호가 내게도 생기려 한다. 글을 매개로 선연을 맺은 자별한 도반인 G 수필가가 정성을 쏟아 작명해줬다. 아마도 내 삶에서 드러난 행동거지가 보잘

것없고 사는 꼴이 밋밋할 뿐 아니라 복닥대는 신역 고된 일상을 온새미로 들켰지 싶다. 얽히고설킨 업보에서 훌훌 벗어나 자유롭고 거침없는 삶을 누리라는 발원의 정성을 담았으리라.

내 삶과 됨됨이를 돌아본다. 아둔한 천성 때문이었을까. 무엇 하나 내세울 바가 없는 삶을 누리면서도 진솔한 성찰이나 자성이 부족했을 뿐 아니라 지혜나 깨달음도 투미한 어정잡이였다. 게다가 성격 또한 편협하고 옹졸해 세상을 두루 협협하게 포용할 재목이 못 된다. 또한 신실한 노력도 하지 않으면서 알량한 내심을 들키지 않으려는 오기로 똘똘 뭉친 속내를 감추려 애써왔다. 그런 속마음을 꿰뚫고 부질없는 집착이나 허업(虛業)의 굴레를 과감하게 내려놓고 모나지 않게 선업을 지으며 살라는 뜻을 담은 것으로 여겨져 머쓱하고 뜨끔했다.

정유의 춘삼월에 작명해준 호의 후보는 仁山(인산)과 字評(자평)으로 어느 하나를 선택하여 쓰라는 얘기였다. 여기에 담긴 뜻은 이렇게다. 평소 내 삶의 모습에서 버리거나 고쳐야 할 측면을 비롯하여 채워야 할 부족함을 감안했지 싶다. 철학적인 심오한 이치를 헤아릴 재간이 없다. 하지만 대충 다음과 같은 뜻을 함축하고 있는 것으로 알고 있다.

인산의 한글(8획)이 함축하는 바는 점진적으로 발전하는 수리(數理)로써 의지와 인내심, 외유내강, 난관의 극복, 대업 성취, 명성과 부를 동시에 약속받을 수 있는 자립 성공의 수(數)란다. 한편, 한자로 표기한 仁山(7획)은 자립심과 독립심이 강하고 강건한 심지와 곧은 성품으로 통솔력이 있고 노력을 다하는 수리라는 전언이다. 또 다른 후보인 자평은 이런 의미와 기원이 담겨진 모양이다. 우선 한글로 표기한 자평(13획)은 다양한 방면에서 재능을 발휘하며 명석한 두뇌, 대업 성취, 선망, 명예가 따르는 수라고 한다. 아울러 한자로 나타내는 字評(18획)은 온화한 마음과 능력이 뛰어나고 지모를 지니는 한편 의지가 강하단다. 아울러 대업을 이루어 부귀영달은 물론이고 주위에서 존경하는 지위에 오를 수라고 들려주었다. 어찌 되었든 내 호의 후보로 작명해 준 인산이나 자평은 담대하지 못한 성품에다가 신실한 노력도 따르지 않아 지극히 평범한 삶을 꾸려왔던 내게 대오 각성하라는 격려와 채찍 쪽에 상당한 무게 중심이 실렸을 게다.

간사한 욕심의 단면이다. 예로부터 말을 타면 종을 부리고 싶다 했다. 사람의 욕심에 끝이 없음을 이르는 뜻이리라. 지어준 후보 둘을 모두 거머쥐고 싶다. 다시 말하면 내가 호를 쓸 일이 생기면 이렇게 하면 어떨까. 보통의 일상이나 통상적인 글을 쓸 경우는 仁山으로, 남의 글이나 어떤 내용에 대하여 내 생각을 더하거나 평을 하는 글일 경우는 字評으로 표기하고픈 욕심이다. 조선시대 추사 김정희 선생이 생전에 호를 백여 개 사용했던 것처럼 옛날에는 호를 여럿 쓰는 경우가 흔했기에 그리해도 법도에 크게 어긋나지 않으리라. 그런데 심정적으로는 지어준 호를 그대로 인정할지라도 현실에서 글을 쓰거나 대화에서 호를 쓰지 않을 참이다. 왜냐하면 곰곰이 되새겨 봐도 호적상의 이름을 마구 불러대도 떫어하거나 예의가 없다고 탓할 처지가 못 되는 내게는 과분한 사치라고 여겨지기 때문이다.

반상의 구별이 서릿발 같고 양반의 체통을 생명보다도 중하게 여기던 시절 사회적 가치관이 충돌할 개연성의 단면이다. 아랫것들이 지체 높은 고관대작의 이름을 이웃집 강아지 부르듯이 함부로 불러대면 도덕적 기강의 틀이 흔들릴 소지가 다분했다. 이런 혼란과 갈등의 소지를 없애고 위계질서를 바로 세우기 위해 이름과 자와 호를 사용하는 묘책을 만들어낸 게 아닐까.

조선 시대 사대부나 왕가에서 아이를 낳으면서 이름(본명) 이외에도 어린 시절에 부를 아명을 짓는 게 보편적인 풍습이었다. 이렇게 어린아이들은 아명으로 부르다가 남자 나이 20세가 되거나 여자가 15세에 이르면 오늘날 성인식에 해당하는 관례(冠禮) 또는 계례(笄禮)를 치렀다. 이때부터는 성인이기 때문에 아명을 버리고 관자(冠字)라고 해서 새로 지어주는 이름이 자(字)이다.

성인식을 즈음하여 자가 지어진 이후에는 임금이나 부모와 스승 같은 웃어른에게 자신을 지칭할 때는 이름(본명)을 알려야 했다. 그러나 동년배이거나 손아래 어린 사람에게는 자를 밝혔다. 이와 같이 이름과 자를 구분해서 사용하는 게 반가의 법도였다. 그런가 하면 다른 사람을 부를 때도 손위에게는 자를, 손아랫사람한테는 이름을 입에 올리는 게 호칭법이었다.

성골과 진골을 위시한 왕후장상 같은 귀골과 천출의 구분이 명확하며 직업의 귀천이 뚜렷했던 시절의 얘기이다. 아랫것들이 감히 왕후장상의 이름이나 자를 함부로 입에 올릴 수 없었음은 불문가지이다. 그럼에도 다양한 사회계층 간의 상하좌우로 교류가 빈번해지면서 이름을 사용할 필요성은 더욱 커졌다. 하지만 이름이나 자는 부모나 웃어른들만 부를 수 있었다. 그런 까다로운 관습 때문에 누구나 자연스럽게 호칭이 가능한 호의 사용이 보편화 되었다. 결국, 이름이나 자의 쓰임새가 제한적이었기 때문에 누구나 거리낌없이 쉽게 부를 수 있도록 허용되었던 또 다른 이름이 호이다. 이 호를 아호, 당호, 별호, 필명 등과 같이 다른 이름으로 불렀다. 넓은 의미에서 보면 예명(藝名), 법명(法名), 택호(宅號), 시호(諡號) 등도 호에 해당한다.

아무리 나를 부풀리고 그럴싸하게 포장해도 이름 이외에 자나 호를 지닐만한 주변머리가 못된다. 따라서 자나 호 따위는 그야말로 개(犬) 발에 편자인 격이기에 앞으로도 쓰지 않을 생각이다. 그런 연유에서 고귀한 뜻과 애정을 담아 호를 작명해 주었는데 죄송한 마음이다. 하기야 마음속으로는 이미 호로 받아들였다. 그런 상황에서 다만 현실에서 사용하지 않을 따름이기에 눈감고 아옹 하는 시늉을 하는 꼴이 되레 가소롭게 비춰리라. 하기야 이런 이중적인 태도는 평소에 우물쭈물하거나 우유부단한 나의 진면목을 더덜이 없이 나타내는 편린일지도 모른다.

시와 늪, 2017년 여름호, 통권 36집, 2017년 7월 6일
(2017년 3월 25일 토요일)

월영대를 노래한 10인의 시비

마산의 돝섬에 있는 월영대(月影臺)를 노래한 10인의 시비(詩碑) 얘기다. 현재 마산합포구 추산동의 창원시립마산박물관 뜰에 고려와 조선 시대에 마산의 월영대에 들려 최치원 선생에 대한 흠모의 마음을 시로 남긴 열세 분의 시비가 있다. 이들 중에서 김극성, 정사룡, 신지제 님을 제외한 열 분의 시비 내용을 세라믹 판에 새겨서 돝섬의 파도소리길에 세웠다. 따라서 박물관 뜰의 시비가 원본인 셈이고 돝섬의 것이 복사본이다. 돝섬 선착장에 도착하여 섬을 한 바퀴 도는 둘레길을 따라 오른쪽으로 발길을 옮기다가 뒤편에 이르러 바다 건너 두산중공업이 마주 보이는 지점 언저리에서 파도소리길이 시작된다. 이 길의 들머리에 시비 안내판이 있다. 시비의 차례를 정한 원칙은 알 수 없으나 박원형, 김극기, 정문부, 정지상, 정이오, 채홍철, 서거정, 안축, 이황, 이첨 순으로 마산 시내를 향해 띄엄띄엄 도열한 모양새였다.

원본격인 박물관 뜰의 것과 돌섬의 복제품을 수차례 거듭 찾으며 비교해봤다. 그때마다 양쪽 내용을 꼼꼼하게 대조했더니 후자(後者)에서 한자(漢字) 표기에 오자가 여러 군데 보임으로써 원본을 제대로 옮기지도 못한 부실한 모양새였다. 이들 오자는 원본을 기준으로 얼추 꿰맞추고 한글 표기는 첨삭 없이 옮긴다. 시비에는 아래처럼 한자로 표기하고 그 옆에 한글을 병기하고 있다.

• 박원형(朴元亨: 1411~1469) •

遠客悠悠訪古來 먼데 객이 유유히 고적 찾아오니
春深海岸野花開 봄 늦은 해안에 들꽃이 피었다
臺空月影餘千載 대(臺)는 비어 있어도 월영은 천년이나 넘었고
人去愁腸日九廻 사람은 갔어도 시름은 끝없이 남았네
萬壑楓林紅勝錦 골짝마다 단풍잎은 비단보다 붉고
一泓秋水碧於苔 샘 깊은 가을 물은 이끼보다 푸르다
孤雲不返山依舊 고운은 돌아오지 않아도 산은 그대로인데
落落幽懷付酒盃 아득한 회포를 술잔에나마 붙이노라

• 김극기(金克己: ?~?) •

奇巖枕海聳嵬嵬 기이한 바위가 바닷가에 우뚝하네
共說儒仙舊詠臺 모두들 유선이 읊조리던 축대(築臺)라 말하네
月影幾虧還復滿 달그림자는 몇 번이나 이지러졌다가 다시 차건만
雲蹤長往未曾來 구름 자취는 영구히 가고 일찍이 오지 않네
騷人賦處頻揮翰 소인은 글 짓는 곳에 자주 붓을 휘두르고
酒客遨時屢擧盃 주객은 만날 때마다 여러 번 잔을 드네
戀勝都忘前去路 훌륭한 경치를 못 잊어 갈 길을 온통 잊었고
重湖亂領四縈廻 겹쳐진 호수와 야단스러운 령(領)이 사방을 둘렀네

• 정문부(鄭文孚: 1565~1624) •

太白山南智異東 태백산 남쪽 지리산 동쪽
還珠勝致似壺蓬 환주의 빼어난 경치가 봉래산 같네
人家籬落千年碧 인가의 무너진 울타리는 천년을 흐르고
官舍門庭百日紅 관사 문 앞에는 백일홍이 붉었네
元將候風行省廢 원나라 장수가 기풍 날리던 행성(行省)은 사라지고
崔仙翫月古臺空 달은 사랑하던 최선의 옛 대(臺)가 텅 비었네
只今留與魚樵唱 지금은 어부와 나무꾼의 노래만 남았고
一半平分屬醉翁 나머지 반은 취옹의 몫이라네

• 정지상(鄭知常: ?~1135) •

碧波浩渺石崔嵬 푸른 물결 아득하고 돌이 우뚝한데
中有蓬萊學士臺 그 안에 봉래학사 노닐던 대(臺)가 있어
老松壇邊茫草合 소나무 오래된 제단가에 풀이 우거져 있고
雲低天末片帆來 구름 낀 하늘 끝에 돛배 오누나
百年風雅新詩句 백년 풍류에 시구(詩句)가 새롭고
萬里江山一酒杯 만리 강산에 한 잔 술을 마시네
回首鷄林人不見 계림 쪽으로 고개를 돌려도 사람은 보이지 않고
月華空照海門廻 달빛만 부질없이 해문(海門)을 비추네

• 정이오(鄭以吾: 1347~1434) •

我思崔儒仙 내가 최유선을 생각하며
昔登海上之層臺 옛날 바닷가 층대(層臺)를 올랐도다
海水何淼茫 바닷물은 어이 그리 아득하던가
榜邊數點青山開 곁에는 두어 점 청산이 펼쳐있다
儒仙一去明月在 유선은 갔어도 명월은 남아
霽色夜領銀潮回 맑은 빛이 은빛 조수와 함께 돌아온다
倦客獨登秋意多 고단한 객이 홀로 오르니 가을에 생각이 많다
此間不可無楚才 이 사이에 초재(楚才)가 없을 수 없구나

• 채홍철(蔡洪哲: 1262~1340) •

文章習氣轉崔嵬 문장의 기세가 점점 우뚝하여지니
忽憶崔侯一上臺 문득 최후(崔侯)를 생각하고 축대에 오르네
風月不隨黃鶴去 바람과 달은 황학을 따라 가지 않고
煙波相逐白鷗來 구름과 물결은 백구를 쫓아오네
雨晴山色濃低檻 비 그치니 산 경치가 짙게 난간에 다가오고
春盡松花亂入盃 봄이 다가니 송화가 술잔에 들어오네
更有琴心隔塵土 다시 거문고 타는 마음 진토와 격했으니
他時好與雨雲廻 다른 날에 비와 구름 따라 돌아오리라

• 서거정(徐巨正: 1420~1488) •

月影臺前月長在 월영대 앞에 아직도 달은 있건만
月影臺上人已去 월영대 위에 사람은 이미 갔네
孤雲騎鯨飛上天 고운이 고래를 타고 하늘로 올라간 뒤
白雲渺渺尋無處 흰 구름만 아득하여 찾을 곳이 없구나
孤雲孤雲眞儒仙 고운이여, 고운이여, 그대는 진정 유선
天下四海聲名傳 천하 사해에 명성을 전하였네

• 안축(安軸: 1287~1348) •

海上層臺景最奇 바닷가 축대에 경치가 기이하다
照波明月幾盈虧 물결에 비치는 달빛은 몇 번이나 둥글었다
不須更詠孤雲句 모름지기 고운의 시구를 읊조리지 말라
今古賢才各一時 예나 지금이나 어진 인재라도 한 때 뿐이다

• 이황(李滉: 1501~1570) •[25]

老樹奇巖碧海堧 늙은 나무 기이한 바위 푸른 바닷가에 있건만
孤雲遊跡總成烟 고운이 놀던 자취 연기처럼 사라졌네
只今唯有高臺月 오직 높은 대(臺)에 밝은 달이 길이 남아
留得精神向我傳 그 정신 담아다가 내게 전해주네

• 이첨(李詹: 1345~1405) •

蔚彼斗尺山 높은 저 두척산
黛色橫雲表 질푸른 모습으로 구름 위에 솟았네
東南壓滄溟 동남쪽으로 푸른 바다를 누르고
霧雨旬昏曉 안개구름 종일 어렸어라
伊昔孤雲仙 옛적 고운 신선
結構遠林抄 숲 끝에 대(臺)를 이루었네
逍遙月影臺 월영대를 소요하노라니
氣與秋天杳 기(氣)는 가을 하늘과 더불어 아득하여라

돝섬해상공원에 세워진 시비이다. 탐방객 거의가 섬과 바다가 어우러진 경관을 구경하기 위해 찾는 행락객이다. 이런 까닭에 이 섬에서 시비와 해후를 전혀 예상치 못했으리라. 그래서 일게다. 행락객들이 시비의 곁을 지나다가 발길을 멈추고 읊조리거나

25) 이 글을 발표한 뒤인 2018년 1월 18일 어렵게 연이 닿았던 K대학교 한문학과 H명예교수님은 이황(1501~1570)의 월영대에 대해서 아래와 같이 메일로 알려 주셨다. '이 시는 퇴계집 권1에 실려 있는 내용으로, 고딕체 큰 글자는 연(堧)자라야 하고, 오(墺)자는 오자입니다'라고 답을 주셨다. 그리고 원시와 한글 번역 내용은 이렇다.

늙은 나무 기이한 바위 푸른 바닷가 / 老樹奇巖碧海**堧**
고운이 노닌 자취 모두 연기 되고 말아 / 孤雲遊跡總成烟
이제 다만 높은 대에 달만이 머물러서 / 只今唯有高臺月
그 정신 담아내어 내게 전해 주누나 / 留得精神向我傳

수첩에 적바림하는 모습을 발견했던 적이 없다. 최근에도 몇 차례 돝섬 현장에 가서 시비의 한자와 한글 내용을 깡그리 베껴 쓰며 스쳐지나가는 이들을 살폈다. 대부분 무관심하게 지나쳤고 그들 중에 한둘은 왜 옮겨 적느냐고 물으면서 한심하다는 투로 혀를 끌끌 차는 경우도 있었다. 이렇게 아무도 거들떠보지도 않는 시비는 우두커니 바다 건너편 마산 시가지를 넋 놓고 건네다 보다가 밀려오는 낮잠에 혼곤히 빠져든 꼴로 투영되었다. 한편, 시비를 세라믹 재질을 사용해 만들었는데, 과연 변색이나 변질로부터 완전히 자유로운지 모르겠다.

열두 살 때 당나라 유학길에 올랐던 유학의 비조(鼻祖)로서 열일곱에 그곳에서 과거에 급제해 관직 생활을 하셨단다. 그 후 스물여덟에 귀국하여 벼슬길에 올랐지만 뜻을 제대로 펼치지 못했다. 그런 연유로 벼슬을 버리고 온 나라를 유람하고 나서 말년을 마산에 의탁하다가 끝내 속세를 등지고 가야산으로 입산했다. 누구도 따를 수 없는 불후의 문학적 업적을 거둬 후세 사람들은 한문학의 조종(朝宗) 혹은 동국문종(東國文宗)이라고 추앙하면서 문천자(文天子)라고 받들기도 했다. 샛별처럼 빛났던 임을 흠모하던 수많은 사람 중에 대표적인 문인이 현재 박물관 뜰에 시비로 흔적이 남아있는 열세 분 일게다. 한편, 선생의 자(字)는 고운(孤雲) 혹은 해운(海雲)이다. 그리고 시호(諡號)는 고려 현종 때 문창후(文昌侯)로 봉해졌다.

그 옛날 말이나 가마를 타던 시절 고운의 발자취를 더듬기 위해 경향 각지에서 찾아왔던 기라성 같은 시인이나 묵객의 정신을 되새겨 헤아려 본다. 세상을 손안에 거머쥐고 무소불위의 힘을 자랑하던 나라님인 임금들도 기껏해야 역사에 한 줄의 흔적으로 남을 뿐이다. 그에 비할 때 뛰어난 문호들은 하나같이 후세 사람들의 영혼 속에 영생을 누리며 세세연년 찬연히 빛나고 있다. 이런 맥락에서 내 씨족의 뿌리보다 고운 선생께 더 다가가고 싶으며 크고 높게 보임을 당연하다고 자위하면 허물이 될까.

마산사랑, 향기로 남다, 2017 마산문협사화집, 마산문인협회, 2017년 11월 22일
(2017년 4월 17일 월요일)

다섯 친구의 봄나들이

지난 토요일(4월 22일) 초등학교 동창 다섯이 한자리에 모였었다. 셋은 해방둥이고 나머지 둘은 한 해 혹은 두 해 적은 처지로 하나같이 현직에서 물러나 할 일 없이 여기저기 기웃거리며 어정대는 밥쇠로서 아낙군수를 면치 못하는 위인들이라고 여겼다. 그런데도 앞앞이 씨줄과 날줄로 얽히고설킨 일상의 속박에서 자유롭지 못해 세 해만에 어렵사리 얼굴을 마주했다.

기껏해야 다섯의 모꼬지인데도 잡다한 걸림돌 때문에 모임이 쉽지 않았다. 우선 만남의 장소가 문제였다. 둘은 대전, 둘은 서울, 나는 마산에 뿌리내렸다는 점에서 교통 편의를 고려해 대전에 소재한 뿌리공원(대전 중구 뿌리공원로 79(침산동))으로 낙점했다는 전갈이었다. 내남없이 소일거리가 없어 마냥 빈둥대는 어성꾼으로 생각했는데 둘은 전문기술을 가지고 있어 여태까지 짬짬이 일을 하는 까닭에 만남을 토요일로 잡았단다. 만남의 장소가 대전의 외진 곳이라서 불편했다. 굳이 그곳을 모임 장소로 정한 연유를 대쪽 같은 선비 성품의 전직 L 교장이 이렇게 해명했다. 우리나라 224개 성씨의 비(碑)에 저마다 유래를 요약해 새긴 내용을 한 번 훑어보는 것도 매우 뜻깊고 알찬 배움이 되리라는 귀띔이었다.

뿌리공원은 대전의 중구청에서 조성한 세계 유일의 효(孝) 테마 공원이란다. 대전의 남부순환도로에 자리한 안영IC에 가까운 곳 산비탈 냇가에 자리 잡았다. 입구에서 유등천(柳等川)을 가로지르는 꽤나 긴 철골의 만성교(萬姓橋) 바닥은 구멍이 숭숭 뚫린 스틸 그레이팅(steel grating)을 깔아 고소공포증이 있는 경우는 오금이 저리지 싶었다. 이 다리를 건너 반대편에 이르면 본격적인 공원의 들머리인 초입이다. 여기서 길을 따라 걸으면 왼쪽으로 잔디광장과 유등천이다. 오른쪽 산비탈 쪽으로는 한국족보박물관에 이어 각 성씨의 비가 여기저기에 줄지어 늘어서 있다. 이외에도 국궁(國弓)장, 캠핑장, 중앙광장, 수변(水邊)무대, 수변스탠드, 뱃놀이 터 따위가 조성되어 있다. 한편, 성씨의 비가 세워져 있는 산비탈에 띄엄띄엄 들마루가 설치되어 있어 탐방객들에게 쾌적한 쉼터를 제공하고 있었다.

한국족보박물관은 우리나라에서 유일한 족보 전문박물관으로 다섯 개의 상설 전시실과 한 개의 특별전시실로 꾸며졌다. 거기에는 족보의 체계와 역사 같은 전통문화와 가족생활사에 관계된 다양한 유물이 전시되어 있었다. 족보박물관과 함께 핵심을 이루는 것으로써 각 성씨 비석은 현재 224개가 세워져 있었다. 아마도 공원 건립을 추진하며 각 종친회에 취지를 설명하고 신청을 받은 차례대로 건립 위치를 지정했던 것 같다. 그런 절차를 밟아 충주박씨 비가 1번의 자리에 세워진 것을 비롯해 입때까지 가장 늦게 신청했던 선산김씨 비가 224번째란다. 하지만 우리나라의 최대 성인 김해김씨와 전주이씨의 유래비는 찾을 수 없다. 아마도 그들 양대 종친회에서 뿌리공원을 시답잖을 뿐 아니라 떨떠름하게 여겨 애초부터 참여하지 않고 외면한 결과이지 싶다.

각 성씨마다 건립한 비의 크기와 비의 상단에 조각한 상징물은 천차만별이었다. 나의 성인 청주한가의 비를 특별히 찾았다. 아마도 공원의 취지에 동참하겠다는 의사를 전달해온 순서가 37번째이었나 보다. 유래비의 전면에 새겨진 내용 전문이다. "청주한씨는 고조선 기자로부터 계출(系出)된 마한왕조의 후예로서 단일 성씨로는 네 번째가 되는 명문가족이다. 시조는 한란(韓蘭)이니 충청북도 영동군 황간면 난곡리에서 탄생하여 청주시 방서동에 정착했고, 고려 개국공신으로 벼슬이 문하태위에 오르셨으며 시호(諡號)는 위양공(威襄公)이다" 한편, 비의 뒷면에는 청주한씨 유래비, 작품설명, 기증자명, 조각가명, 설립날짜(1997년 10월 3일) 따위가 새겨져 있었다. 여타의 다른 비들을 얼렁뚱땅 대충대충 훑어보니 대동소이한 취지의 내용이 새겨져 있었다.

주마간산 격으로 공원을 설렁설렁 둘러보고 밖으로 나와 맛집을 수소문하여 점심을 먹었다. 그리고 자동차로 몇 분 이동하여 대전동물원 쪽의 산서동 가는 길을 따라가다가 유등천 건너편 뿌리공원이 곧바로 내려다보이는 산등성이 육각정에 자리 잡았다. 발아래 수직으로 내려다보이는 뿌리공원을 완상하며 각자의 지난 얘기가 꼬리를 물었다. 그 내용을 요약하면 대충 이렇다. 나를 비롯한 셋은 늙어가며 징글징글하게 여길 개연성이 다분한 노인성 질환과 질긴 드잡이를 하며 수술을 했거나 기약 없는 치료와 투약을 지속해야 하는 처지였다. 그러고 보니 겨우 고희를 넘긴지 몇 해째인 다섯이 모인 자리였다. 그런데 둘만 멀쩡하고 셋은 골골거리며 무기력하게 병마를 받들어 모시고 끙끙 앓으며 살아가야 하는 옹색한 처지였다.

건강 얘기에 이어 양념격인 자식들에 관한 대화를 곁들이면서도 허허로워 누군가가 소주를 따라 권했다. 하지만 둘을 제외하고 셋은 입에 대지도 않았다. 하나같이 건강 때문이랬다. 하기야 나도 술을 조금씩 마시다가 지난해 봄 갑작스러운 건강 이상 징후가 나타나고부터 절주하고 있다. 몇 해만에 마주한 죽마고우들인데 얘기가 겉도는 까닭에 헛웃음이 많다. 신록으로 하루가 다르게 변해가며 흥겹고 힘찬 기운이 용솟음치는 찬란한 꿈을 꾸는 봄이다. 이 좋은 계절도 흥을 돋우지 못했을 뿐 아니라 술까지도 맥을 추지 못했다. 게다가 지난 어린 시절의 회상 얘기도 별로 약효가 없었다.

삶의 길이 다르고 생각이 판이해도 초등학교 동창들을 만나면 무조건 즐거웠다. 하지만 왠지 시큰둥했다. 세월 탓일까. 몇 해 전 만남보다 말수가 적어졌고, 술을 멀리했으며, 죄다 건강을 제일로 생각하지만 자신 없이 주눅이 들어 겁먹은 꼴이 당최 낯설었다. 분명 지난날과 달랐다. 그런 분위기 때문이었을까. 누군가 말했다. 내년 만남은 즐기는 방법을 대폭적으로 바꿔보자고. 글쎄 과연 그 옛날처럼 즐겁고 활기찬 모습을 되살릴 묘약이 있다면 좋겠다. 딱히 할 일도 없었을 뿐 아니라 시들해져 해가 몇 발 남은 어정쩡한 시각에 모임을 파하고 각자의 삶터를 향해 발길을 돌렸다.

얼추 열대여섯 해 전이었다. 이번 만났던 친구들이 마산을 방문했던 적이 있다. 그때는 강건한 상머슴을 상징하던 마당쇠의 모습으로 의욕이 넘쳐났고 저녁 식사 자리에서 반주도 몇 순배 거뜬하게 돌리며 호기롭게 여흥을 만끽하기도 했었다. 게다가 호텔방에서 새벽까지 술잔을 곁들이며 담소를 나눴었다. 그들은 어디 가고 잔뜩 움츠러든 안방퉁소로 추락했을까. 오늘의 낯선 친구들 모습이 또다시 열대여섯 해쯤 지난 훗날은 어떤 꼴일지 흥미진진하다. 아무리 백세시대라 해도 그때까지 산다는 무리일러라. 왜냐하면 그때는 내 나이가 미수(米壽: 88세)와 졸수(卒壽: 90세)에 꼭 끼어 옴짝달싹 못 하는 여든아홉에 이를 것이기에 내뱉는 독백이다.

2017년 4월 25일 화요일

섧고 애달픈 영면

지난 금요일(4월 21일) 큰누님의 배필이셨던 자형(姊兄)이 영면에 드셨다. 아침 일찍 둘째 생질로부터 전갈을 받았어도 당장 움직일 수 없었다. 이튿날인 토요일에 문상을 나서기로 했다. 그런데 지난 정초부터 대전에서 초등학교 동창들과 약속했던 모임을 외면하기 어려웠다. 그래서 토요일 새벽 집을 나서 친구들에게 대충 눈도장 찍고 해거름 무렵에 장례예식장을 찾아 저간의 사정을 들을 수 있었다.

내겐 올해 여든셋인 큰누님과 여든인 작은 누님이 계셔서 자형도 두 분이 계셨었다. 그런데 둘째 자형은 오래전에 유명을 달리했기 때문에 유일한 자형으로 올해 여든일곱이셨다. 아다도 지천명을 넘기고 몇 해 뒤의 일이었을 게다. 전복되는 경운기 밑에 깔리며 크게 다쳤던 후유증으로 무척 고생을 많이 했었다. 한편, 세월을 이겨낼 장사는 없는 게 자연의 이치이던가. 젊은 날 멀쩡하던 내 큰누님은 노년에 들어서며 청력을 서서히 잃었다. 그러더니 팔순 무렵부터는 더더욱 악화되었다. 이런 연유로 누가 옆에서 큰 소리로 얘기를 해야 어렴풋이 들을 뿐 아니라 전화벨 소리도 거의 듣지 못할 지경에 이르렀다.

목요일 초저녁이었단다. 저녁 식사를 마친 자형이 깜깜한 밤에 혼자서 집밖으로 나갔다는 얘기였다. 그렇게 집을 나선 뒤에 밤이 이슥해진 때까지 돌아오지 않아 찾아 나섰더란다. 거의가 도시로 떠난 때문에 이웃이라 해도 띄엄띄엄 떨어져 있어 밤이면 적막강산 같은 상황이 촌동네의 모습이다. 사방으로 찾아 헤매도 흔적을 찾을 길이 없었다고 했다. 그래서 이웃들에게 도와달라고 요청했던가 보다. 놀란 동네 사람들이 몽땅 나서서 찾았는데도 행방이 묘연하여 끝내 당국에 신고했다는 얘기였다.

119 구조대와 경찰에 신고하여 그들이 달려와서 대대적으로 수색을 해도 소용없었단다. 그렇게 예닐곱 시간이 지나며 온 동네를 이 잡듯이 누비고 다녀도 흔적을 찾지 못해 처음부터 다시 찾아보기로 했다는 얘기였다. 집을 나서는 순간부터 되짚어보기도 하고, 대문 앞에서부터 손전등으로 샅샅이 비춰나갔다고 했다. 그러던 중에 누군가가 좁다란 개울의 낭떠러지 계곡 바닥에 무엇인가가 희미하게 어른거린다고 소리치더란다. 서둘러 계곡 아래로 내려가서 자세히 살폈더니 자형이 죽은 듯이 쓰러져 있었다는 얘기였다. 황급히 구조해 병원으로 이송했지만 애석하게도 곧바로 숨을 거두었다고 했다. 그렇게 마른하늘에 날벼락처럼 맞이한 임종이 금요일 첫 새벽이었다는 것이다. 결국, 집 앞 개울의 낭떠러지에서 실족 사고로 목숨까지 잃는 변고로 이어졌기에 섦고 애달

프기 짝이 없었다. 어쩌면 자형을 찾기 위해서 오가는 과정에서 구조 요청을 했어도 내 누님이 듣지 못하는 안타까운 상황이 발생했을 개연성도 배제하기 어렵다. 연초록의 향연이 황홀한 아름다움을 펼치는 이 봄에 그렇게 여든일곱의 삶을 접고 표표히 떠나셨다. 이승의 삶을 접고 떠나야 할 때를 분명히 예견할 수 있어 끔찍한 사고나 험한 병고를 피할 묘안이 있다면 크나큰 축복일 터인데.

자형이라 해도 나보다 열네 살 위이기 때문에 언제나 어렵고 조심스러워 농담 한번 던졌던 적이 없다. 그런 까닭에 의례적인 대화를 나누면 한 발 떨어져 주위를 맴돌았다. 따라서 애틋한 정이 쌓였다기보다는 보호자 같은 존재로 여겨졌다. 이런 관점에서 그분은 처남 복이 없었다. 딸이 다섯인 집안의 맏사위로 유일한 처남이 나였다. 그런데 처남이 막냇동생이나 조카 정도의 나이였기 때문에 처가에 올 때마다 말 상대가 없어 얼마나 쓸쓸했을까. 그럼에도 처가를 자주 찾아와 어린 처남의 몫을 묵묵히 대신했던 든든한 울타리였다. 언제나 내 몫까지 자청해서 해결해 주었다. 그럼에도 생전에 고맙다는 인사를 변변하게 드려본 적이 없어 더더욱 애달프다.

고집스러울 정도로 변화에 둔감했던 삶이었다. 일생 동안 태어난 향리를 떠났던 적이 없는 토박이로서 충직한 태(胎) 자리 지킴이였다. 이를 달리 생각하면 변화의 물결에 슬기롭게 대처하지 못해 상대적으로 소외되고 힘든 길을 우직하게 걸었다는 얘기가 된다. 산업화 사회가 도래하면서 발 빠르게 도시로 떠난 이들에 비해 약삽하지 못하고 셈이 느린 관계로 손해를 숱하게 봤을 게다. 그래도 부질없이 허업(虛業)의 유혹이나 욕심의 노예로 전락하여 사람의 도리를 저버리지 않은 채 순수성을 지니고 살았던 우직함이 돋보인다.

평생 벼슬이나 학문의 길을 곁눈질도 하지 않던 오갈 데 없는 촌부였다. 따라서 옛 법도대로 하면 매년 생질들이 모셔야 할 기제사의 지방문에 "顯考學生府君神位(현고학생부군신위)"라고 써야 아귀가 맞는다. 어느 모로 봐도 생전에 큰 이룸이나 얻음이 없었다. 그래도 깜냥대로 신실한 삶을 꾸리며 4남 2녀를 낳아 길러서 앞앞이 나름대로 둥지를 틀고 가솔들을 거느리도록 반듯하게 키우셨다. 경제적으로 여유롭지 못한 부모 밑에 태어나 굴하지 않고 자수성가한 생질들의 신실한 모습에 가슴이 뭉클하고 고맙기 그지없다.

돌이켜보면 일제 강점기, 해방, 6·25전쟁, 4·19혁명, 독재정권, 산업화 과정 같은 격변기 질곡의 역사를 온몸으로 겪으며 간단치 않던 세월을 억척스럽게 살다간 세대이다. 따스하고 행복했던 기억보다는 어둡고 힘든 날이 숱했던 서러운 생에 대하여 신이 베푸는 마지막 은총이었을까. 장례를 모시던 화창한 봄날 두메산골 수목의 연초록 물결이 바람결에 군무를 수없이 펼치고 또 펼치며 향연을 베풀었다. 게다가 아직 나뭇가지에 절반쯤 남아 바람에 꽃잎을 휘날리던 야생의 산 벚꽃과 너무 강렬해 눈이 시릴 정도로 새하얀 색깔을 뽐내며 활짝 핀 돌배꽃이 이승의 마지막 길을 외롭지 않게 배웅했다. 그처럼 따스한 봄바람이 살랑이던 아름다운 날(정유의 음력 삼월 스무이레) 오시(午時) 살아생전에 애지중지 가꾸던 너른 밭머리에 넉넉한 유택을 지어 영면에 드셨다. 그 길을 묵묵히 지켜보다가 매장 과정에서 하관을 하던 순간에 참아왔던 눈물이 주체할 수 없이 흘러내리는 데도 닦아 낼 생각도 잊은 채 돌부처처럼 미동도 없이 마냥 서 있었다.

한맥문학, 2017년 6월호(통권 321호), 2017년 5월 25일
(2017년 4월 24일 월요일)

또 잊은 아내의 생일

까마귀 고기를 먹은 적이 없다. 그럼에도 올해도 아내의 생일을 까마득하게 잊고 지나칠 뻔했다. 토요일을 맞아 늦잠을 자던 손주가 일어나기를 기다리다가 뒤늦게 아침을 먹었다. 식사를 마치고 식탁을 벗어날 무렵 오랜 침묵에 빠졌던 집 전화벨이 요란하게 울렸다. 수화기를 들었더니 넷째 여동생이었다. 안부를 묻는 듯하더니 곧바로 언니를 바꿔 달라고 했다. 설거지를 하고 있던 아내를 불러 바꿔주던 순간 머릿속에 번개처럼 스치며 집히는 게 있었다. 혹시나 싶어 벽걸이 달력 앞으로 달려가 확인했다. 아뿔싸! 이럴 수가 있는가? 오늘이 바로 아내의 생일이었다.

내게는 귀신이 곡할 정도로 투미하다 못해 멍청한 구석이 있다. 입때까지 다른 부문에서는 망각 때문에 낭패를 당하거나 일을 그르쳤던 적이 거의 없다. 그런데 결혼 이후 마흔두 해 동안 결혼기념일과 아내의 생일만은 한두 차례를 제외하곤 깡그리 그냥 지나쳤다. 그때마다 다시는 잊지 않겠다는 다짐을 되풀이하며 허둥지둥 급한 불끄기에 급급했다. 그래도 고쳐지지 않는 고질병같이 느껴져 천착증(穿鑿症) 환자가 아닐지라도 그 원인을 찬찬히 따져보고 싶다. 처음 몇 해 동안은 이해해 주려는 눈치였다. 그러나 이제는 미필적 고의쯤으로 여기는지 내 말을 귓등으로 흘려버릴 뿐더러 통째로 깔아뭉개는 태도를 보여 살짝 섧고 떫다. 이런 꼬락서니에 이르렀기에 믿음이 갈가리 찢긴 신용불량자로 낙인찍혀 회생 불가능한 궁지로 몰렸다. 그런 까닭에 유구무언이 그나마 최소한의 체면치레를 하는 길이다.

해마다 나나 아내의 생일이 되면 여동생들이 각각 얼마간의 돈을 보내주는데 그럴 때마다 민망한 마음이다. 생일을 축하하는 뜻으로 외식이라도 하라는 뜻을 담은 정표이다. 그녀들도 오래전에 이순을 넘겨 할머니가 된 처지인데 말이다. 잘은 모르지만, 오늘도 송금을 하고 아내에게 축하 인사차 전화를 하며 덕담을 나눴을 게다. 그런 일이 아니라도 평소에 아내는 여동생이나 누님들과의 관계는 보통 시누올케 사이와는 판이하게 자별하다. 외아들인 나로서는 그런 각별한 관계가 항상 고맙고 흐뭇해 모르는 척하며 한발 물러서 뒷짐 지고 가만히 지켜보면서 즐기고 있다.

내가 서른하나, 아내가 스물일곱의 끄트머리 자락인 동짓달 초순(1975년 11월 8일)에 결혼했다. 그로부터 마흔두 해를 동행했기에 오늘이 아내의 예순아홉 번째의 생일(음력 5월 23일)이다. 쏜살같이 빠른 세월을 실감한다. 서울의 수유동 어느 단독 주택 문간방에서 신접살림(1975년)을 차렸었다.[26] 그 뒤 큰아이를 얻은 해(1977년)에 강남의 도곡동에 주공아파트를 내 힘으로 마련하여 이사를 했었다.[27] 도곡동에서 맞은 두 해 째(1979년)에 들어서며 둘째를 아이를 얻고 나서 몇 달 뒤에 곧바로 인접한 대치동 동원아파트로 옮겼었다.[28] 그리고 이듬해 봄(1980년)에 일터가 경남대학교로 결정되었다. 그해 연말에 둥지를 마산으로 옮겨와서 서른일곱 해째이다. 결코 짧지 않았던 지난 세월 동안 별다른 문제가 없었다. 그런데 왜 반드시 기억해야 할 날을 제대로 기억하지 못할 정도로 어리숙하다 못해 어벙할까. 아무리 생각해도 풀 수 없는 미스터리이다. 심지어 하루 전까지 또렷이 기억하는 경우가 적지 않다. 그런데 귀신에 씌었는지 정작 당일이 되면 통째로 기억에서 사라졌다.

새벽 4시 반 무렵에 등산에 나섰다가 돌아와 샤워를 마쳤다. 그런데도 토요일 때문인지 손주가 일어날 기미를 당최 보이지 않았다. 등산으로 피곤해져 손주가 일어날 때까지 옆에 누워 쉬며 기다렸다. 그렇게 이리저리 꾸물대다가 아홉 시 넘어 잠자리에서 일어난 손주와 아침밥을 먹었다. 평소와 같은 밑반찬에 사흘 전에 끓여서 먹다가 남았던 콩나물국이 전부였다. 나와 아내는 약속이라도 한 듯이 콩나물국에 밥 한술씩 말아 대충 아침을 때웠다. 하필이면 아내의 생일 아침에 사흘 전에 끓였던 콩나물국이었다니. 올해 역시 생일을 챙겨주지 못하는 어리벙벙한 남편을 어떻게 생

26) 서울 도봉구 수유동 472-533(현원경 씨 댁)

27) 서울 강남구 도곡동 도곡제2아파트 2동 509호

28) 서울 강남구 대치동 산 31-3 동원아파트 12동 503호

각했을까. 지난해 다시는 잊지 않겠다며 자진해 충성 맹세를 했었다. 그런 터수에 체면이 말씀이 아니다. 순간적으로 머리를 굴리며 이 난국을 깔끔하게 풀어 줄 묘책을 이리저리 짜 맞춰 봤다. 하지만 묘안은커녕 되레 머릿속은 하얘지고 눈앞은 깜깜했다.

신물이 절로 나는 진부하기 짝이 없는 대응책일 게다. 순간적으로 기를 쓰며 온갖 궁리를 해봐도 납작 엎드리는 방법 외에는 아무것도 떠오르지 않았다. 시침을 뚝 떼고 말했다. 위기를 모면할 요량에서 말이다. 생일 아침에 미역국이라도 끓이는 게 이치에 맞지 않느냐며 시비를 입찰하는 듯한 트릭(trick)으로 에둘러 간을 봤다. 냉랭했다. 짐짓 모르는 척하면서 다시 입을 열었다.

“에잇! 내가 미역국 준비를 해야 했는데”

서먹한 분위기 탈피용 립 서비스(lip service)라는 낌새를 간파한 아내의 표정은 더욱 굳어지는 듯했다. 가소롭다는 듯이 냉랭한 표정을 풀 기미도 보이지 않을뿐더러 도통 말도 섞으려 들지 않았다. 심상치 않은 분위기를 감지하고 한쪽으로 비켜서서 우두커니 지켜보던 손주에게 말했다.

“유진아! 오늘 할머니와 머리 깎으러 가기 전에 점심은 외식이다.”

라고 하며 아내의 눈치를 살폈다. 갑작스런 외식 제안이 손주가 오늘이 무슨 날이냐며 의아한 표정이었다. 오늘이 할머니 생일이기 때문에 축하하는 의미라고 덧붙였다. 그리고 아내에겐 오후에 손주의 머리를 깎고 집에 돌아오면서 아이스크림 케이크를 하나

사 오라고 당부했다. 서운해 배배 꼬였던 맘이 풀리지 않았음의 방증일까. 뭐 하러 사 오느냐고 떨떠름한 표정으로 시큰둥하게 되받았다. 물러서면 수렁으로 빠질 위험한 상황이었다. 그래서 서둘러 한 마디 덧붙이며 못을 박았다. "내가 이 더운 날 멀리 떨어진 아이스크림 가게까지 걸어가서 땀 흘리며 사와야 하겠느냐?"고. 이를 이치적으로 따지자면 마치 방귀 뀐 놈이 성내는 격이리라. 그러고도 케이크를 사 올 것이라는 확신이 서지 않아 손주에게도 머리를 깎고 돌아올 때 아이스크림 케이크 사 오는 것 꼭 챙기라고 또 일렀다.

명색이 아내의 생일 축하 자리임에도 불구하고 손주가 선호하는 갈빗집으로 정했다. 오늘의 주인공은 아내가 분명하지만 가장 흡족했던 쪽은 나였다. 흔히들 원님 덕분에 나팔 분다고 한다. 아내의 생일을 빙자하여 인심 쓰는 척했다. 그러면서 실속을 챙기며 함포고복을 은근슬쩍 탐닉한 쪽은 나라는 사실이 겸연쩍었다. 저녁엔 셋이서 함께 아이스크림 케이크에 촛불을 켜놓고 생일 축하를 부르기도 했다. 또한 긴 가닥의 국수처럼 오래오래 생을 누리며 건강하게 살라는 뜻을 담아 짜장면을 시켜 먹었다.

여태까지 살면서 크게 흠이나 책잡힐 구석이 별로 없었다. 그런데 잊지 말아야 할 특별한 날이 되면 마법에 걸려 깡그리 망각하는 버릇은 어떤 이유로도 용납될 수 없다. 내년이면 아내도 고희에 이른다. 돌이켜보면 젊은 날 힘겨운 병마와 드잡이를 하며 애간장을 태우던 아픔을 딛고 일어서서 이제까지 둥지를 지켜준 아내가 한없이 든든하고 고맙다. 이에 대한 보답의 길을 생각한다. 아니 최소한의 도리와 믿음을 여투는 길 말이다. 거창한 이상이나 꿈보다는 마음이 흡족하면 족하리라. 어떤 경우를 막론하고 실망시키지 않는 게 그 첩경일 것이다. 그런데 그게 생각처럼 쉽지 않다.

지난 사십여 년 동안 함께 가정을 꾸리고 동행하면서 버팀목이었던 아내에 대하여 상대적으로 편함이 원인이었던가 보다. 그 때문에 쉽게 여기는 마음이 쌓이며 그르쳤을 게다. 세상에서 가장 살뜰하게 대해야 함에도 불구하고 현실은 찰떡 근원에 이르지 못해 괴리가 발생했던가 보다. 게다가 간단치 않은 삶에 시달리면서 닭띠인 나와 소띠인 아내 사이에 언제부터인가 소 닭 보듯이 라는 말을 떠올릴 정도로 뜨악한 틈새가 발생하지 않았을까. 그로 인해 생긴 간극을 슬기롭게 메꾸지 못했을 게다. 그렇게 얽히고설킨 매듭을 자연스럽게 풀고 부지불식간에 쌓인 세월의 앙금을 녹이기 위해 공개적으로 반성문을 쓰라면 이런 내용을 꼭 담고 싶다.

우선 상투적인 모습으로 비칠지라도 "꼭 챙겨야 할 기념일을 절대로 깜빡 잊는 불상사를 되풀이하지 않겠다는 다짐을 또다시 하고 싶다. 아울러 어떤 경우를 막론하고 아내 쪽으로 한 발 가까이 다가가서 손을 잡은 채 아름다운 황혼의 길을 동행하고 싶다"고 말이다. 올곧은 삶을 위해 지극히 당연하고 평범한 도리의 일부가 아니던가. 그런데도 나잇값도 못 하고 이런 따위를 반성을 위한 고백이랍시고 주워섬기며 주억거리는 얼뜨기 같은 꼴이 어떻게 비칠지 아무래도 쑥스럽고 엄청 민망하다.

2017년 6월 17일 토요일(음력 5월 23일)

홋카이도와 H 박사

홋카이도(ほっかいどう)를 다녀왔다. 바깥나들이 여정에서 일정이나 항공 노선 조정 관계로 하루 이틀씩 일본 땅에 머물렀던 적이 몇 차례 있었다. 하지만 홋카이도는 미지의 땅이었다. 인천공항에서 기껏해야 3시간 안쪽이면 너끈하게 갈 수 있는 지척의 거리인데도 연이 닿지 않았었다. 일제 강점기 암울했던 시절 선조들이 강제 징용으로 그곳에 끌려가 지옥 같은 탄광에서 모진 목숨을 연명하며 채탄했던 곳이다. 이런 통한의 역사가 얼룩져있는 서러운 땅이라서 언젠가는 꼭 찾아보고 싶었었다. 서럽고 치욕적이었던 통한의 역사를 뺀다면 겨울에 눈이 엄청 많이 내리고 살인적인 추위에도 불구하고 동계올림픽이나 아시안 게임이 개최되었던 겨울 스포츠의 요람으로 알려진 삿포로(さっぽろ)가 떠오르는 게 고작이었다.

인천공항을 출발한(8시 40분) 항공기가 눈 깜짝할 사이에 홋카

이도 신치토세국제공항(しんちとせくうこう：新千歲空港)에 도착(11시 20분)했다. 생각보다 공항의 규모가 작고 초라해 국내선 공항을 연상시키는 차분한 분위기였다. 입국 수속을 마치고 관광버스로 공항을 벗어나 삿포로 시내에 이를 때까지 끝없이 펼쳐진 울창한 숲과 맑은 공기에 압도되었다. 가이드에 따르면 물 또한 맑단다. 이 같은 특징은 첫발을 내딛는 순간부터 여행을 마칠 때까지 한결같았다는 맥락에서 감히 '삼청(三淸)의 섬'이라고 명명해도 부족함이 없겠다. 우선 산청(山淸)이다. 어디를 가도 울울창창한 수목이 뒤덮여 있기 때문에 이르는 얘기이다. 다음으로 수청(水淸)이다. 물이 맑고 깨끗할 뿐만 아니라 어디에서도 마음 놓고 생수를 마셔도 탈이 없음을 이른다. 가이드에 따르면 호텔 객실에서 생수가 없을 경우 화장실 물을 받아 마셔도 무방하다고 했다. 마지막으로 기청(氣淸)이다. 청정한 자연환경으로 사시사철 공기가 맑음을 뜻한다.

일자리에서 물러난 지 어언 일곱 해째이다. 흔히들 백세인생이라고 한다. 그렇지만 막상 퇴직 후에 마땅한 일자리나 소일거리를 꿰차기는 하늘의 별 따기이다. 그런 핑계를 앞세우고 매일 오전 몇 시간 동안 등산을 하고 오후엔 책을 읽거나 글쓰기 또는 지인들과 만남 따위를 하면서 집지킴이 노릇을 하고 있다. 따라서 영락없는 아낙군수 꼴로 눈치 없이 하루 세끼를 꼬박 챙겨 먹는 삼식(三食)이로서 밥쇠이기도 하다. 이런 꽉 막힌 답답한 꼴을 꿰뚫고 콧바람이라도 쐬면서 잠시라도 심신을 추스르며 힐링(healing)을 하라는 각별한 마음 씀씀이 이리라.

지난 4월이었을 게다. 올해 초에 발간한 책 '은발 할아버지의 손주 양육기'를 지인들에게 보내고 나서 B대학 교수인 제자 H 박사가 전화를 했다. 지난 얘기를 주고받다가 말했다. 자기가 주관하는 학회가 이번 여름에 일본의 홋카이도에서 국제 논문발표대회(ICCT 2017 : 7th International on Convergence Technology)를 개최한다며 함께 다녀오자고 제안했다. 그러면서 모든 준비는 자신이 알아서 할 터이니 시간만 비워 두라고 했다. 폐를 끼치는 게 편편치 않고 썩 내키지 않아 망설여졌다. 그런 부담 때문이었을까. 그 약속을 까마득하게 잊고 지내던 어느 날 항공권 예약에 필요하다며 여권 사본을 전송하라는 독촉에 엉거주춤한 마음으로 따랐었다.

온전히 H 박사의 강권으로 성사된 나들이였다. 출발하는 날 아침 6시부터 수속하는 관계로 하루 전날 인천공항 부근에서 하룻밤 유숙토록 숙박예약, 왕복항공료, 일본 체재비 따위를 몽땅 H 박사가 부담했다. 일본에 도착해 둘이 만난 자리에서 기본적인 경비를 건네려 했었다. 하지만 되레 손주 선물비라며 일화(日貨) 3만 엔을 꼭 쥐어 주었다. 그러면서 불편한 점이 있으면 언제든 얘기해 달래서 유구무언으로 만들었다. 실은 그것만이 아니었다. 이번 나들잇길을 나서며 또 다른 제자인 J 박사도 동행토록 아귀를 맞췄던가 보다. J 박사가 동행하여 처음부터 끝까지 세세히 보살펴 주었다. 아직은 나 혼자 거동하는데 아무런 불편이 없다. 그럼에도 세심한 배려에 되레 기분이 좋음은 왜일까. 제자라고 하지만 J 박사도 세 해쯤 뒤엔 대학에서 정년퇴임을 할 처지이기에 한편으로는 몹시 민망했다.

여행 일정 중에 하루(7월 6일)는 논문발표 때문에 발표장이 있는 호텔(Chateraise Gateaux Kingdom Sapporo Hotel) 문밖을 한 발짝도 나서지 않았다. 물론 내가 논문을 발표하거나 토론에 직접 참여하는 것은 아니었다. 하지만 수많은 발표자, 호텔과 맞닿아 자리한 조정 경기장, 호텔 내의 어린이 놀이시설과 야외 온천, 주위의 교외 풍경 따위를 구경하며 쉬는 것만으로도 충분히 눈요기가 되었다.

주마간산 격일지라도 이번 여정에서 여러 곳을 구경했다. 먼저 오타루(おたる)의 운하와 오타루 증기(蒸氣) 시계탑을 위시해서 오타루(おたる) 오르골당(オルコ__ル堂) 등을 둘러 봤다. 다음으로 삿포로 시내에서 시계탑과 오도리 공원(大通公園)을 비롯해서 홋카이도 도청 청사와 방송탑 등을 둘러봤다. 끝으로 여기저기로 옮겨 다니며 민속촌(登別伊達時代村)과 소화화산(昭和新山), 토야호(とうやこ : 洞爺湖)와 사이로(サイロ) 전망디 그리고 욱산기념공원(旭山記念公園)의 전망광장(展望廣場) 등을 유람했다. 결국 이곳의 명승지를 얼렁뚱땅 돌아본 셈이다. 관광이라는 관점으로 평한다면 매우 부실할지 모른다. 하지만 이번 나들잇길에 숨겨진 제자들의 마음을 생각한다면 그 어떤 여행보다 각별한 의미가 있으며 행복한 여정이었다.

세속적인 관점에서 덧셈과 뺄셈이다. 현직에서 물러선 지 오래되어 어느 구석에도 쓸모가 없는 노인이다. 따라서 어떤 경우에도 제자들에게 힘을 보태주거나 버팀목이 될 형편이 아니다. 그런 까닭에서 나를 각별히 챙기는 H 박사에게 송구하다. 돌이켜 보면 이번이 세 번째이다. 그 첫 번째는 2009년 자신이 학회 회장으로서 논문 발표대회를 제주도에서 개최하면서 항공권을 비롯해 숙박비를 위시한 모든 경비를 부담하며 초대해 주었다. 두 번째는 지난 2012년에도 중국의 청도(青島)에서 국제 논문 발표대회를 주관하면서 나와 아내가 동반 해외여행을 하도록 모든 경비를 몽땅 부담해 주었다. 그리고 이번 나들이가 세 번째이다. 따라서 그동안 신세 졌던 부담을 비롯해 천금을 주고도 살 수 없는 정은 갚을 길이 없어 영원한 빚으로 남을 게 분명하다.

귀국하던 날 숙박했던 호텔을 나서면서 가이드의 재치가 번뜩이는 멘트였다. 나들이를 마치고 귀국길에 반드시 챙겨야 할 세 가지가 여권, 지갑, 휴대폰이라며 다시 살펴보라며 주의를 환기시켰다. 아울러 현지에 남기고 가야 할 세 가지가 발자국(흔적), 정, 추억이라는 얘기였다. 귓등으로 흘리면서 이번 나들이에 대해 찬찬히 되새긴 때문이었을 게다. 귀국하는 항공기를 탑승하고 비행하던 두 시간 남짓한 동안(11시 40분~2시 20분) 제자에게 나는 어떤 존재일까 곰곰이 생각해 봤다. 어느 모로 따지고 어림해도 뭔가 내세울 구석이 당최 없었다. 그런 터수에 과한 대접이 몹시 면구스럽지만 한편으로는 한없이 아름다운 마음이 미쁘고 고맙고 뿌듯했다.

시와 늪, 2017년 가을호, 통권37호, 2017년 10월 22일
(2017년 7월 10일 월요일)

여창에 투영된 홋카이도의 편린

홋카이도(ほっかいどう) 신치토세공항(しんちとせくうこう：新千歲空港)은 국제선보다 국내선 시설 규모가 훨씬 크다. 이는 국내선 승객이 상대적으로 많다는 방증이다. 극한 지역을 방불케 하지만 겨울엔 스키 등의 동계 스포츠 마니아들이, 여름엔 일본 남쪽 지방에서 피서객들이 시원한 곳을 찾아 몰려오기 때문이란다. 이런 관점에서 물 맑은 수청(水淸), 산야가 울울창창한 숲으로 덮여 산청(山淸), 사시사철 맑고 청정한 공기로 기청(氣淸) 등을 바탕으로 관광산업의 기반이 튼실한 천혜의 섬쯤으로 치부해도 무리가 없어 보였다.

이 땅엔 일제 강점기에 징용으로 끌려왔던 우리 선조들이 짐승 취급을 당하며 노예처럼 온갖 고초를 겪었다. 그러다가 숱하게 목숨을 잃기도 했던 통한의 역사가 새겨져 있다. 서럽고 어두웠던 과거사를 두루뭉술하게 넘기기로 작심했었던가. 이즈음 인천과 홋카이도를 오가는 우리의 국적기나 일본 항공기에는 여행객으로 넘쳐나고 있다. 여기에다 김해국제공항을 통해 오가는 경우를 더한다면 입이 절로 벌어진다. 이 때문에 유명 관광지나 대형 음식점 역시 샘이 날 정도로 옹골찬 호황을 누리고 있었다. 물론 이 지역으로만 여행객이 몰리는 것이 아니다. 인천공항에서 줄줄이 떼를 지어 나라 밖으로 떠나려고 분주히 종종대는 무리를 보면 정신이 혼미해질 지경이다.

입국 수속을 하는 과정에서 특이사항에 눈길을 뗄 수 없었다. 먼저 모든 외국인은 두 손의 검지 지문과 양쪽 눈의 홍채(iris) 정보를 등록토록 했다. 이 과정을 아르바이트 노인들이 담당했다. 노란 조끼를 입어 공무원들과 확연히 구별되었다. 그들은 지문이나 홍채 정보 등록을 비롯해서 입국신고서와 세관신고서 작성 방법, 줄서기 따위의 보조업무를 능숙하게 처리했다. 장수 시대에 노인 일자리를 정부에서 마련한 예로서 우리도 고려해 볼 만한 돋보이는 책략으로 여겨졌다. 한편, 여행 중에 호텔이나 관광지에서도 유사한 형태의 노인 일자리 흔적이 눈에 띄었다.

겨울 날씨는 혹한일지라도 맑은 공기와 풍부한 물 그리고 비옥한 화산재가 두껍게 쌓인 농토가 있고 여름의 기온이 작물 생육에 적합하다는 얘기였다. 이런 때문에 예로부터 농업과 낙농업이 발달했고 평지와 선선한 기후로 바이클(vehicle) 마니아들의 성지란다. 하지만 겨울에 무지막지하게 내리는 눈의 피해를 막기 위해 위험한 구석구석을 샅샅이 뒤져서 눈 커튼(눈 피해 방재 설비)을 만들어야 하는 특이한 지방이다. 아울러 무진장한 온천수를 활용하여 도로 바닥에 열선을 깔아 삼동에 길바닥의 결빙을 방지하는 동토이기도 하다.

위도(緯度) 차이 때문일까. 새벽 3시 반을 지나면 완전히 날이 새고, 4시 조금 지나면 햇볕이 보이기 시작했다. 도착 첫날 커튼을 열어 놓고 자다가 동창이 밝아 잠자리에서 일어나 샤워를 하고 보니 새벽 4시라서 떨떠름했다. 같은 맥락 이리라. 드넓은 밭에 감자꽃이 이제 막 피기 시작했고, 밀보리가 겨우 누릇누릇 익어가며, 아카시아꽃이 끝물에 다다른 점이나 밤꽃이 한창 피어나는 꼴이 분명 우리의 계절보다 한 박자 늦었다.

내 앎이 얇고 시야가 좁아 어리석은 단견일 게다. 일본을 방문할 때마다 느끼는 몇 가지 소회이다. 일본의 국부(國富)는 우리를 훨씬 능가한다. 그런데 개인의 삶은 어쭙잖게도 우리가 풍족한 모양새이다. 개인이 지니고 사는 집의 규모나 승용차의 크기를 통해 견줄 수 있는 대목이 아닐까 싶다. 한편, 우리는 사회의 각 부문에서 다양한 다툼이나 첨예한 대립으로 시끄러운 파열음을 내며 굴러가고 있다. 이에 비해서 일본의 경우는 암묵적으로 공인된 틀이나 규범이 정해지면 이변이 없는 한 그를 준수하는 게 보편적인 통념이 아닐까. 그러다가 정해진 틀이나 범위를 벗어날 때는 가차없이 집단 따돌림(いじめ) 시키는 흐름이 묵시적인 합의라고 여겨진다. 단체 여행이나 모임에 나타나는 깃발 문화를 위시하여 옷이나 행동 또는 관습 따위에서 남들과 판이하게 튀는 경우가 거의 없음이 예이다. 아울러 일본의 주택 모양이나 색채 따위가 비슷하다는 점이 그를 뒷받침하는 또 다른 징표가 아닐까.

홋카이도의 원주민은 아이누(ainu)족이었다고 한다. 그런데 오래전 일본 남부 본토 사람들이 섬으로 몰려오면서 그들을 모질게 노예처럼 대접했던 몹쓸 역사가 있었나 보다. 그런 시련을 겪으며 점점 설 자리를 잃었던 때문에 지금은 순수혈통의 아이누를 찾기 어렵다고 한다. 지금은 북해도에 겨우 2만 명 남짓한 아이누가 거주하는 정도인가보다. 이 얘기를 들으면서 미국의 개척 초기부터 끊임없는 핍박을 받으며 소수집단으로 전락해 험준한 산속으로 쫓겨났던 인디언의 슬픈 역사가 어렴풋이 떠올랐다.

여정에서 발길이 닿았던 곳이다. 먼저 오타루(おたる)에서 운하, 창고, 오타루 증기 시계탑, 오타루 오르골 당(おたる オルゴール堂)이 기억에 남았다. 그리고 삿포로(さっぽろ) 시내 일원을 돌며 마주했던 시계탑과 오도리 공원을 위시해서 홋카이도 도청 청사와 방송탑이 인상적이었다. 한편, 이곳저곳에서 조우했던 민속촌(登別伊達時代村), 화산(昭和新山), 토야호(とうやこ : 洞爺湖), 사이로(サイロ) 전망대, 욱산기념공원(旭山記念公園)의 전망광장 등을 건성건성 주마간산 격으로 돌아봤다.

관광지나 명소를 둘러보며 각별하게 느꼈던 조각들이다. 첫째로 언덕의 도시라고 일컬어지며 인구 12만 명 남짓한 소도시인 오타루(おたる)의 관광 거리를 걸으며 마주했던 오타루 증기(蒸氣) 시계탑은 세계의 최고라고 했다. 그런데 매시간 마다 시계탑 상공으로 증기를 뿜으며 소리를 내는 게 무척 인상적이었다. 둘째로 홋카이도의 도청 소재지인 삿포로는 시내 전체를 바둑판처럼 나누어 개발한 점은 특이 했다. 그리고 방화(防火)를 염두에 두고 시내를 남북으로 가르기 위해 동서로 길게 조성한 오도리(おおどおり) 공원이 눈길을 끌었다. 아울러 해거름 무렵에 방송

탑 1층에 자리한 맥주 시음장에서 시원한 삿포로 생맥주 클래식 한 잔(650￥)으로 목을 축이는 여유로움은 나그네의 여독을 풀기에 안성맞춤이었다. 셋째로 민속촌(登別伊達時代村) 야외무대에서 닌자(忍者) 공연이나 닌자(忍者)의 집은 어린이들이 봤으면 싶었다. 넷째로 토야호(とうやこ：洞爺湖)를 높은 언덕에서 조망하는 사이로(サイロ) 전망대에서 판매하는 요구르트(250￥)의 맛은 긴 여운으로 남았다. 다섯째로 욱산기념공원(旭山記念公園)의 전망광장에서 삿포로의 야경 감상은 인상적이었다. 하지만 불법 헌혈을 막무가내로 강요하는 모기떼의 끈질긴 구애 때문에 서둘러 발길을 돌렸던 게 끝내 아쉬웠다.

집을 나서려 할 때 손주가 주문했다. 일본 라면과 곤약 젤리를 비롯해 초콜릿 등의 주전부리를 사다 달랬다. 아내는 늘 그렇듯이 껌 한 통 사다 달라는 부탁이 없었다. 손주가 얘기한 선물을 꼼꼼하게 챙겼다. '라면 3개, 곤약 젤리 6봉지, 아주 작은 갑으로 포장된 초콜릿 6갑'이 구입한 적바림 명세이다. 구매액이 적은 때문이었을까. 멋진 비닐 쇼핑백이 아닌 허접한 종이봉투에 대충대충 담아줬다. 달랑달랑 들고 집까지 오는데 봉투가 터질까 봐 신경이 씌어 혼났다. 한편, 이전의 다른 바깥나들이처럼 나나 아내를 위해서는 단 한 푼도 쓰지 않음으로써 궁상스러운 좀팽이 버릇을 버리지 못했다.

문학공간, 2017년 10월호(통권 335호), 2017년 10월 1일
(2017년 7월 11일 화요일)

주남저수지와 연꽃 밭

주남저수지가 흐드러진 연꽃 밭으로 변해 무척 혼란스러웠다. 철새도래지의 여름 민낯을 보려고 찾은 길이었다. 지난 일요일(7월 16일) 경향 각지에서 모인 글벗들에게 주남의 진면목을 보여줄 요량으로 나선 여정에 얹혀 따라갔었다. 한데, 웬 황당한 조화였을까. 원래 물이 출렁대던 여느 때의 모습과 철새들은 오간 데 없고 흐드러지게 핀 연꽃과 수초(水草)가 무척 생소했었다. 마치 도깨비에 홀린 것 같기도 하고 한편으로는 믿기지 않고 허탈했다. 이런 연유에서 주남저수지의 민낯을 친견하지 못한 경우라면, 이 글을 와유(臥遊)[29)]의 심정으로 대하더라도 나름의 의미를 부여할 수 있지 않을까.

---

29) 와유(臥遊) : 누워서 유람한다는 의미로 집에서 명승고적을 그린 그림을 보며 즐기는 것을 일컫는다. 이는 중국 송나라 화가 종병(宗炳 : 375~433)이 늙고 병이 들어 멀고 험한 여정의 나들이가 불가능해지자 젊은 시절 전국의 명산을 유랑하면서 봤던 산수를 벽에 그려놓고 누워서 명승고적의 정경을 즐겼다는 데서 유래한다.

신기했다. 다른 계절에는 만수위에 가까운 상태가 대부분이었다. 갈수기에도 가운데 부분의 수면은 아름다웠으며 가장자리만 앙상하게 마른 수초가 드러났었다. 그럴지라도 저수지 본연의 모습을 통째로 잃었던 적이 없었다. 그런데 이번에는 수면이 온새미로 드러난 곳이 한 군데도 없었다. 따라서 너른 수면 위에 끝없이 펼쳐진 연꽃 밭과 그 사이사이 이름 모를 수초가 무성하게 웃자라 언뜻 살피면 영락없이 잡초가 무성해진 들판이나 늪을 빼닮았다. 다만 연꽃이 물속에 뿌리내린다는 사실을 상기할 때 이곳은 물이 마르지 않을 정도의 늪이 아닐까 하는 착각을 불러일으키게 했다. 왜냐하면 수심이 깊은 물 속에 연꽃이나 수초가 무성하게 번식하기 어렵기 때문이다.

여름 철새들은 안녕할까. 대부분 연꽃 밭으로 변하고 남은 일부에는 크고 작은 수초로 가득 메워진 변화에 눈이 휘둥그레지면서 자연스럽게 철새들의 안위가 궁금했다. 이리저리 장소를 옮겨가면 둑 위에 설치된 망원경을 뚫어지라 들여다봐도 무성한 연잎이나 다양한 수초 사이로 숨어들었는지 단 한 마리도 찾을 수 없어 애가 탔다. 이전에는 저수지 가운데 떡 버티고 서있는 드세 그루의 왕 버드나무 가지에 띄엄띄엄 앉아있는 가마우지를 비롯한 다양한 새들의 흔적과 조우할 수 있었다. 더운 날씨로 더 이상 철새 탐색을 포기했다. 그 대신 무성한 연잎으로 만들어진 그늘에서 시원한 여름을 나기를 빌어볼 뿐이다. 어쩌면 무지막지하게 변한 환경에 예와 다름없는 평화를 바라는 것은 낯선 위성에 불시착한 상황에서 무사하기를 바라는 것과 흡사하지 않을까 싶어 낭패감을 떨치기 어려웠다.

착잡한 심정에 연유했을까 아니면 꽃에 취한 때문이었을까. 이따금 일렁이는 바람결에 수많은 연꽃의 화려한 군무가 펼쳐지는데 그것이 철새의 군무 같다는 생각에 빠지게 했다. 또한 그 모습은 먹잇감을 찾기 위해 자맥질하며 먹이활동을 하거나 푸드덕푸드덕 힘차게 비상하려는 날갯짓 준비 활동으로 연상되었다. 하지만 안타깝게도 수면 위를 유영하는 모습이 아님을 물론이고 날지 못한다는 사실 때문에 상상이 산산이 부서졌다.

수면 어디에도 물의 맨살이 드러나지 않은 연유는 무얼까. 그 원인의 유추이다. 주위의 농경지를 경작하는 과정이나 무분별한 토목건축 과정에서 발생한 토사가 장마철에 무더기로 저수지에 흘러들어 쌓였거나, 올해 극심한 가뭄으로 거의 바닥을 드러내면서 연꽃이나 수초가 폭발적으로 증식된 때문일 게다. 자라 보고 놀란 가슴 솥뚜껑 보고도 놀란다 했던가. 이렇게 대책 없이 물이 줄어든다면 아예 늪으로 변하는 것은 아닌지 하는 엉뚱한 생각에 잠겼다가 어이가 없어 절레절레 고개를 저었다.

온 나라의 구석구석이 하루가 다르게 변하는 세상이다. 그럼에도 주남저수지 주변만 독야청청 옛 모습 그대로이길 바람은 무리이며 터무니없는 욕심이리라. 그런 연유를 감안해도 철새 도래지의 환경을 보호한다는 당국의 큰소리와 다르게 주위에는 공장이나 카페와 음식점 시설을 비롯해 다양한 건축물이 해를 거듭할수록 늘어나고 있다. 하기야 개인의 재산권을 제한하기 어렵고 주위 농민의 경작을 함부로 통제할 수 없는 노릇이다. 이러한 현실적인 난제에 대해 서산의 천수만이나 여수의 철새도래지에서 어떻게 대처하는지 벤치마킹한다면 솔로몬의 해법을 찾아낼 수 있지 않을까.

찾아갈 때마다 눈에 거슬리는 흠결이다. 저수지와 맞닿은 위치의 높고 낮은 땅에 지은 울긋불긋한 건물의 모습은 하늘을 나는 새들이 내려다본다면 마귀 소굴 같아 공포의 대상으로 투영되지 않을까. 일부 보상을 한다든지 다른 공공 부지와 맞바꾸는 조정을 통해 건축이나 토목공사를 최대한 줄임으로써 환경 파괴를 막을 묘책의 도입이 절실해 보였다.

당국의 사려가 아쉬운 대목들이다. 저수지의 코앞에 번듯하게 지은 람사르(Ramsar) 문화관이나 생태학습관은 애당초부터 멀찍이 뚝 떨어진 들머리의 외 돌아진 곳을 찾아 터를 잡고 태어났어야 했다. 또한 둑 위에 괴물처럼 우뚝하게 지은 2층의 탐조대 건물은 친환경적으로 개조하던가 아니면 구차스런 핑계 대지 말고 곧바로 철거하는 게 바른 대응으로 여겨지는 흉물이다. 아울러 저수지의 둑 밑을 따라 개설된 자동차도로가 꼭 필요하고 대체 도로 개설이 불가능하다면 둑과 같은 높이의 인공 터널로 만들어 철새들을 보호하는 게 아귀에 맞다. 기본적인 경비 문제가 따를지라도 철새도래지를 장기적인 안목에서 관리한다는 견지에서 고민해 볼 가치가 충분한 화두이다.

모든 일은 시종일관 변함이 없어야 한다고 말한다. 유감스럽지만 당국에서 주남저수지의 관리는 그렇지 못했다. 그 예는 둑을 따라 걸으며 숱하게 많이 만났다. 둑 위에 군데군데 코스모스나 둑 아래 길 양쪽에 심은 각종 꽃이나 수목들보다 잡초가 더 무성하거나 시들어 볼썽사납게 널브러져 있었다. 그 꼴은 쫄딱 망해 줄행랑친 폐가의 앞마당에 제멋대로 웃자란 쑥대밭을 연상케 했다. 여기에 취로사업에서라도 특별히 배려해 띄엄띄엄 잡초를 뽑거나 거름을 주고 관리했다면 이 지경은 면했으리라. 이리 대응했다면 절손된 묵뫼 꼬락서니의 참혹한 모양새는 면했을 터이다. 이는 결코 오지랖이 넓어 쓰잘머리 없이 구시렁거리는 넋두리가 아니다.

어디선가 창원의 관광산업을 발전시켜 관광수입을 극대화 시키겠다는 낯선 기사를 봤었다. 여태까지처럼 외지인들이 군항제를 둘러보고 당일로 돌아가는 식의 관광정책으로는 턱없는 욕심이며 어리석은 대응이다. 새로운 관광시대를 열기 위해서는 지역 내의 우월적 관광자원을 더욱 다듬고 가꾸어 유기적인 통합 패키지 상품으로 엮어야 한다. 그렇게 만들어 최소한 하루 이상 숙박을 하는 관광 상품 개발이 필연적인 선결충족조건이다. 예를 들면 군항제, 각종 문학관, 성산패총, 돝섬과 로봇 랜드, 문신 미술관, 저도 연육교인 콰이강의 다리와 둘레길, 국립3·15민주묘지, 이원수문학관, 주남저수지 따위의 관광자원을 유기적으로 연계시켜 패키지로 묶어 관광객을 유치하는 정책을 말한다.

이런 조건이 선결된다면 창원의 관광은 진일보하여 황금알을 낳는 효자로 거듭 태어날 가능성이 높다. 하지만 지금처럼 자원을 수수방관한 채 나무에서 홍시가 입으로 떨어질 요행만을 바라는 식으로 대응하면 구두선에 지나지 않기 때문에 그 결과는 충분히 예측할 수 있지 않을까. 이같이 거시적인 맥락에서 주남저수지의 보존대책과 전향적인 관리방안을 도입다면 더 할 수 없이 좋으련만 과연 그리될 수 있을지 걱정이 앞선다.

한맥문학, 2017년 10월호(통권 325호), 2017년 9월 25일
(2017년 7월 18일 화요일)

내가 나를 교육하는 문학수업

동도들과 여는 문학 강좌가 일곱 달째 현재 진행형이다. 겉모양새로 보면 그중의 한 분야에서 내가 강사이고 문우들이 청강생이다. 하지만 숨겨진 속내를 속속들이 펼쳐보면 그 수업을 통해 내가 나를 가르친다는 표현이 합당하다. 동참하는 글동무들 사정이 여일치 않아도 매달 두 번 모인다. 모일 때마다 네 시간 남짓 머리를 맞대고 열성을 다하지만 결과를 속단할 수 없다. 그중에 두 시간쯤은 시 낭송을 이끄는 분이 따로 있고, 나머지 두 시간은 수필쓰기에 할애하여 내가 이끌고 있다.

지난 섣달이었다. 글밭지기 모임에서 배움 교실을 열어보자는 쪽으로 의견이 수렴되었다. 그 강좌의 수필쓰기를 맡아 달라는 제안을 두고 고민하다가 물고기가 미끼를 덥석 물어 낚아채듯이 넙죽 받아들였다. 꼴 같지 않게 무모한 객기 때문에 슬기롭게 대처하지 못한 채 되돌릴 수 없는 루비콘(rubicon)강을 건넌 셈이다.

수필에 대한 식견이라야 대학 시절 강의실에서 주워들었던 선떡부스러기 같은 설익은 상식을 비롯해서 글을 쓰고 싶어 좌충우돌하던 시절 전문서적 몇 권을 대충대충 읽었던 지식이 밑천의 전부였다. 이러한 사실을 온새미로 망각했었다. 책을 읽어도 이쪽저쪽 건너뛰며 소용이 닿는 부분만 골라서 개가 머루 먹듯이 훑어봤을 뿐이다. 때문에 중구난방의 단편적인 상식이 내 앎의 진솔한 모습이다. 그러므로 수필에 대한 이론적인 지식을 체계적으로 쌓은 문학도의 발뒤꿈치 따라가기도 어려운 형편이다. 이는 천년고도 경주를 주마간산 격으로 얼렁뚱땅 훑어보고 경주에 대해 달통했다고 말하는 천부당만부당한 그릇된 처신과 무엇이 다르랴.

되돌릴 수 없었다. 고희를 넘긴 주제에 말갈망 하나 제대로 못하는 채신머리없는 늙은이로 낙인찍히기는 싫었다. 부랴부랴 서둘러 인터넷을 통해 수필 전문서적을 몇 권 주문했다. 이전에 읽었던 것과 합하면 여덟 권 정도 되었다. 그들을 펴놓고 틈나는 대로 정독하며 주요 내용을 꼼꼼히 정리하여 컴퓨터에 갈무리했다. 정년퇴직 이후 이번처럼 몰두했던 적이 없다. 그 여덟 권의 내용을 빠짐없이 살피며 요점을 모두 워드작업을 했다. 실제로 지난 연말부터 시작한 공부가 올해 5월 말경에 얼추 마무리되었다. 솔직히 말해 그 이면에는 '구르는 돌에는 이끼가 끼지 않는다(A rolling stone gathers no moss)'는 속담을 떠올리기도 했다.

순수하게 학문적으로 접근하며 체계적으로 지식을 채워갈 여유가 있는 이들의 놀이터가 아니라는 데 문제가 있었다. 대학에서 강의라면 정석대로 기초적인 이론에서부터 실제 글쓰기에 이르기까지 단계적으로 접근했을 터이다. 하지만 매달 두 번 모이기 때문에 강의 시간이 턱없이 부족할뿐더러 학습 내용의 예습이나 복습을 할 처지가 아니었다. 따라서 짧은 강의 시간 내에 개념이나 원칙을 확실히 깨우치고 터득하도록 이끄는 것은 선결되어야 할 필요 충족조건이었다. 이런 상황을 극복할 방안이 과연 존재할까. 고민하다가 역지사지의 관점에서 되짚어봤다. 그 결과를 바탕으로 문제 해결 방안의 가닥을 이렇게 잡았다. 각각의 강의 주제에서 내가 수강자라면 가장 절실한 것이 무엇인가를 생각하면서 핵심(core)을 짚어주기로 했다. 그래서 강의 주제마다 근본적인 취지를 이해하고 받아들이도록 진행했다. 이렇게 접근함으로써 그동안 나 자신이 등한시했거나 외면했던 분야까지도 샅샅이 훑어보는 기회를 덤으로 얻었다.

딴에는 족집게같이 핵심을 짚는 강의를 겨냥했다. 그에 따라 다음과 같은 식으로 진행하여 교육의 효과를 최대한 높일 수 있도록 심혈을 기울였다.

백화점이나 큰 마트에서 과일이나 채소를 고를 때를 가정한다. 수많은 과일 중에서 먼저 눈에 띌 정도로 신선해 싱싱하고 모양이 좋은 것이나 향이 좋은 것을 고르게 마련이다. 다시 말하면 실제의 맛과 질과 관계없이 우선 시각이나 후각을 만족시키는 것을 고르게 마련이다. 수필에서 이와 유사한 역할을 하는 게 수필의 제목(題目)이다. 엇비슷한 제목의 수필이 헤아릴 수 없을 만큼 많은 현실이다. 이들 중에서 독자의 눈길을 끌면서 관심을 가지도록 역할을 하는 것이 제목이다. 따라서 제목이 식상하거나 상투적이면 독자들은 그 내용의 좋고 나쁨에 관계없이 다른 글로 관심이 옮겨간다. 이는 수필에서 제목의 중요성을 웅변한다.

서두(序頭)의 경우이다. 낯선 음식이나 반찬을 입에 넣거나 과일을 한 입 베어 물었을 때 처음 느끼는 맛이나 향이 자기의 취향과 영판 다르다면 망설이지 않고 다른 음식으로 옮겨가게 마련이다. 수필 서두의 첫 문장 역시 인상적이거나 강렬하게 메시지를 전하지 못하면 독자는 가차 없이 다른 작품으로 옮겨간다. 따라서 수필 서두의 첫 문장이 독자의 관심을 끌 수 있는지에 따라 성패를 가르는 분수령이다. 그러므로 서두의 첫 문장은 간결하면서도 독자에게 강력한 인상을 주며 깊이 빠져들게 하는 흡인력은 생명이다.

앞에서 얘기한 기본 원칙과 철학적 바탕을 토대로 강의를 진행했어도 그 결과를 정확하게 가늠할 잣대가 영 마땅치 않다. 게다가 지나치게 의욕만 앞세워 기대치를 높게 잡아 뜬구름을 잡고 해롱대면서 맥도 모르고 침통을 흔들었던 꼴이 아닌지 당최 혼란스럽다. 지난날 대학에서 강의는 그런대로 자신이 있었다. 그에 비해 지금은 날이 갈수록 오리무중의 늪에 빠져 애꿎게 천장만 치받는 기분이다. 왜냐하면 씨줄과 날줄로 촘촘하게 목표 설정을 못 한 때문인지 갈팡질팡하는 모습에 내가 되레 더 불안하다.

까칠한 성격 때문일 게다. 지난 몇 달 강의에 임하면서 고심을 거듭했다. 사회인으로서 장년에서 고희를 넘긴 동도들에게 가장 빠르고 합리적인 길과 방법이 무엇일까라는 점에 대해서 말이다. 이런 그룹에게 고리타분한 학문적 접근은 자폭의 지름길이다. 그런 위험을 비껴가기 위해 핵심을 짚어가며 초보적인 원리를 깨우치고 터득하는 쪽을 겨냥했다. 그런데도 그 효과를 정확하게 가름할 길이 없어 답답하다. 결국, 얄팍한 지식에도 불구하고 중뿔나게 의욕만 앞서 설치는 꼴로 비춰지지 않았을지 걱정이다. 그래도 겨냥하는 바를 위해 고민하며 노심초사했던 보상일까. 이번 강좌를 통해서 단계적으로 접근하며 꼼꼼하게 수필공부를 톡톡히 했다. 그러므로 따지고 보면 진정한 수혜자는 수강한 동도들이 아니라 나였음을 이실직고한다.

입때까지 강좌는 현재 진행형이다. 하지만 최근 강의 방향에 뚜렷한 변화가 있었다. 지난달까지는 수필쓰기 기초교육이었다. 한데, 이번 달부터는 실제 수필쓰기가 진행되고 있다. 늘 참여하는 사람은 열 명 내외지만 하나하나가 정성을 다하는 모양새가 미쁘고 듬직하다. 비록 당장 결과가 미미할지라도 일희일비하지 않을 작정이다. 누에가 정교한 고치를 짓는 것처럼 각자의 생각을 올곧게 풀어내 반듯한 작품으로 탄생시킬 날을 기대하며 오늘도 강의가 열리는 문학관을 향해 집을 나선다. 예로부터 뜻이 있는 곳에 길이 있고 지성이면 감천이라고 이르지 않던가.

2017년 7월 29일 토요일

우포늪과 가시연꽃

올해도 가시연꽃과 만남을 위해 우포늪(목포)을 찾았었다. 어렵사리 택일한 8월 하순인데 염장을 지르듯 온종일 게릴라성 폭우가 오락가락해 심란했다. 도대체 우포늪은 어떤 곳일까? 경상남도 창녕군 유어면 대대리, 세진리, 이방면 안리, 대합면 주매리 일원에 펼쳐져 넓디넓은 자연 늪이다. 한데, 여름의 우포는 그 민낯을 교묘하게 숨긴다. 무성한 수생식물 때문에 늪과 뭍의 구별이 무척 어렵다. 게으른 농사꾼이 팽개친 논에 웃자란 잡초와 벼가 뒤엉킨 모양새와 흡사해도 묘수가 없다.

낙동강 지류인 토평천 유역에 1억 4,000만 년 전 한반도가 생성될 시기에 생겼다는 얘기이다. 담수 면적은 2.3㎢이다. 가로 2.5㎞, 세로 1.6㎞로 국내 최대의 자연 늪지다. 1997년 생태계특별보호구역으로 지정되었다. 그리고 1998년에는 람사르협약(Ramsar convention)에 가입하여 국제습지조약 보존습지로 지정되었다.

또한 최근에는 우포 따오기 복원센터(창녕군 유어면 세진리의 옛 둔터마을)가 세워져 세간의 이목을 끌고 있다. 근세에 이르러 제방공사를 하여 가운데는 우포(牛浦 : 소벌), 동쪽의 사지포(沙地浦 : 모래벌), 서쪽의 목포(木浦 : 나무벌), 아래쪽의 낙동강 인접 지역에 자리한 쪽지벌 등 4개로 나누어졌다. 이들 중에서도 주로 목포에 가시연꽃이 자생한다.

우포에는 1997년을 기준으로 342종의 동식물이 서식한다. 식물 168종, 조류 62종, 어류 28종, 양서류 5종, 포유류 12종, 수서곤충 55종, 파충류 7종이다. 한편, 이 꽃은 어떤 특징을 지녔을까. 전체적으로 늪에 뿌리내린 식물은 부엽식물(浮葉植物), 정수식물(淨水植物), 부유식물(浮遊植物), 침수식물(沈水植物)로 갈래짓는다. 그런데 가시연꽃은 잎이 물에 떠서 사는 부엽식물이다. 아울러 식물의 씨앗이 이동하는 방법은 바람을 타고 이동, 사람이나 동물의 몸에 붙어서 이동, 물을 타고 이동, 꼬투리가 터져서 이동, 동물의 먹이가 되었다가 배설물로 나오는 이동 따위 중에 가시연꽃의 씨앗은 물을 타고 이동한다.

가시연꽃을 볼 때마다 신기로움보다는 섬뜩하고 무서운 가위가 눌려 움츠러든다. 왜냐하면 칙칙하게 짙은 녹색에다가 징그러울 만큼 큰 잎이 압도해 옴짝달싹 못 하고 잔뜩 겁에 질리게 한다. 게다가 예리할 것 같은 가시가 돋아난 잎과 꽃대는 마치 지옥에 이르는 가시밭길이 연상돼 공연히 켕긴다. 또한 무서운 도깨비나 무시무시한 귀신들이 바글바글 모여 살아 음습한 귀곡성이 난무하는 악마의 소굴이 아니련만 왜 부정적인 생각이 앞서는지 모르겠다. 게다가 설상가상으로 수면을 제멋대로 뒤덮은 투박하고 밉

상스런 잎의 모양과 섬뜩한 가시는 마귀를 연상시킨다. 그뿐이면 좋으련만 화려한 보랏빛 꽃은 순진한 영혼을 유인하는 바람잡이 같아 무조건 내치고 싶기도 하다. 특이한 모양새라도 어쩌면 연꽃 중에 백미이며 압권일지도 모르는 고고한 자태의 그가 삐딱하게 투영됨은 왜일까. 아마도 내 삶이 반듯하지 못해 뒤틀어진 마음의 눈이 혼탁해진 데서 연유할 게다.

가시연은 멸종위기 야생식물 2급으로 지정되었으며 우리나라, 일본, 중국, 인도, 타이완 지역에 분포한다. 잎의 지름은 대략 20~200cm 정도이다. 또 다른 이름으로 개연, 가시연, 가시련, 칠남성으로도 불린다. 그리고 못이나 늪에서 자생하는데 잎 표면은 주름지고 광택이 난다. 한편, 잎의 뒷면은 짙은 자주색이다. 또한 잎맥이 튀어나오고 짧은 줄이 있으며 양면 잎맥 위에는 가시가 있다. 해마다 7~8월 맑은 날 오전 11시경부터 오후 3시 사이쯤에 가시 돋친 꽃자루 끝에 한 개의 강렬한 자줏빛 꽃을 피운다. 비가 오거나 흐린 날은 꽃이 피지 않는다. 꽃이 지면서 겉에 가시가 있는 5~7cm의 둥근 열매가 맺는데 껍질은 검은색이다. 이 열매의 씨를 한방에서 감실(芡實)이라고 하여 지사제(止瀉劑)나 허리와 무릎의 통증 따위의 치료에 쓰인다. 아울러 잎은 감인엽(芡仁葉)이라고 하여 지혈제나 야뇨 병 치료에 쓰이고, 뿌리를 감인근(芡仁根)이라고 하며 식용으로 사용된다.

상상하기 어려울 정도로 크고 둥글며 험상궂게 보여 잔뜩 움츠러들 정도로 우락부락한 모양새를 한 큰 잎에다가 험한 가시가 널려있어 꽃도 그러리라는 상상을 하리라. 그러나 엄청난 크기의 잎에 비하면 작은 가시 망치를 연상시키는 꽃자루에 달랑 왜소한

한 송이 꽃을 피워 도저히 성에 차지 않아 한구석이 텅 빈 것 같다. 물론 예닐곱의 꽃자루가 한데 엉켜 숭어리 형태를 띠는 경우도 더러 보인다. 꽃의 색깔이 강렬한 보랏빛을 발산해 언뜻 보면 뭍의 엉겅퀴꽃이 연상되기도 한다.

어찌되었던 가시연은 불량스러운 외형과 강인한 인상에 비해 꽃은 아쉬움과 갈증을 불러일으켜 엄청 미진하고 청순하다. 이 같은 모양새를 제대로 꿰면서도 내년에 다시 찾으면 보다 완벽한 모습과 마주하리라는 미련을 버릴 수 없다. 그래서 매년 8월이면 몽유병 환자처럼 우포시조문학관 앞의 늪(목포)에 자생하는 그를 찾아 나선다. 하지만 해마다 똑같은 모양새가 성에 차지 않아 끌탕을 치며 가슴앓이를 하다가 멋쩍게 발길을 돌린다. 그런 내가 비정상인데도 고질병은 고쳐질 기미가 도통 없으니 어찌하면 좋을까!

한국수필, 2017년 12월호(vol. 274), 2017년 12월 1일
(2017년 8월 21일 월요일)

장수에 대한 욕심

무병하게 살고 싶은 욕심의 부추김 때문이었을 게다. 올여름 몇 달째 상황버섯을 달인 씁쌀한 물을 마셔댔다. 제법 씁싸름함에도 불구하고 끈질기게 마셔왔다. 여태까지 건강식품이나 강장제를 비롯해 민간요법에 따라 처방된 약재 따위를 야속할 정도로 외면했었다. 그런 까닭에 지인들이 선물로 주는 그런 부류들은 예외 없이 소용이 닿는 이웃에게 양도하려고 애를 썼다. 그것이 여일치 않을 경우 대부분 고스란히 폐기 처분했다. 그런 행동이 온당치 못하다는 생각에 께름칙하기도 했다. 그렇다고 당기지 않는 것을 억지로 꾸역꾸역 먹거나 마시고 싶지 않아 뾰족한 묘수가 수 없어 어쩔 도리가 없었다.

작년 이른 봄에 느닷없이 점령군처럼 찾아온 가벼운 뇌졸중 증세의 발현으로 병원에서 각종 검사를 받았다. 그 결과에 따라 옴짝달싹할 수 없는 구석으로 몰려 마침내 특단의 조치를 감수해야 하는 옹색한 처지로 몰렸다. 검사 결과를 바탕으로 전문의의 처방에 따라 매일 아침에 알약 3알(tablet)과 연질(軟質)의 약 1캡슐(capsule), 저녁에 알약 2알과 1캡슐을 복용하고 있다. 불행하게도 약의 복용은 시작은 있어도 끝은 없지 싶어 서글프고 황당하다. 이런 정황에 처하면서 자라 보고 놀란 가슴 솥뚜껑 보고 놀란다는 말처럼 얼떨떨한 상태에 빠져 지푸라기라도 잡아야 할 절박한 처지로 내몰렸다. 그렇게 벼랑 끝으로 몰려서 앞뒤 분별없이 상황버섯 달인 물을 무조건 벌컥벌컥 들이마셨지 싶다. 거기에는 밑져야 본전이라는 이상한 셈법의 단견도 포함되었으리라.

올해 2월 초순 무렵에 인천의 경인방송에 출연할 일이 있었다. 서둘러 인천에 달려가 라디오 방송 녹화를 마치고 해드림출판사를 방문했을 때였다. 그때 L 사장에 무언가 쇼핑백에 담긴 것을 건넸다. 사양하거나 내칠 계제가 아니라서 잠자코 받아들고 집에 돌아왔다. 백 속에 들어 있는 내용물이 궁금해 집에 도착하기 바쁘게 개봉하는 순간 당혹스러웠다. 지금까지 한 번도 가까이 접해본 경험이 없는 상황버섯이었다. 그것도 한두 개가 아니라 상당히 많은 양이라서 놀란 입이 다물어지지 않았다. 순간 이를 어찌해야 할까라는 걱정이 앞서 구시렁대는 모습을 보고 아내가 해결책을 제시했다. 기왕에 병원의 처방약을 장기적으로 복용하는 처지가 아닌가. 그런 터수에 암 예방에 좋다는 상황버섯을 달여 장기적으로 복용하는 것은 오그랑장사가 아니라는 주장이었다. 그러면서 자기가 달여 주겠다고 자청했다. 따지고 보면 딱히 건네줄 적임자를 찾기도 어려워 다소곳이 따르기로 작정했다.

잡다한 일상에 휘둘려 쫓기면서 상황버섯의 존재를 까마득하게 잊고 있었다. 그러다가 날씨가 더워지며 물을 많이 찾게 되면서 자연스럽게 상황버섯 쪽으로 생각이 미쳤다. 아마도 지난 6월 초부터 달여 마시기 시작했던 것 같다. 그런데 8월이 불과 대엿새 남았으니 어느덧 석 달을 꽉 채우려는 순간이다. 이제는 그 많던 버섯이 한 번 달일 정도의 양이 남아 있을 뿐이다. 처음 시작할 무렵엔 저 많은 걸 어떻게 다 달여 먹을 수 있을까 하는 걱정이 앞섰다. 그런데 쉼 없이 잇달아 달이고 또 달였더니 바닥을 드러내려 한다.

버섯을 달이는 방법은 언제나 똑같다. 처음 끓일 때는 버섯을 잘게 썰어 약탕기에 넣고 물을 2,000cc 정도 부어서 서너 시간을 달이면 절반 정도의 양으로 달여졌다. 그 물을 마셨다. 그리고 매번 첫물을 끓여 마신 뒤에 재탕과 3탕까지도 똑같은 방식으로 달여 음용수 대신 마셨다.

옛 어른들이 말했다. 약이란 3합(三合)이 맞아야 한다고. 이런 맥락이다. 약(버섯)을 마련해 준 L 사장의 곡진한 마음이 온새미로 담겼고, 약재(버섯)를 정성스레 씻고 잘게 썰어서 가장 적합한 상태로 달여 준 아내가 정성을 고스란히 쏟아부었고, 달인 물을 고마운 마음으로 행복하게 마신 내 마음이 오롯이 더해졌다. 이런 정성과 마음이 켜켜이 쌓인 찰떡궁합의 3합이다. 그런 까닭에 어떤 명약보다도 내게는 이로웠을 뿐 아니라 지친 심신을 힐링시켜 주었을 게 분명하다. 이런 이유에서 이제 겨우 한 번 더 달이면 바닥날 것이라는 사실이 못내 아쉽다.

요즘 내 삶의 끝이 어디쯤까지일까 하는 객쩍은 생각을 가끔 하다가 멋쩍어 머쓱해지는 때가 더러 있다. 흔히들 오늘날은 수명이 늘어났다면서 거침없이 백세인생을 들먹인다. 이런 세월에 누구라도 장수에 대한 막연한 보랏빛 꿈을 한 번쯤 머릿속에 그려보지 않았을까? 그러다가 요양병원에 줄줄이 누워 노인병과 치열한 드잡이를 하는 수많은 노년의 더덜이 없는 민낯이 겹쳐져 도리질을 하기도 하리라. 이처럼 상반된 현실을 직시하며 갈피를 잡지 못하고 허둥대다가 허공에 대고 길을 묻는다. 사람의 수명이 늘어난 대신에 몹쓸 병마는 대폭 줄어들고, 편안한 노년을 보장할 묘책이 진정 없을까라고 말이다. 그런 세상으로 바뀐다면 내남없이 온갖 약이나 좋은 식품을 골라 먹고 건강을 여투며 장수에 대해 야무진 꿈을 꿔도 아무런 짐이 되지 않기 때문에 삶이 한결 희망적이고 찰질 터인데.

2017년 8월 25길 금요일

벼랑 끝에 몰려 임플란트

임플란트(dental implant) 시술을 받았다. 차일피일 미루다 막다른 골목에 이르러 옴짝달싹할 수 없는 옹색한 처지로 몰려 내린 단안이었다. 원래는 지난해 봄에 엉망진창인 치아의 치료를 받으려 계획했었다. 치과에 진료 예약한 날짜를 며칠 앞두고 벼락 치듯이 가벼운 뇌졸중 증상이 나타났다. 뇌졸중 치료가 화급한 과제라서 후순위로 밀려났었다. 전혀 예측하지 못했던 돌발적인 증상이 나타나기 이전에 상악(上顎 : 위턱)우측 측절치(상악 우측 가 쪽 앞니), 상악 좌측 측절치(상악 좌측 가 쪽 앞니), 상악 좌측 제1소구치(첫째 작은 어금니), 하악(下顎 : 아래턱) 좌측 측절치(하악 좌측 가 쪽 어금니) 등 모두 4개를 발치(拔齒)했기 때문에 그 자리엔 고리 가의치(假義齒)를 끼어 흉한 모습을 대충 가리고 지냈다.

한동안 경황이 없어 잔뜩 의기소침해 뇌졸중에 매달려 허둥댔다. 다급한 불을 끄고 나서 안정을 되찾으면서 담당 의사에게 치과 치료 문제를 넌지시 던져봤다. 어려울 게 없다는 명쾌한 대답이었다. 현재 매일 복용하는 약 중에서 아스피린을 며칠(5일 정도) 중단하고 임플란트 시술을 받으라고 조언했다. 하지만 두려운 마음을 떨칠 수 없어 뭉그적대며 귓등으로 흘려보내면서 잔뜩 뜸을 들였다. 그러다가 순망치한(脣亡齒寒)의 화를 피하기 어려운 벼랑 끝으로 몰려 엿새 전부터 아스피린 복용을 중지했다. 그리고 오늘(9월 8일) 드디어 예약했던 치과병원을 찾아가서 1차적인 시술을 받았다. 오늘 받은 시술은 치아의 뿌리에 상응하는 구조체인 인공치근(fixture)을 심는 수술이었다. 그런데 내 치조골이 너무 연약해서 인공 뼈를 심어도 최소한 6개월을 기다려야 지대주(abutment)와 인공치아를 심는 2차 시술을 할 수 있단다. 이는 마치 시멘트 콘크리트를 타설하고 일정 기간 양생시켜서 단단해진 뒤에 다음 단계의 작업을 하는 원리와 흡사한 이치일 게다. 그런 까닭에 호불호를 막론하고 내년 3월 초까지는 불편하기 짝이 없는 고리 가의치와 동거를 해야 한다. 이 가의치를 끼우면 발음을 정확히 할 수 없을뿐더러 음식을 먹는데도 상당한 조심을 해야 하기 때문에 여간 고역이 아니다.

지난 8월 29일 치과를 방문하여 오늘 오전 10시에 1차 시술을 받기로 예약했다. 약속보다 조금 일찍 병원에 도착하여 상담을 마치고 소정의 병원비 일부(200만 원)를 지불하고 곧바로 수술실로 들어가서 준비를 마쳤다.[30)] 진료 절차에 따라 시술을 하던 중에 예

30) 2018년 4월 11일 최종적으로 시술을 끝내고 진료비 잔금 220만 원을 현금으로 지불했다. 그러므로 치료비는 현금으로 총 420만 원이 소요되었다. 한편, 내게 시술된 4개는 보증서 카드에 따르면 오스템 임플란트(OSSTEM implant) (LOT) FTP16ED18, FTP16JD9D, FTP16LD61, FTP17C228이었다.

기치 않은 돌발 변수가 발생했다. 이번에 치료 대상에 포함되지 않은 상악좌측제2소구치(둘째 작은 어금니)의 상당 부분이 썩어 구멍이 나 있었다. 그래서 신경치료와 구멍 난 곳을 메꾸는 치료가 추가되어 시술 시간이 턱없이 늘어났다. 부분 마취를 하고 인공치근을 심기 위해 절개를 하거나 나사못 박을 때 전동 드릴이 작동하며 윙윙대던 소리는 신경을 곤두서게 만들었다. 따지고 보면 당연한 기계음에 지나지 않는데도 불구하고 잔뜩 긴장되어 온몸이 연거푸 경직되었다. 띄엄띄엄 자리한 곳에 네 개의 인공치근을 심는 수술은 결코 간단해 보이지 않았다. 그 때문인지 10시 조금 전에 시작한 시술은 거의 한 시간 반을 훌쩍 넘기고 끝났다. 말은 이렇게 쉽게 하지만 시술을 하는 내내 기분은 엉망이었다.

시술을 마치고 항생제라며 엉덩이에 근육 주사를 맞았다. 그리고 인공치근을 심은 자리마다 거즈를 뭉쳐 입에 물리고 최소한 두 시간 이상 물고 있어야 지혈이 된다고 했다. 그렇게 입에 재갈을 물리고 부어올라 일그러진 입 주위를 가리라면서 마스크를 씌워주었다. 그리고 처방전을 쥐어주면서 약국에 가서 약을 지어 닷새 동안 지시대로 복용하라는 얘기였다. 또한 입이 부어오르는 것을 방지하기 위한 것이라며 작은 드라이아이스 팩을 두 개 주면서 집에 가서 수시로 입 주위에 대고 얼음찜질을 하라는 명령이었다. 그러면서 일주일쯤 뒤에 다시 병원을 찾아오라며 약속 날짜와 시간을 알려줬다. 오늘 시술은 특별하거나 커다란 위험성이 내포되지 않았을 것이다. 하지만 얼굴을 가려 놓은 상태에서 이가 빠진 네 군데에 마취 주사를 하고 이를 집게로 잡아 흔들거나 맨살을 절개하여 나사못과 흡사한 인공치근을 심는다는 사실이 괜스레 두렵고 불안했다. 게다가 시술 과정에서 수시로 작동하는 전동 드릴 소리는 얼을 뺄 정도로 오장육부를 뒤흔들어 놓았다. 의사의 입장에서는 상투적인 시술의 연속일터인데도 시종일관 긴장을 풀지 못해 정신이 혼미해져 휘청댔다.

집에 돌아오니 긴장이 풀렸기 때문인지 온몸에 힘이 빠지고 무기력해져 앉아 있을 기력도 없었다. 한 시간 가까이 죽은 듯이 누워 있었다. 게다가 마취가 풀리면서 입안 전체가 들썩거리는 것처럼 통증이 심하고 몸살 증상이 오후 내내 이어졌다. 그렇다고 끙끙 앓는 모습을 보인다면 가장으로서 체통의 문제라고 여겨져 마음속에 참을 인(忍) 자를 썼다가 지우기를 수없이 되풀이하면서 진득하게 참아냈다.

점심나절이 훌쩍 지나 저녁 새참 무렵에 이르니 점심을 걸렀기 때문인지 배가 무척 고팠다. 하지만 며칠 동안은 딱딱한 음식을 삼가라는 충고가 생각나 아무 음식이나 무턱대고 먹을 형편이 못 되었다. 아내가 시내에 나가 호박죽과 콩죽을 듬뿍 사 왔다. 그 죽을 먹었다기보다 입에 떠 넣고 꿀꺽꿀꺽 목구멍으로 욱여넣어 허기를 때웠다. 저녁 식사 역시 죽으로 해결했다. 한편, 병원에서 준 드라이아이스 팩을 곁에 두고 수시로 입 주위를 문지르고 처방약을 먹어도 간헐적인 통증은 잠자리 들기 직전까지 이어졌다. 하기야 멀쩡한 잇몸 속에 나사못 같은 이물질이 네 개가 박혔는데 어찌 예민한 신경의 거부 반응이 없을까. 게다가 이가 빠진 네 곳의 잇몸을 절개한 뒤에 인공치근을 심고 나서 꿰맨 자리에 남아 있는 까만 수술실 때문에 입안이 흉측하게 보였다. 그뿐 아니라 혀를 움직일 때마다 느껴지는 이물감이 마뜩잖았다. 하지만 다음 주일 금요일 실밥을 뺄 때까지는 눈을 질끈 감고 모르는 체 견디다 보면 미립이 트일 것이다[31].

어린 시절부터 특별히 치아가 말썽을 일으켰다거나 험하고 딱딱한 음식을 함부로 먹었던 적이 별로 없다. 그럼에도 세월이 지나면서 노화 현상이 가장 앞서 나타난 부위가 바로 치아이다. 현재 임플란트를 시술 중인 이를 포함하여 모두 24개의 이가 남아 있다. 이 중에서 9개는 임플란트, 의치, 썩어서 발치할 대상 따위이기 때문에 정상적인 이는 불과 14개로 볼썽사나운 꼬락서니이다. 정녕 가는 세월을 거스를 수 없는 걸까. 여태까지 험한 고생을 많이 했다거나 견디기 힘든 육체적 노동을 했던 적이 전혀 없다. 또한 이에 부담이 되는 거친 음식을 먹어댔던 기억이 없다. 그럼에도 불구하고 치아가 유난스럽게 탈이 많고 자주 까탈을 부리는 까닭을 모르겠다. 아무리 친가나 외가 쪽을 고비샅샅[32] 둘러봐도 유사한 경우를 찾을 수 없다. 그렇다면 진정한 이유는 어느 구석을 유심히 들여다봐야 할까.

2017년 9월 8일 금요일

31) 미립이 트이다 : 경험에 의하여 묘한 이치를 깨닫게 되다.

32) 고비샅샅 : 구석구석마다 샅샅이 라는 뜻이다.

벌초에 불참

일가붙이들의 벌초에 참가하지 못한 채 입안의 통증으로 끙끙 앓으며 진종일 휘청대고 있다. 오늘 청주 한문(韓門) 공안공(恭安公) 할아버지 후예들이 벌초하는 날이다. 임플란트 시술 후유증과 구강염이 겹쳐 도저히 참석할 몰골이 아니다. 그래서 주관하는 동생들에게 전후 사정을 알리고 자리를 펴고 누웠다가 일어나기를 되풀이하며 불편한 심신을 추스르고 있다. 그럼에도 넌덜머리가 날 만큼 호되게 몰아치는 통증이 점점 심해져 침이나 음식을 삼키려 할 때마다 눈물이 찔끔거린다. 만일 내일까지도 가라앉지 않는다면 곧바로 병원으로 달려가야겠다. 우선 얼이 빠질 듯한 아픔이 기승을 부려 견디기 어려울 뿐 아니라 정신이 혼미해져 아무것에도 집중할 수 없다.

예로부터 전승되는 벌초에 어떤 뜻이 담겨있을까. 이는 묘의 풀을 베어 정리하는 일이다. 다시 말하면 조상 묘의 풀을 베어 정리하는 풍속으로서 금초(禁草)라고도 이른다. 조상의 얼을 기리는 후손들의 정성을 나타내는 습속 중의 하나이다. 선조들의 묘를 제대로 돌보지 않으면 조상을 잘 모시지 못한다고 여겼다. 이런 맥락인지 돌볼 사람 없이 방치된 묘를 골총(古塚)이라도 호칭했다. 그 옛날에는 한 해에 두 번 벌초를 하는 게 관례였다. 이들 시기는 모두 전통적으로 성묘하는 명절이다. 봄에는 한식에 성묘와 함께 하는 경우가 많았다. 한편, 가을에는 추석 전에 했다. 그런데 현대에 이르러 가을에 한 번 하는 것으로 굳어졌다.

요즘 벌초는 칠월 백중 무렵에 시작하여 팔월 추석 이전까지 마치는 게 보편적인 습속이다. 그 대상은 부모와 조부모를 포함한 조상의 묘이다. 오랫동안 선산을 소유했던 가문이라면 묘가 너무 많아 편의상 직계 조상의 묘만 하는 게 상례였다. 그러나 최근에는 선산이 있더라도 여러 자손들이 모여 대규모로 하는 풍습은 현격하게 줄어들었으며 관리인을 두거나 대행업체에 맡기는 경우가 숱해졌다. 제주도에서는 벌초를 소분(掃墳)이라고 한다. '풀(草)을 친다(伐)'라는 의미에서 벌초(伐草), '무덤(墳)을 깨끗이 정리하다(掃)'라는 견지에서 소분이라 호칭하고 있다.

지지난 금요일(9월 8일) 기를 쓰고 버텨오던 치아 문제 해결을 위해 마침내 4개의 임플란트 1차 시술을 했다. 그리고 일주일 뒤인 지난 금요일(15일) 약속에 따라 병원을 찾아 발치했던 네 군데에 인공치근(fixture)을 심으며 절개하고 꿰맸던 실을 뺀 뒤에 치료를 받고 돌아왔다. 대략 시술한 지 일주일이 지나면서 잇몸이나 얼굴의 부기가 어느 정도 빠져 본래의 모습으로 돌아오기 때문에 며칠만 조신하게 대처하면 되리라는 생각과 함께 쾌재를 불렀다.

마가 낀 걸까. 병원에서 치료를 받고 돌아와 밤부터 잇몸이 비정상이라는 느낌이 들었다. 하지만 조금 지나면 가라앉으려니 생각하고 버티며 뭉그적거리다가 어제 토요일도 어물쩍 넘겼다. 구강염으로 인한 통증이 점점 심해지는 상태인데 일요일이다. 따라서 병원이 모두 문을 닫은 때문에 어쩔 도리가 없어 전전긍긍하면서 방방 뛰며 안절부절못하는 게 내가 할 수 있는 전부이다.

벌초에 참석하지 못했다는 게 몹시 마음에 걸린다. 그렇다고 조상을 하늘 같이 받들어 모시거나 가문의 전통을 끔찍이 자랑스러워하는 축과는 격이 다른 평범한 후손 중의 하나일 따름이다. 뿌리가 같은 일가들이 모여 묘에 풀을 깎고 담소하며 추모하는 분위기에 끌려 이변이 없는 한 빠지지 않으려 할 뿐이다. 그런데 미풍양속인 벌초가 해를 거듭할수록 활기를 잃어가고 있다. 노령화로 유명을 달리하거나 불참하는 경우가 늘어 간다. 그럼에도 불구하고 새로 참여하는 젊은 세대가 없기 때문이다. 이런 맥락에서 아름다운 풍습이 시나브로 사라져 가는 것은 아닌지 모르겠다.

나는 외아들이다. 따라서 벌초에 불참하면 내 부모님의 영혼이 엄청 서운해하시리라는 객쩍은 생각 때문에 기를 쓰고 참석하려 애쓰는지도 모른다. 하지만 현실이 고약하게 뒤틀려 뜻대로 되지 않는 경우가 이따금 발생해 낭패다. 올해처럼 아예 참석하지 못하면 내 부모님의 영혼이 동구 밖으로 마중 나오셔서 내가 나타나기만을 하염없이 기다리실 것 같다. 매일 하는 일 없는 아낙군수처럼 집지킴이 노릇을 하는 밥쇠인데도 불구하고 왜 그분들이 영면에 드신 고향을 자주 찾지 못할까. 구차하게 변명하지 않으련다. 당신들은 지극 정성을 다해 기르고 교육시켜 반듯하게 설

수 있도록 기틀을 잡아 주셨다. 그럼에도 나는 왜 이 모양일까. 이런 주제에 입으로는 사람의 도리와 참된 길을 얘기하는 모순 속에 삶을 꾸려간다.

벌초에 참석해도 예초기를 작동하는 방법을 전혀 모르는 숙맥이다. 이런 때문에 마땅한 역할을 찾지 못해 빈둥대는 게 태반이다. 항상 참가하는 일가들 대부분이 나보다 아래인 동생이거나 조카들이다. 따라서 자의 반 타의 반 상태에서 뒷전으로 밀려나 뒷짐을 지고 오가며 입으로 일하는 충수꾼에 지나지 않는 어정잡이다. 그래도 올해처럼 아예 참석하지 못할 경우는 가문에서 퇴출당하여 외톨이가 된 것 같이 불안하고 조상들께 죄를 짓는 기분으로 께름칙하다.

가장 연장자로서 인천에 살며 나보다 10살 위로 올해 여든셋에 이른 형님 한 분은 고령에도 직접 운전을 하면서 해마다 참석한다. 그 형님을 뵐 때마다 저런 각오로 참여하리라고 다짐해도 자신이 없고 따르기 어려울 듯하다. 올해는 부실한 치아 문제로 도저히 참석이 불가능하기 때문에 어쩔 수 없더라도 내년부터는 꼭꼭 참여할 참이다. 하지만 뜻대로 실천에 옮겨질지 장담하기 어렵다. 이 다짐의 성공 여부는 건강과 직결될 개연성이 높다는 견지에서 하는 얘기이다. 이런 맥락에서 앞으로 건강에 신경 쓰지 않고 벌초마당에 빠짐없이 참석할 행복한 삶을 누린다면 축복이련만.

아무도 못 들은 산울림, (사)한국수필가연대 108인 대표수필선, 2018년 3월 30일
(2017년 9월 17일 일요일)

V. 감나무 예찬

내 생을 돌아봄

나이가 많다고

덧셈과 뺄셈

가을 앓이

감나무 예찬

다시 주례를 준비하며

답답 그리고 곤혹

다음 닭띠의 해까지

무탈 기도 타종식 나들잇길

글에서 오자 문제

저도 비치로드

순매원으로 탐매 여행

봄을 시샘하는 눈

내 생을 돌아봄

진하게 가을을 앓고 있는 만추에 이르러 왠지 어지럽다. 백세 운운하는 시대에 고희의 고개를 넘긴 지금을 하루해에 비하면 황혼녘 땅거미가 살짝 내려앉을 무렵 언저리에 이른 셈이리라. 언제 예에 다다랐는지 모르겠다. 얽히고설켰던 잡다한 현실에 덜미를 잡혀 복닥댔다. 그러다가 호시절을 제대로 누리지 못한 메마른 지난날이 기억의 곳간에 화석 같은 흔적으로 고스란히 새겨져 있으리라. 주어지는 기회마저 누리지 못한 회한과 아쉬운 미련 때문일까. 쓰렁쓰렁 어수룩하게 살아온 지난날의 일그러진 모습의 조각이라도 되새겨 보고픔은 어디에서 연유하는 연민의 발로인지 갈피를 잡기 어렵다.

역마살을 끼고 태어난 걸까. 초등학교 이후 타향을 떠도는 부평초 같은 삶이 여태까지 진행형이다. 해방둥이로 태어나 끔찍한 6·25 전쟁을 겪으며 피난과 귀향을 반복하던 유소년 시절은 온통 얼룩진 색채의 기억으로 갈무리되어 있다. 그 때문에 잿더미로 변한 참담한 세월에 초등학교를 마쳤다. 그리고 곧바로 배움을 핑계로 부모님 곁을 떠나 끝이 보이지 않는 타향살이가 여태까지 이어졌기 때문에 현대판 디아스포라(diaspora)이다.

마산에 뿌리내린 지 올해로 서른여덟 해째다. 태어난 이후 살아온 서른다섯 해는 마산에서 살았던 서른여덟 해를 위한 준비 기간에 해당한다면 억지일까. 그동안 삶을 꾸리며 꿈과 열정을 모두 쏟아부으면서 때로는 환희의 결실과 보람을 탐닉했다. 그런가 하면 때로는 아픔과 좌절을 겪으며 나름대로 성숙해졌으리라. 삶의 굽이굽이에서 맞닥뜨렸던 희비의 순간을 통해 진정으로 깨우쳤거나 얻음이 아픔이나 상실보다 컸기에 정신적 가난뱅이로 전락하지 않고 삶을 지탱할 수 있었을 게다. 그렇지만 아무리 생각해도 흡족하게 마음에 드는 삶과는 거리가 멀었다. 왜냐하면 바르지 못한 길이나 사리에 어긋나는 일에 분연히 맞서거나 투쟁하는 쪽을 피했던 적이 있으리라. 그보다는 외면하거나 방관했던 국외자 입장을 견지했던 경우가 드물지 않으리라는 맥락에서 자신이 없다. 딴에는 바르고 옳은 길을 얘기하며 사회적 정의를 내세우기도 했다. 하지만 어렵고 힘든 길에서 어쭙잖은 교언이나 실리를 앞세워 외면하거나 엉뚱한 논리를 폈던 적이 없는지 곰곰이 되새겨 봐야겠다.

아무리 되짚어 봐도 사회인으로서 기여한 것은 눈을 씻고 들여다보고 기억을 되살려 봐도 찾아낼 게 거의 없다. 치열한 삶과 고민 없이 세상과 적당히 타협하며 사는 게 행복이고 성공이라고 여겨온 덜 떨어진 가치관이 그리 만들었으리라. 그런 때문에 당찬 결기를 바탕으로 도전했던 적이 없다. 따라서 누군가에게 베풀거나 사회에 기여할 힘이나 지식을 여투지 못했기에 당연한 귀결일 게다. 하지만 직장인으로서 느꼈던 만족과 보람은 나라는 그릇과 앎에 비해 과분하고 고마울 뿐이다.

내 됨됨이나 자질을 고려할 때 천우신조나 조상의 각별한 은덕이 분명하다. 호사가들의 입에 흔히 회자 되는 혈연이나 지연을 비롯하여 학연이 전혀 닿지 않은 대학에 우연히 자리 잡으며 서울에 틀었던 둥지를 마산으로 옮겼었다. 그리고 그 당시 새로운 학문으로 각광을 받기 시작했던 신설학과(전자계산학과) 창설 교수(founder)로 임용되어 정년을 채우고 물러난 지 어언 일곱 성상을 넘겼다. 훌륭하거나 존경받을만한 교수는 되지 못했다. 그래도 재직하는 동안 만족을 누렸기에 불만이나 미련은 없다.

중학교에 입학하면서 고향과 부모님 곁을 떠났던 게 입때까지 이어지고 있다. 수줍음을 많이 타고 앞가림이 심해 외로움 또한 그에 비례했던 타향살이는 호락호락하지 않았다. 낯설고 물선 타지에서 외톨이가 마땅한 취미도 없는 상태에서 위안을 받고 심리적으로 안정을 찾을 방법으로 눈길을 돌렸던 것이 공부에 몰입하는 쪽이었다. 왠지 모르지만, 그쪽에 몰입하면 외로움이나 잡념들로부터 자유로웠다. 이렇게 순치되면서 잡다한 문학책을 가리지 않고 읽어대며 어렴풋이 문학을 꿈꾸기도 했었다.

고등학교 시절은 장래 문제로 심각한 고민에 빠져 방황하고 좌절했던 시련의 연속으로 어둡고, 칙칙하게 채색된 기억이 유독 많다. 아마도 2학년 가을이었을 게다. 진한 아픔과 앞이 보이지 않는 막막한 현실에 탈출구가 없어 절절한 가슴앓이를 했다. 이 무렵은 내 생에서 가장 혹독한 시련을 겪으며 휘청거렸던 시절로 암울하고 우중충했다. 돌이켜 보면 그 상황에서 슬기롭게 극복한 게 기적 같다. 거기에는 따스한 우정이 있었다. 그때 묵묵히 지켜보다가 슬그머니 손을 잡아주던 친구들은 이 세상 무엇과도 바꿀 수 없는 귀하고 고마운 울타리이며 버팀목이 되었다. 지금도 가끔 답답하거나 풀기 어려운 일을 맞닥뜨리면 그 시절 된통 앓았던 아픔을 떠올리며 길이나 해법의 실마리를 찾으려 애를 쓴다.

서울에서 열다섯 해는 생의 터전을 닦고 기초를 다졌던 시기였다. 대학을 졸업하고 병역의무를 마친 뒤에 대학원을 다녔고 아내를 맞아 신접살림을 시작하며 두 아이를 얻은 곳이라는 관점에서 하는 얘기이다. 내남없이 어렵던 시절의 학업이었기에 다소의 불편은 차라리 행복한 체험이었다. 그런 경험과 전혀 다른 차원의 행복했던 얘기이다. 지난 75년 동짓달 신혼 둥지를 수유리 셋집에 틀었다가 일 년 조금 뒤에 강남의 도곡동에 작은 아파트를 내 힘으로 마련할 때는 하늘을 나는 기분이었다. 그리고 또다시 일 년 남짓 살다가 바로 옆에 인접한 대치동의 조금 큰 동원아파트로 옮겨갔다가 80년 봄에 마산으로 일터가 정해졌다. 그해 연말에 아예 둥지를 마산으로 옮겨 지금에 이르렀다. 자그마치 서른여덟 해째 거주하며 주민세를 또박또박 어김없이 납부하면서 시민으로 어엿하게 살아왔다. 그럼에도 토박이 친구들은 여전히 타지 사람이라는 딱지를 선뜻 떼어줄 기미를 보이지 않고 미적거린다.

누가 뭐라 해도 내 생의 시계추는 늦가을에서 초겨울의 언저리를 지나가고 있다. 그동안 편견 없이 바르고 올곧은 삶을 꿈꿨었다. 하지만 앎이 턱없이 짧고 좁아 지혜의 눈으로 세상을 꿰뚫지 못했다. 이런 때문에 '대롱 구멍으로 하늘을 살피고, 전복 껍데기로 바닷물의 양을 헤아린다'는 관규여측(管窺蠡測)의 어리석음을 범하지 않았는지 자성과 성찰이 따라야 할 법하다. 혹여나 미욱한 때문에 저지른 업보가 있다면 이제부터라도 속죄하는 심정으로 매듭과 업보를 하나하나 풀어나간다면 마음이 가벼울 텐데. 곰곰이 되새기며 지난날을 되돌아봐도 일그러진 흔적이나 흉하게 널브러진 허물은 찾을 길 없고 칠흑 같은 어둠만 가득하다. 혜안을 허락하지 않는 좀팽이를 닮은 신의 처사가 섧고 나잇값도 못 하는 나 자신이 엄청 마뜩잖고 떫다. 그래도 무심한 세월은 쏜살같다.

문예감성, 제16호, 2017년 가을호, 2017년 11월 25일
(2017년 10월 26일 목요일)

나이가 많다고

여든다섯의 나이. 백세시대를 읊어대도 그 연세까지 건강하게 수를 누리는 것만으로도 크나큰 축복이다. 이런 현실에서 여든다섯에 홀연히 새로운 분야에 도전한 경우를 직접 보고 어안이 벙벙했다. 나이가 들면 어렵사리 기회가 찾아와도 도전은 무모한 것으로 깔아뭉개고 지레 포기하거나 꽁무니를 빼며 몸을 사리게 마련이다. 감히 따를 수 없는 진정한 용기와 도전 정신을 무조건 닮고 싶다. 하지만 매사에 맺고 끊음이 야무지지 못해 흐리멍덩한 안반퉁소에게는 언감생심의 욕심일 따름이다.

가을이 깊어가던 시월 어느 날이었다. 문예감성 운영진으로부터 신인상 최종심사와 심사평을 써 달라는 의뢰를 받았었다. 최근 신인상에 낯 뜨거운 추문이 무성한 현실에서 본보기로 희망의 싹을 키우려는 결기일까. 수필 부문에 백만 원이라는 상금을 내건 뒤에 처음으로 실시하는 공모이다. 그런데 부대조건 없이 공명정대하게 심사하라는 백지위임은 주최 측의 결연한 의지의 천명이다. 대상과 해외 응모자 중에서 특별 당선자를 뽑는 전적인 권한이 온새미로 내게 위임했다.

모든 응모자는 기본적으로 작품을 3편식 제출토록 응모요건에서 제시하고 있었다. 이렇게 응모된 해외 동포 작품을 살피는 과정에서 다른 작품에 비해 동뜨게 판이한 수준의 글을 접했다.

"내가 태어난 해의 12간지는 닭이다. 내 어머님도 닭띠, 아내도 닭띠 동갑이다. 선친께서도 은퇴 후 한 때 양계장을 경영하신 적이 있다. 그러고 보니 나와 닭 사이에는 어떤 인연(?)이라도 있는 것이 아닐까 하고 좀 엉뚱한 생각을 할 때도 있다. 올해(2017, 정유년)는 닭의 해이다. 닭의 입장이 되어 그들의 삶을 한번 조명해 보고 싶은 호기심이 발동한다. 닭 커뮤니티의 한 구성원으로서의 소회를 밝히는 일이 되겠다."

이글의 애잇머리를 대하면서 글쓴이가 닭띠라면 을유생으로 해방둥이인 나와 갑장이거나 손아래일 것으로 지레짐작했다. 게다가 글의 얼개 구성을 비롯해서 전개와 발상이 예사롭지 않아 신선한 발상과 감각으로 무장한 젊은이를 떠올렸다. 하지만 문장에 스며있는 맥락이나 철학을 위시해서 행간에 숨 쉬는 호흡의 깊이나 너비를 고려한다면 그렇지도 않을 개연성을 무시할 수 없어 마냥 헷갈렸다.

위의 글과 함께 응모된 나머지 두 개의 작품 중에서 하나를 읽어나다가 다음과 같은 혼란스러운 문장을 발견했다.

"나에게는 6·25전쟁 당시 군대생활 중의 추억 속에 아련히 남아 있는 오래전의 친구가 하나 있다. …, 고등학교 졸업반 학도병 출신인 내가 19살에 육군소위로 임관 후 동부전선 5사단 의무대에 배속되어 있을 당시…"

진정 응모자가 6·25전쟁에 참여했던 참전용사란 말인가? 혼란스러워 가름하기 난감했다. 정신을 가다듬고 곰곰이 하나하나 짚어 나가며 덧셈과 뺄셈을 분주히 했다. 닭띠로 6·25 무렵에 19살이라면 을유(乙酉)생인 나보다 12살 위인 계유(癸酉)생으로 올해 우리 나이로 여든다섯이라야 아귀가 맞지 않는가. 여든다섯에 신인상에 응모할 리가 없을 텐데. 깜짝 놀라 한참을 오락가락하면서 헤매대다가 겨우 갈피를 잡았다.

미국으로 이민(캘리포니아)을 떠나 물설고 낯선 타국에서 회계사로 일하다가 퇴직했던 이력으로 글과 다소 거리가 먼 삶이었다. 그럼에도 불구하고 늘 우리 글을 옆에 끼고 살면서 글을 써온 책상물림 같았다. 글의 얼개 구성이나 전개의 바탕이 탄탄하고 서술은 물이 높은 곳에서 낮은 곳으로 흐르듯 자연스러웠다. 아울러 자신이 얘기하려는 바를 공간적으로는 동서양을 아우르고 역사적으로는 예와 현재를 두루 조명하며 풀어가는 힘과 능력이 탁월했다. 잠재된 능력을 감안할 때 앞으로 좋은 글을 통해 더 많은 울림을 안겨줄 것으로 믿어 의심치 않았다. 이런 맥락에서 썼던 심사평의 마지막 문단이다. 특히 예시 내용 중에 마지막 문장은 심사자보다 열두 살 위인 분에 대한 존경의 마음을 정중하게 나타낸 내용이다.

"우리의 얼이나 혼과는 영판 다른 이국에서 회계사로 재직하다가 퇴직했기 때문에 우리말이나 문학과 거리를 두고 지내온 게 자명하다. 그럼에도 글을 구성하고 전개하는 사유의 세계와 가치관이 젊은이 못지않게 신선하고 표현이나 표기에 커다란 문제가 없음은 왜일까. 비록 몸은 머나먼 이국에 의탁했지만, 영원히 사위지 않을 얼과 혼은 어느 누구도 따르기 힘든 경지에 이르심 때문이리라. 따라서 제 역할 못 하는 수많은 딸깍발이들에게 귀감이 될 진정한 사표(師表)가 아닐까. 모쪼록 더욱 건강하시고 좋은 글을 많이 읽을 기회를 주시길 빈다. 아울러 선생님보다 열두 살 아래 을유생이 헌사를 하는 마음으로 당선을 축하드립니다."

여태까지 그 연세에 신인문학상에 응모했다는 얘기를 들은 적이나 본 적도 없다. 어쩌면 전무후무한 신선한 충격이 아닐까. 이번 심사과정에서 신인상에 공모한 파격적인 도전의 예를 직접 목도하며 크나큰 울림과 감동은 자못 크고 묵직했다. 좀 더 일찍이 이런 깨우침과 터득의 기회가 있었더라면 주례사처럼 덕담으로 건네는 나이는 숫자에 불과하다는 말을 진즉에 곱씹으며 되새기는 슬기로움에 이르렀을 터인데.

젊음을 통째로 바치며 몸담았던 일터에서 물러날 준비를 해야 할 이순의 초반 무렵이었다. B대학에 재직하는 제자 H 박사가 조심스럽게 내 의중을 타진했다. 어떤 단체에서 일정한 자격을 갖춘 사람을 대상으로 몇 번의 방학을 이용하여 소정의 교육을 이수한 뒤에 심사를 거쳐 자격증을 부여하는 특별 프로그램에 참여하지 않겠느냐고. 그러면서 퇴임 후에 자유로운 몸으로 일정한 수입이 보장된다는 얘기였다. 따라서 매우 좋은 프로젝트라는 얘기까지 곁들이며 은근슬쩍 권유를 했다. 하지만 그 당시 당최 내키지 않아 어린아이 몽니 부리듯 "무슨 영화를 보겠다고 뒤늦게…"라며 완곡하게 속내를 드러내는 것으로 내쳤다.

대부분 노인들에게 새로운 도전을 권하거나 결단을 하라고 조언하면 거개가 "이 나이에 무슨 영화를 보겠다고…"라는 반응을 보이기 일쑤이다. 과연 그럴까. 분명 본보기로 귀감이리라. 여든다섯에 신인 문학상에 도전하는 6·25 참전용사는 이렇게 일갈하며 화두를 던지지 않을까. "세상을 얼마나 살았다고 감히 나이가 많다고 턱없는 어불성설의 허튼소리를 마구 쏟아내느냐"고. 옷깃을 여미면서 생각을 가다듬고 나서련다. 달포 남짓하면 다가올 무술년(戊戌年)에 겨우 일흔넷을 들먹일 주제이기에 스스로에게 단단히 최면을 걸어야겠다.

문예감성, 제17호, 2018년 봄호, 2018년 4월 28일
(2017년 11월 4일 토요일)

덧셈과 뺄셈

덧셈과 뺄셈 중에 유독 뺄셈에 집착하는 이유가 뭘까. 연유를 정확히 헤아릴 수 없지만, 뺄셈의 마법에 이성을 잃는 경우가 드물지 않다. 따지고 보면 덧셈은 미래지향적이고 긍정에 뿌리를 둔 셈법이다. 반면에 뺄셈은 과거를 지향하며 부정적일 개연성이 높은 셈법인데 말이다. 이런 논리를 바탕으로 할 때 덧셈은 기본적으로 긍정과 신뢰를, 뺄셈은 부정과 불신을 토대로 출발한 셈법이다. 수를 가르고 모으는 셈법을 처음 깨우치던 초등학교 시절 덧셈을 먼저 배우고 뺄셈을 뒤에 익히지 않았던가. 그럼에도 우리 사회는 덧셈이 무척 인색할 뿐 아니라 심지어 경원시하는 풍조가 엿보이기도 한다.

뺄셈은 덜어내기나 지우기를 전제로 한다. 깎아 내거나 없앰을 원칙으로 성립하여 음의 성질을 가지며 감소나 소멸이라는 결과가 연상된다. 이에 비해 덧셈은 누적과 증강이라는 원리에 뿌리를 두고 있다. 따라서 양의 성질을 전제로 생성과 보탬을 통해 성장을 지향하는 긍정적인 개념이다. 열리고 깨인 개인이나 사회는 덧셈을 선호한다. 반대로 부정적인 사회는 뺄셈에 집착하며 퇴행 성향의 딜레마에 빠져 덜어내거나 지우기에 다걸기(all in)를 하는 경향을 띤다. 덧셈에 몰두하는 진취적이면서 미래를 꿈꾸는 쪽과 과거사나 지난 흔적을 까발리고 지우며 덜기에 매두몰신함으로써 멸실(滅失)의 성향을 띄는 쪽 중에서 어디에 후한 점수를 줘야 할까.

'사촌이 땅을 사면 배가 아프다'라는 말이 있다. 남이 잘되는 꼬락서니를 볼 수 없다는 비뚤어진 심보를 숨긴 채 은근슬쩍 점잖게 정곡을 찌르려는 말이리라. 물질문명의 만연으로 정신적으로 메말라지면서 도덕적 가치관마저 무너져 내렸을까. 최근에 이르러 남이 잘되는 꼴은 무조건 배척하려는 병리 현상이 사방에서 들불처럼 번지는 것이 아닌지 걱정스럽다. 이런 맥락에서 역지사지의 자세나 자성과 성찰이라는 화두가 몹시 그리운 대목이다.

애써 덧셈을 외면하면서 뺄셈의 공리(空理)에 빠져 허우적거리는 대표적인 쪽이 정치판이 아닐까. 하나하나의 면면을 뜯어보면 기라성 같이 걸출한 인재들이 즐비한 분야가 정치판이다. 하지만 사상이나 이념을 위시한 철학을 제대로 터득하지 못한 정신적 빈곤 때문일까. 개인적으로 흠잡을 데 없는 인재들이 정치판에서 패거리 지어 붕당에 이르면 이성이 마비되고 돌림병에 걸린 집단처럼 비정상으로 변해버린다. 그런 때문인지 사이비 종교에 빠진 광신도처럼 광기 어린 추태를 마구해대 실망을 안기는 경우가 흔하다. 이를 지켜보다가 섬뜩해져 망연자실한 실망을 곱씹으면서 애꿎게 선거 때 그들에게 한 표를 기꺼이 찍었던 손가락을 탓하며 원망을 해봐도 여전히 마음은 무겁다.

무심한 척하면서도 정치꾼들의 일거수일투족을 죄다 들여다보는 파수꾼인 국민에게 투영되는 모양새는 모두가 한통속으로 보인다. 여야나 보수와 진보를 막론하고 그 나물에 그 밥으로 보여 백묘흑묘(白描黑猫) 구분이 부질없어 보인다. 왜냐하면 어떤 패거리든 정권을 잡고 칼자루를 쥐었다 싶으면 앞선 정권이 쌓았던 치적이나 흔적을 부정하며 깎아내리거나 깡그리 흔적을 지우려는 뺄셈에 발목을 잡혀 날을 새운다. 게다가 공무원의 경우도 예외가 아니다. 현 정권에 충성하던 고위 그룹은 다음 정권이 들어서면 척결의 대상으로 몰려 한직으로 좌천되거나 쫓겨나는 악순환이 끝없이 되풀이되고 있다. 이런 현실에서 살아남기 위해 보신에 급급하다고 질타할 수 있을지!

따지고 보면 바른 역사는 물론이고 불의나 오욕의 흠결까지도 흔쾌히 보듬고 가야 할 업보다. 무당이 날 선 작두날 위에 맨발로 올라서 춤을 추며 굿을 펼치듯 지난 과거에 대해 가혹한 뺄셈은 영원한 진행형처럼 투영된다. 왜냐하면 그렇게 설쳐대던 그들에 대해 다음 정권이 등장하면 어김없이 똑같은 뺄셈을 되풀이하는 아이러니를 두고 이르는 탄식이다.

과거를 곱씹거나 되새기는 일은 반성과 성찰을 통해 결기를 다지는 수준에서 슬기롭게 조화를 이루는 지혜가 필요하다. 과도하게 집착하거나 단죄를 전제로 칼끝을 휘두르면 화합을 해치고 피로가 쌓인다. 그로 인해 성장 동력이나 새싹을 갉아먹는 요인으로 작용해서 되레 퇴보나 정체의 늪에 빠질 위험이 도사리고 있다. 여태까지 정권이 바뀔 때마다 요란스럽게 뺄셈을 하고 나서 새로 지었던 집은 예외 없이 사상누각의 도깨비 집 같았다. 이런 참담한 현실이 섦고 떫게 만듦에도 위안받을 논리를 찾을 길이 없다.

덧셈은 축복이고 자강(自强)의 첩경이며 부(富)와 안정을 위한 초석으로 발전과 내일의 약속을 위한 첫걸음이다. 다소의 불협화음이 따르더라도 느긋하게 덧셈에 몰두하면 단기적으로는 작은 담이 쌓일 터이고, 장기적으로는 만리장성이나 피라미드처럼 불가사의한 업적도 넘볼 수 있을 터이다. 이런 이치를 꿰뚫고 있으면서도 정치판에서는 반대의 논리가 지배하는 게 아닐까. 그런 까닭에 앞선 정부가 이룩했던 치적을 외면하면서 허물어 덜어내어 지우고 색깔을 바꾸지 못해 안달하는 악순환이 되풀이되고 있다. 이 같은 병증은 진보와 보수 사이에 정권을 주고받는 과정에만 나타나는 폐해가 아니다. 같은 진영 사이에 정권을 물려받아도 유사한 양상이 여전하다. 예로부터 과유불급이라고 일렀다. 끝없이 과거에 함몰되면 어느 세월에 내일을 겨냥해 힘을 결집하여 앞으로 발전해 나갈 수 있을지 답답하다.

옹졸한 이기(利己)를 버리고 이타(利他)를 지향하는 대승적인 관용정신이 그립다. 그런 철학에 따라 취하거나 버릴 내용을 큰 틀에서 덧셈과 뺄셈을 통해 보태고 버린다면 얼마나 바람직할까. 그 같은 가치관이 지혜롭게 통용된다면 역동적인 발전을 통해 미구에 이상향 같은 나라로 우뚝 설 터인데. 현실적으로 허구한 날 여야가 맞붙어 으르렁대면서 진부한 말장난을 앞세워 개코쥐코하며 공방을 일삼다가 날이 새고 해가 저문다. 이처럼 과거에 발목 잡힌 채 조자룡 헌 칼 쓰듯 휘두르는 정치놀음에 넌더리가 나 외면하고픈 경우가 어디 한둘이랴. 볼썽사납고 숨기고픈 흉한 잔재들이 계속 쌓이면서 이제는 보수와 진보를 막론하고 철저하게 외면하고 싶다. 불가에서 사용하는 죽비(竹篦)나 경책(警策) 같이 깨우침을 위한 신묘한 방책이 무척 그립다.

빨셈 만연 풍조가 정치판에 국한된 병리 현상인지 곱씹어 볼 일이다. 인간 내면에 깊숙이 숨겨진 삐뚤어진 속내 때문일까. 아니면 외세의 잦은 침탈에 따른 질곡의 세월을 겪었던 아픔과 한이 쌓인 역사 때문일까. 유감스럽게도 사회 구석구석에는 덧셈의 기상보다는 빨셈의 유혹에 푹 빠져 깎아내리거나 지우며 덜어내는 데 이골이 난 모양새가 뚜렷하다. 이타적인 맥락에서 용기를 북돋아 주려는 덧셈(격려와 베풂)의 후덕함보다는 빨셈(패악과 폄하)의 야박함이 횡행하는 분위기를 이르는 얘기다. 이런 현실임에도 야박하게 정치판만 발가벗겨 흠씬 두들겨 팬 격이라서 그 동네 꾼들에게 미안한 생각이 든다. 돌이켜보니 내 코가 석 자인데 분수를 모르고 남의 험담에 이성이 마비되었던 꼬락서니다. 진정 언제쯤이면 내남없이 얄팍한 빨셈의 경지에서 벗어나 정상인 덧셈 사상의 언저리에 다다를 수 있을까.

시와늪, 제38집, 2018년 신년호, 2018년 1월 25일
(2017년 11월 2일 목요일)

가을 앓이

된통 가을을 앓고 있다. 어제가 입동인데도 남녘인 때문인지 만산홍엽의 절정 턱 밑에 겨우 이르렀을 뿐이다. 계절적으로는 늦가을이다. 하지만 모든 산야가 온통 울긋불긋한 단풍의 만추(滿秋)에 이르려면 아직 며칠 진득하게 기다려야 할 모양이다. 이 계절은 가을걷이로 속살이 드러나는 논밭의 민낯이 스산하고 허허로우며 하염없이 떨어져 나뒹구는 낙엽이 쓸쓸하다 못해 처연하고 가슴이 시리다. 내 삶의 여정이 가을 무렵을 닮은 황혼인 때문에 내치락들이치락 하다가 심란해진 심사도 한몫했으리라.

산야의 수목들이 하루가 다르게 생기를 잃어가고 푸석푸석한 모습으로 변하면서 스산한 가을의 뒤끝이다. 그 때문인지 이즈음 단풍의 기세가 너무도 도도해서 수목들은 잔뜩 주눅이 들어 허둥대는 꼴이다. 한해살이풀잎은 시들어 칙칙하게 변색했고 단풍으로 물든 잎사귀는 속절없이 바람에 낙엽으로 휘날린다. 봄부터 초가을에 이르기까지 키 큰 나무 아래 땅꼬마 관목과 한해살이풀이 무성해 숲속을 들여다볼 재간이 없었다. 하지만 지금은 켜켜이 겹쳐 입은 옷을 훌라당 벗어버린 꼴이 되어 멀리서도 숲속 안쪽까지 훤하게 뚫려 맨살을 더덜이 없이 드러내고 있다. 이런 을씨년스러운 풍경을 지켜보다가 젊은 날엔 숱이 많아 드러나지 않던 머리에 탈모가 심해져 몇 가닥 남지 않은 내 정수리의 모습이 떠올랐다. 지난 세월이 믿기지 않아 헛웃음을 지으며 씁쓸한 마음을 달랠 길 없어 마냥 허둥대는 내가 무척 낯섦은 왜일까.

예로부터 권력은 십 년을 가지 못한다며 권불십년(權不十年), 열흘 붉게 피는 꽃이 없다는 뜻으로 화무십일홍(花無十日紅), 달도 차면 기운다 하여 만월즉휴(滿月則虧)라고 일렀다. 이른 봄에 피어나 무성한 녹음으로 변신하며 나무의 먹거리 공장 노동자로서 억척같이 일했던 잎사귀이다. 그런데 기껏해야 반년 남짓한 삶을 접고 자연으로 돌아가는 낙엽을 보면서 무상함을 절감한다. 영원에 견주면 잎사귀들의 한살이는 촌음이나 찰나에도 비견될 수 없으리라. 그들의 짧은 한살이를 긴 호흡으로 들여다보면 아등바등 삶을 헤쳐 온 우리네 삶의 판박이로서 닮은꼴이다. 이립(而立)을 넘긴 이듬해 짝을 만나 둥지를 틀었던 게 마흔두 해 전의 바로 오늘이다. 느낌은 어저께 같은데도 머리 위엔 흰서리가 내린 지 오래이니 세월은 쏜살같이 지나고 있다. 정녕 세상에 영원한 것이 있을까?

하찮게 여겨질 잎사귀는 충직한 노동자로 살다가 거룩한 순교자로 생을 마감한다는 사실을 간과한다. 그들은 이른 봄부터 단풍이 물들 때까지 어미인 나무의 먹거리 공장을 차리고 영양분을 공급하는 노동자로서 소임을 다했다. 그들의 헌신으로 나무의 생명 유지나 성장을 비롯해 꽃을 피우고 열매를 맺을 수 있었다. 그렇게 음지에서 군소리나 불평 없이 묵묵히 제 몫을 감당해내던 잎사귀들이 삼동인 겨울에도 어미인 나무에 붙어 있다면 모두가 동사(凍死)를 면할 수 없다. 이런 파국을 피할 슬기로운 비책은 잎사귀가 어미인 나무에서 스스로 떨어져 나가는 거룩한 길이 있었음을 깨우쳤던가.

어떤 이유든 충직한 노동자였던 잎사귀는 가을이 되면 낙엽이 되어 미련 없이 어미 곁을 떠난다. 이 거룩한 순교 방법을 택하는 놀라운 자연의 법칙에 숙연해진다. 떠난 그들은 어미의 뿌리 언저리에서 시나브로 썩어 거름이 된 뒤에 다시 어미의 뿌리를 통해 영양분이 된다. 이런 이치를 긴 안목으로 보면 영생을 누리는 지혜로운 길을 택한 셈이다. 한편, 예로부터 사람이 이승을 떠날 때 살아생전 입고 다녀 더럽혀진 옷 대신 깨끗한 수의(襚衣)로 단장한다. 이와 마찬가지로 잎사귀 또한 울긋불긋 화려한 단풍으로 곱게 단장한 뒤에 낙엽이 되어 어미를 떠남은 경건한 의식의 단면이 아닐까.

숫자 열(十)을 생각한다. 예로부터 열은 가득 채워진 완성수로서 길수(吉數)로 여겼다. 이런 좋은 기운과 뜻이 종교 쪽에서도 통용되는 게 아닐까. 불교에서 만(卍)자, 기독교는 십자가(十)는 열십자(十)에 뿌리를 두지 않았나 싶은 생각에서 이르는 얘기이다. 그런데 세상 모든 이치는 채우면 비워야 한다. 그래야 새로운 것을 또 채우거나 또 다른 도약을 꿈꿀 수 있다. 이런 맥락에서 한

해를 단위로 꽃을 피우고 열매를 맺어 결실에 이르는 수목은 가을을 맞으면 가득 채워져 만삭의 임산부를 연상시킨다. 그러므로 자연의 순리에 따라 비우고 내려놔야 인동의 겨울을 이겨내고 이듬해 봄에 새로운 꿈과 희망을 잉태할 수 있을게다. 이를 위한 순리적인 자연의 순응 중의 한 가지 방법이 잎사귀가 단풍으로 물들어 낙엽으로 변신하는 조화가 아닐까 하는 단정을 하는 내가 어리석은 걸까.

거의 매일 얼추 세 시간 가까이 산을 오르내린다. 운동치고는 고약하게 몸을 혹사시키는 머슴운동이다. 수영이나 헬스장의 운동은 점잖고 고상한 양반운동인데 비해 등산은 발품을 파는 머슴의 일상을 빼닮았다는 점을 비유함이다. 그래도 싫거나 떫지 않다. 나름대로 내세울 명분이 있지 싶어서이다. 그런데 가을의 등산은 썩 내키지 않아 속으론 영 언짢고 마뜩하지 않다. 천하가 온통 붉게 물들었다가 한꺼번에 조락하는 분위기가 생의 황혼녘을 떠오르게 만듦으로써 심란해져 곤혹스럽기 때문이다. 그렇게 내키지 않아 된통 가슴앓이를 하면서도 오늘도 무언가에 이끌리듯이 집을 나서 녹록지 않은 산길을 터벅터벅 걷다가 기진해져 터덜터덜 돌아왔다.

2017년 11월 8일 수요일

감나무 예찬

그 옛날 울안에 한두 그루 예사로 심었던 까닭에 누구에게도 친숙한 감나무이다. 그런 때문일 게다. 예로부터 다양한 부문에서 감에 얽힌 일화가 친근한 이미지로 아로새겨져 있다. 전래 동화인 곶감과 호랑이, 지극한 효심을 읊은 박인로의 조홍시가(早紅柿歌), 감(곶감)과 대추 그리고 밤을 삼실과(三實果)라고 해서 빠짐없이 제사상에 올리는 풍습, 황희 정승의 감나무 가지가 담을 넘어 이웃집으로 뻗은 곳에 열린 감을 두고 양쪽 하인들끼리 서로 주인이라고 티격태격 말다툼을 했다던 일화, 가을에 감을 따면서 한겨울 먹거리가 고갈되었을 때 날짐승들 먹으라고 높은 쪽 낭창낭창한 가지 끝에 간당간당 달린 감 몇 알 남겨 놓는 까치밥 따위가 그런 예이다. 올가을엔 운수 대통했는지 여기저기에서 감을 푸짐하게 보내줘 난전을 펼쳐도 남을 만큼 넘쳐나고 있다. 온 가족이 조석으로 대봉감 홍시와 단감을 먹는 호사를 한껏 누리며 무르익어가는 가을을 즐기고 있다. 이렇게 감 맛을 탐닉하다가 좀 더 알고 싶어서 여러 자료를 대했던 대강이다.

중국 당나라 시절 단성식(段成式)이 펴낸 유양잡조(酉陽雜俎)[33]와 조선 시대 향약집성방(鄉藥集成方)에서 속전시유칠절(俗傳柿有七絶)이라고 하여 감나무의 7가지 덕(德)을 소개하고 있었다. '첫째로 수명이 길다'라는 의미로 일수(一壽), '둘째로 그늘이 좋다'라는 뜻의 이다음(二多陰), '셋째로 새가 둥지를 틀지 않는다'라는 의미로 삼무조소(三無鳥巢), '넷째로 벌레가 꼬이지 않는다'라는 뜻으로 사무충두(四無蟲竇), '다섯째 단풍이 아름답다'라는 의미의 오상엽가완(五霜葉可玩), '여섯째 열매가 먹음직스럽다'라는 뜻의 육가상가담(六佳賞可啖), '일곱째 잎이 커서 글씨를 쓸 수 있다'는 의미로 칠락엽비대(七落葉肥大)라고 하여 가이임서(可以臨書)라고 설파하고 있다.

감나무에 대해 오상(五常)을 꼽아왔다. 오상은 '감잎이 넓어서 종이 대신 쓸 수 있다'는 뜻으로 문(文), '재질이 단단하여 화살촉으로 쓰인다'는 의미에서 무(武), '과일의 겉과 속이 똑같이 붉다'는 견지에서 충(忠), '이가 없거나 부실한 노인이 즐겨 먹을 수 있다'는 맥락에서 효(孝), '서리가 내리는 늦가을까지 달려 있다'고 하여 절(節) 같은 문무충절효(文武忠節孝)의 특징을 지니고 있음을 칭송함이다.

감나무의 오색(五色)을 얘기하기도 했다. 첫째로 '열매가 붉다'고 하여 적(赤), 둘째로 '잎이 푸르다' 하여 청(靑), 셋째로 '꽃

33) 유양(酉陽) : 중국의 후난성(湖南省) 완릉현 서북쪽의 산이다.

이 노랗다'고 하여 황(黃). 넷째로 '목질이 까맣다'고 하여 흑(黑), 다섯째로 '곶감의 겉에 흰가루(시설 : 柹雪)가 생긴다'고 하여 백(白) 등의 적청황흑백(赤靑黃黑白)을 뜻한다.

이들과 결이나 맥을 달리하는 몇 가지이다. 그 옛날 종이기 귀하던 시절 시인 묵객들은 단풍 진 감잎에 시를 써서 주고받던 것을 시엽제시(柹葉題詩)라 했다. 그리고 고목(古木)의 감나무를 자손의 창성과 득남(得男)을 비손하는 신앙의 대상으로 삼기도 했다. 한편, 감은 껍질 속에 신선이 마시는 단물이 들어 있다고 하여 금의옥액(金衣玉液)이라고 부르기도 했다. 이 외에도 노란 감꽃으로 만든 목걸이를 걸고 다니면 아들을 낳는다는 속설이 전해지기도 했다는 기록을 접할 수 있었다.

또 다른 쓰임새 엿보기이다. 감나무 중에 먹감나무는 산(山)이나 파도(波濤) 모양을 띠는 무늬가 아름다워 장, 농, 문갑, 사방탁자, 연상 따위의 판재(板材)로 쓰였다. 또한 감잎으로 음식을 싸서 변질되거나 부패하지 않도록 보관하는 데 쓰이기도 했다. 아울러 풋감을 이용해 염료를 만들어 옷감에 물을 들이면 탈색이나 변색이 되지 않을 뿐 아니라 방부나 방습의 효과가 있었다. 그리고 감꼭지를 달여 음복하면 임산부의 유산을 방지할 수 있다는 속설도 전해지고 있다. 또 다른 유용성이다. 연장으로 사용할 나무망치를 만들 때 망치의 머리 부분은 감나무로 만들어도 될 정도로 단단하다. 그런데 무슨 연유였는지 감나무로 불을 때면 불행해진다는 이유에서 땔감으로 사용하는 것을 기피하며 터부(taboo)시했다.

우리 역사와 맥을 같이 해왔기 때문에 얼과 혼에 스며져 있을 막걸리나 된장을 비롯한 감 따위는 너무나 친숙해 진정한 가치를 잊는 어리석음이었을까. 개화되면서 물밀듯이 밀려들어 온 서양 술이나 인스턴트식품을 위시해 과일에 혼을 뺏겨 그들을 헌신짝 취급했던 것은 아닌지 곰곰이 곱씹어 봐야겠다.

서양 술에 현혹되어 잊혀가던 막걸리는 되짚어보니 알토란같은 '오덕(五德) 3반(三反)의 술'이라는 얘기이다. 막걸리의 오덕은 다음을 이른다. 첫째로 독주에 비해서 취하되 인사불성에 이르지 않으며, 둘째로 힘이 소진되었을 때 마시면 기운이 돋우어지고, 셋째로 새참에 마시면 요기(療飢)가 되며, 넷째로 성사되지 않는 일도 막걸리를 마시고 함께 길을 찾으면 해법이 나타나게 마련이고, 다섯째로 응어리진 사람이 더불어 마시면 시원스럽게 풀린다는 것이다. 한편, 삼반의 의미는 이렇다. 첫째로 근로지향(勤勞指向)의 반유한적(反有閑的)인 술이다. 즉, 놀고먹는 사람이 마시면 속이 끓고 트림만 나며, 숙취를 불러일으키기 재문에 무위도식하는 사람을 위한 술이 아니라는 의미이다. 둘째로 서민지향의 반귀족적(反貴族的)인 술이라는 사실이다. 원래 막걸리는 강화 도령으로 살다가 임금이 된 조선의 철종이 궁궐 내에서 미주(美酒)를 마다하고 막걸리만 고집했던 것처럼 서민 지향적인 술이라는 얘기이다. 셋째로 평등지향의 반계급적(反階級的)인 술이다. 그것은 군관민이 함께하는 제사나 큰일에서 합심주(合心酒)로 돌려 마셨던 관계로 지위의 높낮이를 초월한 반계급적 철학을 지향하는 술이라는 뜻이다.

우리 음식문화의 밑바탕 역할을 하는 된장을 촌스럽다고 외면하며 심지어 된장녀라는 신조어까지 등장했었다. 그런데 조금만 애정을 가지고 살펴보면 된장에는 5덕(五德)이 담겨있다는 사실을 깨닫고 생각이 달라질 게다. 오덕은 이렇다. 첫째로 단심(丹心)은 다른 맛과 섞여도 제맛을 낸다. 둘째로 항심(恒心)은 오랫동안 상하지 않는다. 셋째로 불심(佛心)은 비리고 기름진 냄새를 제거한다. 넷째로 선심(善心)은 매운맛을 부드럽게 한다. 마지막으로 화심(和心)은 어떤 음식과도 조화를 잘 이룬다.

감은 막걸리나 된장처럼 우리 전통문화와 맥을 함께 해왔다. 그리고 감나무는 봄엔 꽃을 완상하고, 여름엔 그늘의 시원함을 즐기며, 가을엔 감을 우리에게 안겨준다. 그런 감이나 막걸리와 된장이 수입 제품이나 귀화한 새로운 대체품에 밀려나 점점 시들방귀 취급받는 꼴이 안타까워 방방 뛰어도 묘책이 없어 체증에 걸린 것처럼 속이 더부룩 답답하고 마음은 떫기 그지없다.

한맥문학동인사화집, 제18호, 2018년 2월 28일
(2017년 11월 9일 목요일)

다시 주례를 준비하며

다시는 주례를 맡지 않겠다고 다짐했었다. 그럼에도 단호히 내치지 못해 돌아오는 토요일(11월 16일) 주례를 설 참이다. 오랫동안 글벗으로 연을 맺은 신랑 어머니의 간곡한 청을 매정하게 끊을 수 없어 어물쩍 받아들인 예식으로 서울에서 거행된다. 제자들 때문에 얼추 백 번 가까이 주례를 맡았었다. 그렇지만 이순의 중반부터는 사양하기로 작정하고 실천에 옮겼다. 그 이후에는 피치 못할 경우 한두 번을 제외하고 정중하게 거절해왔다.

아무리 생각해도 주례를 맡아야 할 자리가 아니다. 신랑과 신부가 모두 현직 선생님으로서 장남과 장녀인 까닭에 양가 모두 개혼(開婚)이다. 게다가 신랑의 아버지는 은행의 고위 간부이고, 신부 아버지는 중견기업 대표이다. 그런 까닭에 양가에 예비주례가 즐비할 터임에도 불구하고 촌구석에 사는 내게 주례를 맡기는 내막이 엄청 궁금하다. 시시콜콜한 사정을 구태여 챙겨봐야 할 이유는 없다. 이런 맥락에서 기쁜 마음으로 집례자(執禮者)로서 의무와 정성을 다해 예식을 이끌어야 할 책무가 지금 내게 지워진 소명이다.

많은 경험에도 불구하고 주례를 앞두면 넌짓넌짓 준비해야 할 자질구레한 일이나 심리적인 부담 때문에 중요한 시험을 앞둔 수험생 꼴이다. 우선 주례사를 어떤 내용으로 할지 두 주일 정도 전까지는 결정해야 한다. 그것도 지나치게 길거나 짧으면 안 된다. 이제까지 경험으로 비추어 볼 때 주례사는 십 분에서 십오 분 사이라야 무리가 없다. 한편, 준비과정에서 빠질 수 없는 게 머리를 깔끔하게 다듬는 일이다. 결혼식 당일 이발을 하면 너무 티가 나는 까닭에 며칠 전에 해야 자연스럽다. 이런 이유에서 이번 결혼식엔 일주일 전인 지난 토요일(11월 11일) 이발소에 가서 머리를 손질했다. 그러고 나서 결혼식 당일 아침에 드라이를 한다면 만사형통이다. 또한 주례 때마다 새 구두를 신을 수 없는 일이다. 그러므로 신던 구두일 경우 아무리 바빠도 깨끗이 닦아서 정갈한 모양새를 갖추는 게 최소한의 예의이자 도리이다. 그래서 오늘(11월 13일) 결혼식 당일 신을 구두를 수선소에서 손을 보고 깨끗이 닦아 신발장에 고이 모셔 두었다.

아내와 함께 옷장을 뒤졌다. 예식장에 입고 갈 양복이며 넥타이를 비롯해 와이셔츠를 점검했다. 속옷이나 양말 따위를 들춰보니 마침 새것이 있어 아무런 문제가 없었다. 일터를 물러나 집안에서 구들직장 노릇을 한지 일곱 해째 때문일 게다. 색깔이나 줄무늬가 있는 와이셔츠는 당장 꺼내 입고 나서도 새것이나 다름없이 말끔했다. 그런데 유독 흰 와이셔츠는 오랫동안 입지 않고 방치해둔 때문일까. 목 부분이 누렇게 변색되어 주례의 자리에 오르며 입으려 생각하니 께름칙했다. 성스러운 예식 자리의 집례자로서 정갈해야 한다는 견지에서 새것을 하나 구입했다.

예식의 진행은 정해진 순서에 따라 사회자가 이끄는 대로 따르면 아무런 문제가 없다. 하지만 이따금 눈에 드러나지 않는 사소한 돌발사고가 발생한다. 예를 들면 사회자의 미숙으로 일부 내용의 순서가 뒤바뀌거나 아예 빠뜨려서 바로 잡아야 하는 경우가 발생하기도 한다. 이럴 경우 어떻게 어떤 순간에 끼어들어 매끄럽게 이어나갈지 순간적으로 갈등을 겪는다. 이처럼 오지랖 넓게 주례로서 당일 예식을 어떻게 이끌 것인지 따위의 공연한 걱정도 따른다. 하기야 그런 세세한 부분까지 지켜볼 하객이 거의 없기에 공연한 노파심이며 지나친 기우일지도 모른다. 그래도 주례의 자리에 오르면 작은 흠결이나 실수가 없기를 바라는 마음 때문에 편치 않기도 하다.

주례의 자리에서 투영되는 하객에 대한 느낌은 별로다. 진지하게 주례사를 해도 제대로 듣는 사람은 기껏해야 신랑 신브와 양가의 혼주뿐이다. 주례가 집례를 하는 동안 소곤거리거나 껄껄대는 만무방같이 방자한 낯선 모습, 식장 안팎을 마구 오가며 눈치 없이 방약무인으로 떠들어대는 무례한 행동거지는 예의에 한참 동떨어진 망동에 가깝다. 이런 현실에서 과연 주례사가 필요한 것인지 자괴감을 느꼈던 적이 숱하다. 그래서 앞으로 혼례는 양가의 가족과 가까운 붙임붙이 몇몇만 초대하여 진정한 축복 속에 치루는 문화가 뿌리내린다면 여북이나 좋을까 하는 생뚱맞은 생각이

들기도 했다.

입때까지 경험했던 주례 중에 특별한 몇이 주마등처럼 떠오른다. 나는 신설학과의 창설 교수(founder)였다. 그런 연유 때문인지 첫 주례는 1회 졸업생이었다. 재학시절 학회장을 하던 G 군의 결혼식을 축하해 주기 위해 하객으로 참석했다가 얼결에 주례를 떠맡는 촌극이 벌어졌다. 전혀 준비 없이 도깨비에 홀린 듯 창졸간에 등 떠밀려 주례의 자리에 올라가 정신없이 허둥대다 초주검이 돼 내려왔다. 혼례를 망치지 않아 그나마 다행이었다. 하지만 지금 회상해도 등에 진땀이 날 정도이다. 첫 주례 이전의 일이었다. 첫 주례를 맡았던 G 군의 동기인 K 군이 학훈장교(ROTC)로 임관 직후 주례를 부탁했다. 내 나이를 생각할 때 어불성설이었다. 정중히 사양하며 훗날 자녀들의 혼례에 기꺼이 주례를 맡겠다는 말빚을 지는 약속을 얼렁뚱땅 해버렸다. 그렇게 서른 해 전쯤에 무심코 던졌던 말갈망을 위하여 몇 해 전에 그 제자의 딸 혼례에 주례를 맡았던 경험은 도저히 잊을 수 없을 것 같다. 또한 서울이나 대전을 비롯해서 부산에 뿌리내린 친구들의 자녀 결혼식에 주례의 자리에 섰던 경험이 또렷하게 회억된다.

단골 주유소 사장과 수인사를 주고받는 사이로 발전했다. 그분이 어딘가에서 내가 주례를 하던 모습을 지켜봤더란다. 게다가 지역 신문에 두 해 가까이 연재했던 나의 기명 칼럼의 애독자였다고 한다. 그렇게 안면을 트고 지내던 어느 날 주유소에 들렀더니 반갑게 대하며 사무실로 안내했다. 그리고 의례적 인사 뒤에 머뭇머뭇하다가 아들 혼례에 주례를 부탁했다. 아들은 전문의로서 기라성 같은 은사나 지인들이 즐비할 터인데 참으로 엉뚱했다.

정중하게 사양하다가 여러 날 간곡하게 청을 거듭해 결국 받아들였었다. 예식장에 입장한 신부 중에 예쁘지 않거나 눈부시지 않은 경우가 있을까. 주례의 자리에서 언뜻 살폈던 신부 중에서 그 댁의 며느리는 단연 으뜸의 미인이었다. 지역 미스 코리아 대회에서 왕좌를 차지했다던 풍문이 괜히 명불허전이 아니었다.

어쩌면 이번이 주례의 마지막이리라. 왜냐하면 앞으로는 어느 누가 간곡하게 청해도 단호히 사양할 참이다. 이런 관점에서 더더욱 정성을 다해 두 사람의 결혼을 축복하며 모범되고 행복한 가정을 이루어 보람되고 존경받는 삶을 누리길 기원한다는 당부를 주례사의 맺음말로 들려줄 참이다.

2017년 11월 13일 월요일

답답 그리고 곤혹

출구 없는 터널에서 칠흑 같은 어둠을 만나 방향 감각을 상실한 채 헤매고 있다. 답답하고 곤혹스러워 갈피를 잡을 수 없어도 깜깜한 어둠뿐이며 헷갈리고 아리송하다. 여러 달 전에 이번 주 토요일(18일)에 주례를 약속했다. 그런데 오늘(15일) 오전 형제처럼 자별했던 친구가 세상을 떴다는 연락을 받았다. 그리고 한식경쯤 지나서 유일하게 선영 지킴이 노릇을 하던 사촌동생이 세상을 버렸다는 전화 메시지를 받았다. 공교롭게도 둘은 같은 날 이승을 떠났기 때문에 삼일장이면 금요일(17일)에 발인한다. 정신이 혼미하고 어떻게 해야 좋을지 마냥 헷갈린다.

약속한 주례 얘기이다. 오랫동안 글벗으로서 돈독한 인연을 여툰 신랑 어머니의 정중한 청으로 이루어진 약속이다. 신랑과 신부는 모두 현직 선생님이다. 그리고 신랑 부친은 은행의 고위 간부이고, 신부 부친은 중견기업의 대표이다. 이러한 점을 감안할 때 주위에 주례를 맡을 사람이 즐비할 터이다. 그럼에도 구태여 시골 구석에 사는 내게 부탁했다는 사실을 생각할 때 더더욱 정갈한 몸과 마음으로 임해야 도리이다. 게다가 장남과 장녀인 까닭에 양가 모두 개혼(開婚)이다. 따라서 이제 와서 주례를 맡을 수 없다고 얘기할 형편이 못 될 뿐 아니라 염치가 없어 난감하다.

오늘 명을 달리한 친구 얘기이다. 대학과 대학원 석사과정을 동문수학했던 형제 이상으로 믿고 의지하던 절친한 친구로 익산에 소재한 W대학교의 교수로 재직하다 명예퇴직한 B 박사이다. 대학에 입학하면서 맺어진 인연으로 오십 년을 훌쩍 넘게 우정 이상의 인간적 신뢰를 쌓아온 돈독한 벗이다. 지난 초여름 몹쓸 병마가 심해진다는 부인인 양 시인의 전화를 받고 논현동 집을 찾았었다. 그때 병세가 악화되어 한마디 얘기도 나누지 못한 채 돌아와 무척 안타까웠다. 그리고 지지난 주에 상태가 나빠져 입원했다는 연락을 받고 이번 토요일 상경하겠다고 약속했다. 딴에는 토요일에 주례를 마치고 문병을 하려던 참이었다. 불과 며칠만 더 기다려주면 얼굴 한 번 더 볼 수 있었을 터인데. 무엇이 그리 바쁜지 표표히 이승을 떠났다는 애통한 비보가 믿기지 않는다. 당연히 한걸음에 상가를 찾아야 벗에 대한 도리이다.

먼저 간 친구에 대한 회억이다. 친구이지만 모든 면에서 따를 수 없었다. 자그마한 체구이지만 참으로 그릇이 크고 마음이 한없이 넓으며 웅숭깊은 데다가 가슴은 항상 따뜻했다. 그는 어린 시절 아버지를 여의고 청상의 어머니 슬하에서 동생과 함께 성장했다. 자식을 사랑하는 내리사랑 못지않게 어머니를 지극 정성을 다해 모시던 효자의 본보기였다. 그런가 하면 아내인 양 시인이

외동인 아들을 출산하면서 의료사고를 당해 큰 수술을 받았다. 그 뒤 한결같은 마음으로 부인의 병시중을 하던 순애보는 뭇사람의 귀감이 되고도 남으리라. 아마도 친구의 지고한 정성에 감응하여 양 시인이 건강을 회복했지 싶다. 아울러 시조시인으로 우뚝 서고, 박사과정까지 이수하는데도 친구의 외조가 무엇보다 큰 힘이 되었을 것으로 알고 있다.

예순여섯에 이승을 등진 사촌동생의 회상이다. 대여섯 해 전부터 신장(腎臟)에 문제가 있어 병원에 입원하기도 하고 투약해 온 때문에 따지고 보면 어느 정도 예견했었다. 그래도 둔기로 머리를 사정없이 얻어맞은 듯한 심한 충격에 정신이 혼미하고 아득하다. 지난해 만났을 때 견딜 만하다는 얘기에 무심하게 잊고 지내왔다. 그런데 이리도 일찍 세상을 뜨다니 섧고 애달프기 그지없다. 내 선친은 삼형제였다. 그분들에게서 태어나 장성한 사촌 형제들이 모두 열둘이다. 그중에서 가장 먼저 이승을 등진 게 오늘 유명을 달리한 사촌이다. 박복했던 때문일까. 그 사촌은 처복이 없었다. 백년해로하지 못하고 불혹의 중반부터 두 아들을 품고 사는 외기러기로 인고의 세월을 견뎌왔다. 이런 사촌의 임종을 지키지 못했을지라도 빈소로 당장 달려가야 도리임에도 불구하고 현실은 실타래처럼 얽히고설켜 발목을 잡고 있다.

다양하게 자문을 구했다. 일반적으로 혼주나 주례는 혼례를 앞두고 상가나 장례식장에 가지 않는 게 보편적인 예라는 조언이다. 또한 친구나 사촌의 별세는 돌발적인 변고이고, 주례는 오래전에 약속되었기 때문에 선약인 주례의 법도를 따르는 게 자연스러운 대응이라는 게 중론이었다.

생각할수록 섧고 비감은 끝없이 몰려온다. 그럼에도 곧바로 양쪽 장례식장에 찾아가 애도하며 정중한 조의를 전할 수 없는 내 처지가 못마땅하고 마냥 싫다. 그렇다고 백년가약의 자리에서 주례를 맡겠다고 했던 철석같은 약속을 헌신짝처럼 내팽개칠 수 없는 노릇이다. 그야말로 이현령비현령(耳懸鈴鼻懸鈴) 격에 해당하여 몹시 난감하다.

아쉽고 다소의 시빗거리가 뒤따른다 해도 큰 흐름의 줄거리를 이렇게 정했다. 우선 오는 토요일 오후(3시) 서울에서 주례를 마치고 논현동에 있는 친구의 집을 방문하여 문상을 한 뒤에 심야버스로 대전으로 내려갈 예정이다. 그리고 일요일에 사촌의 삼우제에 참석하기로 가닥을 잡았다. 나름대로 최선을 따져 결론 지었더니 맘이 편하다. 친구 부인인 양 시인과 망자의 형인 또 다른 사촌에게 이런 사정을 세세하게 얘기하며 죄송한 마음과 양해를 구했다. 하지만 양쪽의 상가에서 내 맘을 얼마나 이해해 줄 수 있을지. 아울러 이런 사정을 망자인 B 박사나 사촌이 너그럽게 헤아려 주면 좋겠다.

고약한 신의 삐딱한 처사에 화가 치민다. 둘의 별세와 한 혼례를 풀기 어렵도록 만듦에 대한 불평이다. 세 가지 경우가 차례대로 연이어져 발생했다면 아무런 문제가 없으련만. 기왕에 닥친 일로서 갖가지 궁리를 해도 솔로몬의 지혜나 뚜렷한 묘책이 따로 없다. 이런 맥락에서 부부의 연을 맺는 신랑 신부에겐 무한한 축복과 행복이 가득한 삶을 축원하련다. 아울러 저승길을 찾아 떠난 친구와 사촌은 이승보다 훨씬 따뜻하고 평화로운 천국에서 영생을 누리길 간원한다.

2017년 11월 15일 수요일

다음 닭띠의 해까지

해방둥이 을유생으로 일흔셋의 끄트머리에 서 있다. 불과 대엿새 지나면 정유년도 역사의 뒤안길에 지난 흔적으로 새겨지고 무술년이 밝아올 게다. 쏜살같이 빠르고 덧없는 세월을 되씹다가 뜬금없이 다음 닭띠 해까지 내가 살 수 있을까 하는 엉뚱한 상념에 빠졌다. 열두 해 뒤면 자그마치 여든다섯에 이를 것이기에 거의 불가능에 가깝지 싶다. 따라서 어쩌면 올해가 내가 맞는 닭띠 해의 마지막일지도 모른다는 견지에서 덧없는 세월의 무상함에 가슴이 시려오고 한편으로는 세상사가 뜬구름 같다. 내 의지와 상관없을지라도 태어난 해를 상징하는 까닭에 대해 새삼스럽게 궁금해졌다. 아울러 앞으로 살아가야 할 날들을 어떻게 보내야 할 것인지 진지하게 생각해 보고 싶었다.

12지(支)를 나타내는 동물은 자(子 : 쥐), 축(丑 : 소), 인(寅 : 호랑이), 묘(卯 : 토끼), 진(辰 : 용), 사(巳 : 뱀). 오(午 : 말), 미

(未 : 양), 신(申 : 원숭이), 유(酉 : 닭), 술(戌 : 개), 해(亥 : 돼지) 등이다. 이들 중에 유일한 비상동물(飛翔動物)로서 매일 새벽 인시(寅時 : 새벽 3~5시) 무렵이면 꼬끼오하고 울어 새벽이 밝아옴을 알려주는 전령이 닭이었다. 닭은 몇 가지의 천부적인 덕성을 지닌 것으로 회자되고 있다.

중국의 노(魯)나라 기록을 담은 한시외전(漢詩外傳)에 의하면 닭은 다섯 가지 덕을 지녔다는 얘기이다. 이를 계유오덕(鷄有五德) 다시 말하면 문무용신인(文武勇信仁)의 덕을 지녔다고 이른다. 첫째로 두대관자문야(頭戴冠者文也)가 뜻하는 바는 머리에 벼슬은 문덕(文德)을 뜻한다. 둘째로 족박거자무야(足搏距者武也)라는 참뜻은 걷어찰 수 있는 발톱은 무덕(武德)을 상징한다. 셋째로 적재전감투자용야(敵在前敢鬪者勇也)가 이르는 바는 적과 용감하게 싸우는 용감함은 용덕(勇德)을 이른다. 넷째로 수야불실시자신야(守夜不失時者信也)는 밤을 지켜 때를 잃지 않고 시간을 알림은 신덕(信德)이라는 의미이다. 다섯째로 견식상호자인야(見食相呼者仁也)는 먹이가 있을 때 혼자 먹지 않고 서로 불러서 함께 먹음은 인덕(仁德)이라는 뜻이다.

위의 견해와 철학을 바탕으로 할 때 문(文)과 무(武), 용맹과 신의, 인자한 품성을 두루 지닌 동물이다. 그동안 전혀 알지 못했던 닭의 행위나 쓸모의 깨우침이다. 칠흑 같은 어둠을 지나 여명이 밝아옴을 알려주는 전령의 역할, 다산성의 산란, 양질의 고기 제공 따위를 위시하여 여러모로 공헌을 해왔던 존귀한 존재이다. 이런 닭의 해에 서기를 담뿍 받고 태어나 우직하게 살아왔건만 닭의 슬기로움에 이르지 못한 삶의 궤적이 부끄럽고 겸연쩍기 이를 데 없다.

올해가 정유년인 까닭에 열두 해 뒤의 닭띠 해는 기유년(己酉年)인 2029년이다. 눈 깜짝할 찰나에 다가올 미래이다. 그럼에도 불구하고 그때까지 산다는 과욕은 엉뚱한 번뇌를 불러일으키지 싶어 부질없는 꿈은 애초에 접기로 했다. 젊은 시절이라면 앞으로 열두 해 뒤에 어떤 자리에서 무엇을 할 것이라는 희망 속에 꿈을 이루기 위해 부단한 열정을 쏟을 게다. 하지만 지금부터는 현실을 직시하면서 악업 같은 무거운 짐들을 내려놓고, 허업(虛業)을 빼닮은 질긴 인연의 굴레는 미련 없이 벗어던지련다. 그런 뒤에 하루하루를 알차게 맞고 보내는 쪽이 황혼의 삶을 찰지고 올곧게 마무리할 수 있는 첩경이리라.

여태까지 앞으로 여생에 대해 시시콜콜 생각해 봤던 적이 없다. 그런데 올 세밑에 이른 오늘 불현듯이 스쳤던 생각이다. 앞으로 얼마나 정상적인 삶을 누릴까라는 의문이 화두처럼 다가옴은 무슨 연유일까. 아마도 올해 주위의 많은 지인이나 친구들이 이승을 떠나면서 받았던 심리적인 충격 때문이리라. 이런 인과관계를 고려할 때 이제는 헛된 이기적인 탐심을 버리는 한편 망상의 고리를 과감하게 끊어버릴 요량이다. 이렇게 마음을 비우고 하늘의 섭리나 자연의 이치에 순응하는 삶이 나잇값을 제대로 하는 길일게다.

앞으로 어떤 자세로 살아가야 할까. 아무리 생각해도 거창한 명분 쌓기나 무모한 도전은 치기 어린 만용으로 끝을 알 수 없는 탐욕의 늪에 빠져 허우적거리는 참담한 모양새이리라. 이런 맥락에서 노추(老醜)한 모습으로 투영될 개연성이 큰 허울뿐인 인연을 하나하나 정리할 계획이다. 그리고 진정한 삶의 보람과 조우를 위한 길에 모두걸기를 하여 황혼을 아름답게 여투고 싶다.

불과 며칠 뒤엔 무술년이다. 입때까지 살아왔던 날보다 앞으로 살아갈 날이 훨씬 짧다. 따라서 허울뿐인 명분 쌓기나 체면치레를 위한 의례적인 관계는 단호하게 정리하고 참다운 나와의 만남을 위해 하루하루를 열고 닫는 기쁨에 자족하련다. 이를 위해 여기저기 넘보며 기웃대야 했던 느슨하고 허접한 관계나 사적인 잇속이 얽히고설킨 연들은 단절하거나 과감하게 거리를 둘 요량이다. 이렇게 함으로써 서로 할퀴고 후벼 파 생채기를 내는 다툼으로 인한 분노를 끌어안고 애면글면하며 현실을 외면하는 어리석음을 범하지 않으리라. 그 대신 꼭 쓸모 있는 쪽에 정성을 다하는 여정에 매진할 참이다.

이제부터 삶에서 줄곧 누리고픈 바람이다. 건강이 허락하는 한 매일 가까운 산을 찾는 즐거움을 누리고 싶다. 아울러 특별한 이변이 없는 한 지금까지처럼 매일 글을 가까이하면서 정신적으로 풍요로운 나를 가꿔 나갈 수 있기를 염원한다. 그런 희열 속에서 아픔을 치유하고 부족함을 채워가며 자긍할 수 있다면 세상에 부러울 게 없으리라. 하기야 그렇게 유유자적 무애의 삶을 누린다 해도 미욱한 내 눈은 육안(肉眼)에 머물 터이기에 심안(心眼)을 꿈꾼다는 것은 언어도단일 게다. 그런 까닭에 까마득하게 높은 세상 이치에 도통해서 꿰뚫어 볼 수 있다는 불안(佛眼)의 경지는 영원히 머릿속에 그려볼 수 없어도 섭거나 떫어하지 않고 웃을 수 있으리라.

출판과 문학, 2018년 1월, Vol. 6, 2018년 1월 31일
(2017년 12월 26일 월요일)

무탈 기도 타종식 나들잇길

시와늪의 발전과 가족 모두의 무탈과 복을 빌었다. 무술년의 두 번 째날 꼭두새벽에 기상했다. 여명이 밝아올 무렵에 목욕재계하고 채비를 하고 서둘러 집을 나서 밀양의 영산정사(靈山精寺 : 무안면 가례리 서가정(영축산))로 달려갔다. 초행이 아니다. 몇 해 전에도 찾았었기 때문에 낯익은 도량이다. 도착해 먼저 성보박물관(聖寶博物館)부터 둘러봤다. 엘리베이터를 타고 올라가서 4층의 10만 패엽경(貝葉經)을 비롯한 다양한 경전부터 살폈다. 그리고 아래층으로 내려가면서 전시물을 감상했다. 3층의 백만 과(顆)에 이른다는 부처님 진신 사리, 2층의 세계 여러 나라에서 모은 다양한 불상과 염주, 1층의 많은 대선사들의 존영을 그린 불화 따위를 설렁설렁 훑어봤다. 그리고 정오 무렵 사찰의 입구 왼쪽 요사채 옆에 위치한 범종각으로 자리를 옮겨 세계 최대의 범종(영산정사 대종 : 중량 27톤(t))을 정확히 10번 타종했다.

타종식을 마치고 절을 떠나면서 한 가지 빌고 싶은 소원이 있었다. 다름 아니라 이 절에서 지난 2003년부터 시작했던 세계 최대 와불(臥佛) 불사가 버거웠던지 15년 동안 중단되었다가 재개되리라는 소식을 전해 들었다. 이 엄청난 불사에 공력과 울력이 모아져 조속히 완성되길 빌었다. 와불의 좌대 길이 120m, 불상 길이 77~82m, 높이 21m 규모라는 귀띔이다.

올해 시와늪 창립 10주년을 맞이한다. 이를 기념하며 문우들의 무탈과 복을 기원하는 타종행사였다. 함께한 길동무는 배 회장을 위시해서 고작 일곱으로 매우 단출했다.

밀양 고을 무안 땅은 고추와 깻잎을 비롯한 비닐하우스가 매우 발달한 부촌이다. 그보다 유명한 게 돼지국밥이다. 그 옛날부터 경상도에는 돼지국밥이 유명했단다. 그런데 그 최초 발상지가 이곳 무안이란다. 그런 까닭에 무안에는 명불허전의 돼지국밥집이 즐비하다. 타종을 마친 다음에 밀양 토박이인 B 문우의 안내로 돼지국밥집을 찾아 게 눈 감추듯 뚝딱 한 그릇 비우고 나니 함포고복에 세상 부러울 게 없었다. 하지만 살포시 밀려오는 오수의 끈질긴 유혹을 매정하게 뿌리칠 재간이 없어 무척 곤혹스러웠다.

천근만근 무거워진 눈꺼풀과 씨름하며 달려간 곳이 창녕비봉리패총전시관(창녕군 부곡면 비봉길 7)이었다. 아직도 나를 혼미하게 만드는 오수의 유혹을 뿌리치지 못해 흐리멍덩한 채 전시관 문을 밀고 들어가 얼렁뚱땅 둘러보고 나오려는 심산이었다. 하지만 어느 순간 번개 치듯 정신이 퍼뜩 들었다. 그곳 패총에 대한 내력 하나하나가 허투루 지나칠 수 없는 매력덩어리였다.

비봉리 패총(貝塚)은 2004년 봄에 양배수장(揚排水場)을 건설하던 중에 발견했단다. 지금은 낙동강 줄기에서 한참 벗어난 외돌아진 들판 가녘이지만 신석기시대엔 바닷가였단다. 이 패총은 신석기 시대 초기에서 전기 시대(기원전 6500년~3500년)에 만들어졌다는 설명이다. 이는 5개의 조개 층 다시 말하면 5개(맨 아래에서부터 땅 표면 쪽을 향해 제 5패층, 제 4패층, 제 3패층, 제 2패층, 제 1패층)의 패층(貝層)으로 이루어 졌다. 여기서 출토된 주요 유물은 대충 간추리면 다음과 같다. 우선 제 5패층에서 출토되어 8천 년 전의 것으로 판명된 배는 우리나라에서 발굴된 가장 오래된 선박이라고 한다. 또한 제 1패층에서 출토된 망태기는 국내에서 출토된 유일한 것으로 그 가치가 어마어마하다고 한다. 그 외에도 다양한 문양과 모양의 토기와 생활용 도구, 똥 화석, 장신구, 낚싯바늘 따위의 고고학적 가치는 따져보기 어렵다는 얘기이다. 아울러 또 다른 유형의 출토품인 도토리와 복숭아 씨앗을 비롯한 동식물 유체, 유기물 따위는 현재 국립김해박물관에 보존되어 있단다.

오늘 함께 했던 일행은 기껏해야 일곱이었다. 하지만 삶터가 포항(정관)과 부산, 밀양, 창원, 마산 등 네 곳인 까닭에 승용차가 네 대가 동원되었다. 패총 전시관 관람을 한 뒤, 차를 나누어 마시고 뿔뿔이 헤어졌다. 나는 배 회장의 승용차 신세를 졌다. 아침에 배 회장이 우리 아파트로 와서 동승하고 국도 5호선을 따라 내서(內西)를 지나 계속 대구 쪽을 향해 달리다가 낙동강을 건너 조금 뒤에 창녕 도천의 우강 교차로에서 1022번 지방도로로 진입했다. 낙동강변의 둑 위로 개설된 길을 따라 직진하는데 4대강 사업 흔적인 낙동강 창녕·함안보가 오른쪽 수면 위에 덩그러니 걸려 있었다. 그 보(洑)를 지나 계속 달리면서 길곡면을 지나 부곡면의 인교라는 곳에서 좌회전 신호를 받아 밀양시 무안면으로 향하면 된다. 돌아오는 길은 비봉리 패총 앞마당에서 출발하여 몇 미터 나오다가 곧바로 우회전해 1022번 지방도로로 진입하여 아침에 달려왔던 길의 역순으로 되짚어 귀가했다.

돌아오다가 배 회장이 길가에 차를 세우며 개비(犬碑)를 구경하자고 했다. 의아하지만 잠자코 차에서 내렸다. 도로 옆 산비탈 작은 마을 입구 두어 평 됨직한 낮은 직사각형 쇠 울타리 안에 묘 하나가 있고 그 앞에 개비라는 안내판이 있었다. 그리고 그 묘를 둘러싼 쇠 울타리 한쪽엔 '낙동로 1983-1~1983-18'이라고 적혀 있었다. 이는 그 학포리 동네가 낙동로 1983번지 1호에서 18호까지라는 뜻이지 싶었다. 개묘는 네모진 형태로 누군가가 벌초를 했고 개비에 새겨진 내용은 오랜 세월 풍화작용 때문인지 글자가 깡그리 마모되어 판독할 수 없었다.

안내판에 적혀있는 내용에 약간의 첨삭을 가한 개비에 대한 유래는 이랬다. 옛날 옛적 창녕군 부곡면 학포리(노리부락)과 임해진(청암리)에 성(性)이 다른 두 마리의 개가 살았다. 이들 한 쌍 사이에 애정이 깊고 깊어 두 부락 사이를 헤아릴 수 없을 정도로 오갔다. 그런데 두 부락 사이를 오가는 길이 없어 낙동강을 따라 깎아지르듯이 가파른 절벽을 곡예 하듯 타고 오르내리기를 수 없이 되풀이하다 보니 자연스레 작은 길이 트였다. 그렇게 개들이 천애절벽 같은 산속을 오가며 만든 오솔길을 사람들이 왕래하게 되어 불편을 덜었다고 한다. 우연히 개들이 만든 길일지라도 사람들이 개의 고마움을 영원히 기리려고 비를 세웠다. 이런 사연을 간직한 비를 '개비(犬碑)' 혹은 '개로비(開路碑)'라는 이름으로 불리고 있다. 지금은 낙동강 변을 따라 발달한 가파른 암벽을 깎아서 닦은 번듯한 도로가 완공되었다. 그런 까닭에 그 옛날 전설은 아련한 추억 거리로 남아있다. 두 마을 사이의 도로는 지난 1986년 군사 작전용으로 시공했다가, 주민들의 청원으로 경상남도와 창녕군의 예산 지원을 받아 완공했단다. 한편, 이렇게 마무리해 두 마을 사이를 이은 포장길은 청암리와 학포리의 이름을 합성하여 '청학로'로 명명되었다.

오늘 날씨는 유난히 포근하고 맑아 이른 봄날을 연상시켰다. 신의 축복이었을까. 단순히 무탈과 복을 비손하던 멋없는 길이 아니었다. 선조들의 얼과 혼이 오롯이 살아 숨 쉬는 비봉리 패총을 만났는가 하면 작은 동네에 숨겨진 주옥같은 개비 전설과도 조우하는 옹골진 하루였다. 삽상한 기운을 느낄 정도로 청아한 날씨에 글벗들과 어우러져 길을 나섰던 하루가 상서로운 기운으로 가득해 무척 행복했다. 새해의 첫 나들이에 은총이 담뿍 내려진 것 같아 마냥 뿌듯하고 발걸음이 가벼웠다.

시와늪, 통권 제39집, 2018년 봄호, 2018년 1월 25일
(2018년 1월 2일 화요일)

글에서 오자 문제

한시(漢詩)에서 오자(誤字)는 치명적인 오류를 초래한다. 물론 소리글인 한글로 쓰는 글에서도 그 영향은 엇비슷하다. 그렇다고 할지라도 뜻글인 한자는 함축적인 의미를 담고 있기 때문에 글(시)의 생명과 호흡에 결정적인 흠결로 작용할 위험성은 더더욱 크다. 이런 맥락에서 글쟁이들은 수없는 퇴고를 거듭해 완벽한 글을 위해 심혈을 기울이고 있다. 그렇게 이 잡듯이 훑으며 고심을 거듭해도 수많은 글 속에는 오자가 흉측하게 똬리를 틀고 끈질긴 생명력을 자랑해 괘씸하기 이를 데 없다.

몇 해 전부터 한시의 매력에 빠져들고 있다. 하지만 고전문학에 대한 소양을 제대로 쌓았던 적이 없는 데다가 한문에 대한 식견이 좁고 얇아서 제자리를 맴돌며 허우적대고 있다. 그래도 즐겁고 재미있어 퍼뜩 미련을 버리지 못해 궁싯거리고 있다. 그렇게 실낱같은 끈을 붙들고 힘겨운 씨름에 끙끙대는 내 꼴을 눈여겨

살핀다면 손가락질은 물론이고 비웃음도 불사하리라.

기껏해야 학창 시절의 설익은 지식을 바탕으로 되풀이해 넘겨다보는 한시의 맛과 멋을 조금씩 느껴지기 시작했다. 애잇머리[34]엔 청맹과니처럼 눈에 들어오지 않았다. 그렇게 한계를 절감하면서도 끈질기게 도전하다 보니 적지만 변화의 조짐이 나타나기 시작했다. 시나브로 날이 가고 달이 가며 계절이 몇 번 바뀌다가 새해를 거듭 맞으면서 점차 글이 눈에 들어오는 기쁨에 전율했다.

문리를 조금씩 터득하면서 얼렁뚱땅 책장을 넘기거나 건성으로 대하지 않고 여러 번 정독하며 다른 것과 견주거나 같은 내용일지라도 다른 구석이 있다고 여겨지면 따져보는 버릇이 생겼다. 그러다가 우연히 예시하는 시구(詩句)가 포함된 한시들과 조우했다. 예시되는 시구에서 (가)는 오래전부터 전해 내려오던 원본이고, (나)는 (가)를 바탕으로 만든 복사본인 셈이다. 이들 둘을 견주다가 동일한 내용을 전혀 다르게 표기한 부분이 눈에 띄었다. 그래서 오자 혹은 상이한 표기 내용을 대충 간추려 보기로 했다.

참으로 이해할 수 없는 구석이 있었다. 원본인 (가)에 비교할 때 복사본인 (나)에는 한자씩 다르게 표기했음에도 한글로 번역한 내용은 원본과 복사본이 완전히 똑같았다. (가)의 내용을 (나)로 옮기는 과정에서 누군가가 한 번만 단단히 챙겼어도 바로 잡을 수 있었을 터인데. 몇몇 대목에서 원본 (가)와 복사본 (나)의 내용이 서로 다른 부분의 구체적인 내용은 이렇다. 이는 대학 신

34) 애잇머리 : 맨 첫 번.

입생을 대상으로 하는 강의 중에 부여한 리포트나 취미로 정리한 자료가 아니다. 우리 지역문화의 단면을 보여주는 내용에서 어엿이 나타난 흠결이다. 이처럼 글자 한 자가 달라짐에 따라 어떻게 의미가 달라지는지 새겨보는 것도 상당한 의미가 있다.

첫째로 예의 (가)에서는 '창자' 장자의 속자(腸)로 표기했다. 그러나 (나)에서는 '창자' 장자(腸)로 표기하고 있다. 그러므로 의미상 아무런 문제가 없으나 외형상으로는 표기가 달라졌다.

(가) 人去愁**腸**日九廻 사람은 갔어도 시름은 끝없이 남았네
(나) 人去愁**腸**日九廻 사람은 갔어도 시름은 끝없이 남았네

둘째로 예의 (가)에서 '흐느껴 울' 허(歔)자로 표기된 내용을 (나)에서는 '신선' 선(仙) 자로 표기함으로써 의미가 전혀 달라졌다. 그럼에도 신통방통하게 그 내용을 번역한 한글은 완전히 똑같다.

(가) 月影幾**歔**還復滿 달그림자는 몇 번이나 이지러졌다가 다시 차건만
(나) 月影幾**仙**還復滿 달그림자는 몇 번이나 이지러졌다가 다시 차건만

셋째로 예의 (가)에서 '자취' 종(蹤)자로 표기한 내용을 (나)에서는 '도리옥' 선(瑄) 자로 표기함으로써 두 표현은 완전히 달라졌다. 이 경우도 번역한 한글 표현은 동일하니 귀신이 곡할 노릇이다.

(가) 雲**蹤**長往未曾來 구름 자취는 영구히 가고 일찍이 오지 않네
(나) 雲**瑄**長往未曾來 구름 자취는 영구히 가고 일찍이 오지 않네

넷째로 예에서 (가)의 내용 중에 ◯자리에는 '부를' 요(邀)자에서 "攵"를 뺀 모양으로 표기되어 있다. 이는 세월이 지나면서 원본 글자 중에 "攵" 부분이 마모되었지 싶다[35]. 그렇다고 한다면 원래 (가)의 내용과 (나)에서 표기한 '부를' 요(邀)가 같아 아무런 시빗거리가 없어 보인다.

(가) 酒客◯時屢擧盃 주객은 만날 때마다 여러 번 잔을 드네
(나) 酒客**邀**時屢擧盃 주객은 만날 때마다 여러 번 잔을 드네

다섯째로 예의 (가)에서 '뜰' 정(庭)자로 표기한 내용을 (나)에서 '조정' 정(廷)자로 엉뚱하게 표기하는 오류를 범하고 있다.

(가) 官舍門**庭**百日紅 관사 문 앞에는 백일홍이 붉었네
(나) 官舍門**廷**百日紅 관사 문 앞에는 백일홍이 붉었네

여섯째로 예의 (가)에서 '귀글' 시(詩)자로 표기한 내용을 (나)에서 '때' 시(時)자로 전혀 다르게 표기하고 있다. '때' 시(時)자로 표기한 것을 한글 번역에서 "시구(詩句)"라고 표기한 부분에 이르면 어처구니가 없을 뿐 아니라 유구무언이 합당한 처사이지 싶어 입을 다물기로 했다. 이 경우 너그럽게 이해하려면 (나)에서 '時調'라는 뜻으로 생각하고 '時'라고 썼을 수도 있겠다고 할 수 있겠다.

(가) 百年風雅新**詩**句 백년 풍류에 시구(詩句)가 새롭고
(나) 百年風雅新**時**句 백년 풍류에 시구(詩句)가 새롭고

---

35) K대학교 한문학과 H 명예교수께 메일로 질문 했더니 그런 글자는 없다고 답해 주셨다.

일곱째로 예의 (가)에서 '잔' 배(杯) 자로 표기한 내용을 (나)에서 '잔' 배 자의 속자(盃)로 표기하고 있다. 이는 의미상으로는 동일하지만 외형적으로 달리 표기하고 있다.

(가) 萬里江山一酒**杯** 만리 강산에 한 잔 술을 마시네
(나) 萬里江山一酒**盃** 만리 강산에 한 잔 술을 마시네

여덟째로 예의 (가)에서 '물 가' 오(墺)자로 표기되어 있는데 (나) 에서는 '빈터' 연(堧)자로 표기하고 있다. 그런데 이 내용을 전문가께 자문을 구한 바에 따르면 (가)의 표기가 틀리고 (나)의 표기가 바르다는 견해였다[36]. 이는 원본이 틀리고, 복사본이 맞은 경우이다.

(가) 老樹奇巖碧海**墺** 늙은 나무 기이한 바위 푸른 바닷가에 있건만
(나) 老樹奇巖碧海**堧** 늙은 나무 기이한 바위 푸른 바닷가에 있건만

아홉째로 예의 (가)에서 '어두울' 혼(昏)자로 표기된 내용을 (나)에서는 '다' 개(皆) 자로 표기함으로써 엉뚱한 내용으로 바뀌고 말았다.

(가) 霧雨旬**昏**曉 안개 구름 종일 어렸어라
(나) 霧雨旬**皆**曉 안개 구름 종일 어렸어라

어느 누구도 글에 오류가 포함되는 것을 묵과할 천치는 없다.

36) 위의 H 명예교수는 이황의 시 월영대(月影臺)의 일부라며 아래와 같이 바로 잡아 주셨다. 이 시는 퇴계집 권1에 실려 있는 내용으로, 고딕체 큰 글자는 연(堧)자라야 하고, 오(墺)자는 오자입니다 라고. 한편, 원시와 한글 번역 내용을 이렇게 알려주었다.

늙은 나무 기이한 바위 푸른 바닷가 / 老樹奇巖碧海**堧**

최선을 다해 완벽한 글을 염원해도 찰나적인 방심이나 부주의에 기인하리라. 이를 보다가 그 옛날 중국의 진(秦)나라의 여불위(呂不韋)가 떠올랐다. 그는 어떻게 책을 만들었기에 감히 일자천금(一字千金)이라고 큰소리를 쳤을까 하는 생각이 문득 떠올랐다. 여불위가 자기 집에 머물던 식객들의 얘기를 책으로 만들어 여씨춘추(呂氏春秋)로 명명했다. 그리고 함양(수도) 성문에 그 책과 황금 천 냥을 매달아 두고, 누구라도 책에 단 한자라도 첨삭하면 황금 천 냥을 준다고 했다. 그런데 어느 누구도 단 한자의 첨삭을 하지 못했다는 데서 유래한 말이 일자천금이다. 얼마나 완벽한 집필과 퇴고를 통하여 책을 펴냈기에 그런 호기로운 행동을 보였을까. 이 자세는 졸장부의 치기가 엿보일지라도 글을 쓰는 모두가 본받아야 할 자존감의 상징이 아닐까 싶다.

남의 글에 서슬 퍼런 독설을 퍼부을 자격이 내게 있는 걸까. 내 코가 석 자 정도 빠진 격이기 때문에 낯을 들 수 없어 고개가 절로 숙어진다. 여태까지 학문을 하는 데 필요한 전공서적 서른 권 남짓과 수필집 여남은 권을 펴냈었다. 그 책들은 우리글로 썼는데도 하나같이 오탈자가 지뢰밭 꼴이라서 남우세스럽다. 집필을 계획할 때 흠 없이 반듯한 귀공자를 탄생시키겠다고 다짐하며 별렀다. 하지만 앎이 턱없이 부족한 데다가 천성이 게으르고 끊기가 없어 매번 다졌던 결기는 한낱 허튼소리에 지나지 않았다. 민망하고 부끄러운 흔적이 고스란히 살아 숨 쉬고 있는 내 책을 펼쳐보기 두려워 가능한 피한다. 이런 맥락에서 앞으로 단 한 권이라도 오탈자를 위시해서 논리적 모순이 포함되지 않아 여불위가 유치할 정도로 외치던 일자천금의 자긍심이 가득 담긴 책을 집필해 보고 싶다.

마산사랑, 날개를 달다, 2018년 마산문협사화집, 2018년 10월 25일
(2018년 1월 17일 수요일)

저도 비치로드

무술년의 경칩 이튿날 저도(猪島) 비치로드(beach road)를 걸었다. 몇 해 전 그 길의 일부를 글쟁이 도반들과 대충대충 둘러봤던 적이 있다. 그 후에 개설된 해안데크로드(deck road)가 빼어난 절경이라는 얘기를 귀동냥했다. 그 길을 비롯해 바다구경길이 아른거려 벼르고 나섰다. 같은 마산합포구인 구산면 구복리 건너편에 자리한 저도 해안을 휘감아 돌며 개설된 둘레길이다. 조금은 외 돌아졌고 한적하며 후미져서 엄두가 나지 않아 망설이다가 마냥 미뤄둔 채 뭉그적댔었다.

비치로드의 백미이며 압권은 수직에 가까운 해안의 암벽을 따라 개설된 해안데크로드이다. 제1전망대에서 오른쪽에 섬의 비탈, 왼쪽 아래로 바다를 끼고 휘감아 도는 숲길을 걷다 보면 제2전망대 어귀인 초입에 이른다. 여기서 제2전망대로 내려가려면 수직 암벽에 데크(deck)로 가설한 비행기의 트랩(trap)과 흡사한 계단을 따라 20m쯤 내려가야 한다. 이 가파른 계단을 따라 아래로 내려가다가 중간쯤에서 시작하여 오른쪽으로 제3전망대를 거쳐 제4전망대에 이르는 0.95km가 해안데크로드이다. 해안가로 이어지는 수직 암반을 따라 세운 철근 빔으로 고정시킨 뼈대 위에 테크 판재(板材)를 깔았다. 해안 절벽의 지형적 특성에 맞춰 오르내리는 계단이 중간 중간에 있어도 꽤나 길고 평평한 길이 이어진다. 이 길은 마치 경거숙로(輕車熟路)를 떠올려 환상적이다. 게다가 왼쪽에는 청정한 바다목장이 널려있어 육지의 평야에 경지정리 된 논밭을 연상시켜 정겹다.

오른쪽으로 휘돌아 발달한 급경사의 산비탈엔 숲이 우거져 멋거리진[37] 분위기에 취해 콧노래가 절로 났다. 게다가 평일 아침 서둘러 나섰기 때문에 아무도 없는 호젓함에 마냥 꿈길을 걷는 오붓함을 만끽했다. 하지만 이따금 아찔한 절벽을 지나면서 오금이 저리고 짜릿함이 엄습해 또 다른 스릴을 즐길 수 있었다.

또 다른 명소가 콰이강의 다리이다. 이는 육지인 구산면 구복리에서 저도로 건너가기 위한 관문으로 지난 87년에 가설했던 철골연륙교이다. 빨간 페인트로 도색하여 주위의 경관과 절묘하게 어울린다. 이는 1957년 미국의 데이비드 린(David Lean)이 만들었던 영화 콰이강의 다리에서 나오는 다리를 연상시킨다는 이유에서 붙여진 애칭이다. 이처럼 걸출한 자태 때문에 지난 2001년 노효정이 감독한 영화 인디언 썸머(indian summer)의 촬영지가 되기도 했다. 그런데 오래된 콰이강의 다리는 작고 좁아 대형차량

---

37) 멋거리지다 : 멋이 깊숙이 들어 있다.

통행이 불가능해서 2004년 말 새로운 연륙교를 개통하여 모든 차량은 그곳으로 통행하고 있다. 그 이후 기존의 콰이강의 다리는 바닥에 바다가 훤히 보이는 스카이워크(sky walk)로 환골탈태시켜 오로지 사람만 걸어서 건너는 관광용이 되었다. 아울러 주위에 사랑의 자물쇠 조형물, 느린 우체통, 야간 조명 따위를 설치하여 젊은 연인들이 즐겨 찾는 명소로 탈바꿈시켰다.

저도 비치로드를 걷는 방법은 선택에 따라 몇 가지 중에서 하나를 고를 수 있다. 오늘은 가능한 많이 걷고, 많이 보며, 미답의 길을 걸을 심산으로 집을 나섰다. 이에 따른 노정은 이렇다. 먼저 비치로드의 시발점인 하포리 마을 앞 주차장에서 왼쪽을 향해 걷기로 했다. 이 길은 왼쪽엔 바다, 오른쪽엔 산비탈을 끼고 걸어야 한다. 이런 길을 선택한 때문에 주차장에서 제1전망대, 제2전망대, 해안데크로드(제2전망대에서 시작하여 제3전망대를 거쳐 제4전망대까지의 구간), 제2바다구경길, 제3바다구경길, 정상(등산로)가는 길, 용두산 정상(202.7m) 등정, 하산은 큰개길, 갈림길을 거쳐 연륙교에 이르는 길목을 걸었던 관계로 얼추 6.4km 이상을 2시간 30분 가까이 걸었다.

비치로드라도 먼바다 쪽으로 크고 작은 섬들이 들쭉날쭉 멋대로 늘어선 형국인 때문에 망망대해의 모습과는 거리가 멀다. 청정한 호수를 빼닮은 바다를 왼쪽으로 끼고 섬을 반 바퀴 돌다가 정상을 향해 씩씩거리며 올라와 섬의 최고봉인 용두산에 사부랑삽작[38] 올랐다가 연륙교 쪽으로 내려왔다. 제4전망대에서 가파른

---

38) 사부랑삽작 : 힘들이지 않고 가볍게 살짝 건너뛰거나 올라서는 모양.

비탈로 오르다가 곧바로 오른쪽 비탈로 개설된 조붓하고 완만한 오르막과 내리막을 따라 제2바다구경길을 거쳐 제3바다구경길에 이르는 0.9km이다. 이 노정은 3, 4부 능선으로 개설된 나무숲 터널 모양으로 동뜬[39] 풍광이 맘을 끈다. 따라서 묵언수행처럼 사색하거나 동행들과 도란도란 얘기를 나누며 시적시적 걷기에 적합해 정을 붙이기에 맞춤하다.

제3바다구경길에서 정상(등산로) 가는 길은 매우 가파른 돌계단을 헉헉대며 치고 올라가다가 호흡이 흐트러지면 꽤나 헉헉댈 구간이다. 기껏해야 0.35km인 오르막일지라도 겸손하지 못하거나 함부로 객기를 부리며 나대다가는 뜨거운 꼴 당하기 십상임을 망각하는 어리석음을 범하지 않으려면 겸손이 제격이지 싶었다. 정상(등산로) 가는 길이라는 표지판 위치에서 용두산 정상까지는 험로가 아니기에 초보자가 도전해도 무방해 보였다.

정상(등산로) 가는 길이라는 표지판의 위치에서 코스합류점을 거쳐 하포마을 주차장에 이르는 길은 이미 걸었던 경험이 있기에 구태여 또다시 걸을 이유가 없었다. 그래서 그 지점에서 연륙교 부근으로 내려가는 큰개길(갈림길) 쪽으로 휘진[40] 몸을 이끌고 내려왔다. 해안 가까이에 이르러 구불구불 바닷가로 개설된 길을 걷다가 완만한 오르막에 이르니 콰이강의 다리가 눈앞에 나타났다.

아침엔 아내가 승용차로 비치로드의 시발점인 저도의 하포리

---

39) 동뜨다 : 다른 것들보다 뛰어나다.

40) 휘지다 : 무엇에 시달려 기운이 빠지고 쇠하여지다.

주차장까지 데려다주었다. 하지만 귀갓길은 연륙교 옆 승강장에 도착하기 무섭게 시내버스가 도착해 앞뒤 잴 겨를 없이 덥석 올라탔는데 그게 되레 행운이었다. 왜냐하면 시내버스 노선이 우리 아파트 앞을 지나갔기 때문이다. 그 덕택에 집 앞의 정류장에서 하차하여 곧바로 집에 도착한 까닭에 어쭙잖게 택시를 타고 온 것보다 훨씬 남는 옹골진 장사였다.

건강 문제가 중요한 화두로 등장하면서 온 나라의 구석구석 헤아릴 수 없을 만큼의 수많은 둘레길이 생겨났다. 그렇지만 엄밀히 따져보면 대부분 뚜렷한 특징이나 개성이 없는 두루뭉술하고 밋밋한 경우가 태반이다. 이런 현실에서 저도의 비치로드 중에 해안 바위 절벽을 따라 개설된 해안데크로드는 군계일학일 뿐 아니라 걸출한 풍광에 어울리는 비경이요 명소가 분명하다. 매스컴에 대문짝만하게 광고하지 않아도 애호가들의 입소문이 퍼지며 알음알음으로 널리 알려진 때문일 게다. 비치로드 일주를 마치고 버스 사정을 알아보기 위해서 연륙교 옆 가게에 들렀을 때 주인의 얘기이다. 대화 중에 휴일이면 전국에서 관광버스가 몰려와 그 뒤치다꺼리가 힘들다는 배부른 푸념이었다. 이 말은 역설적으로 비치로드 개설이 성공적이라는 사실을 방증한다고 치부해도 그다지 큰 무리가 없어 보였다.

마산사랑, 날개를 달다, 2018 마산문협사화집, 2018년 10월 25일
(2018년 3월 7일 수요일)

순매원으로 탐매 여행

양산 원동의 순매원으로 봄의 전령을 친견하는 탐매(探梅 또는 심매(尋梅)) 나들이를 했다. 시와늪 문우들의 시화전에 몸 부조라도 해야 맘이 편하겠다는 핑계를 앞세우고 구경꾼으로 동참했다. 시인이 아닌 관계로 편한 마음으로 만개한 매화를 완상하며 화사한 봄 마중을 하고파서 무작정 길을 재촉했다. 경부선의 물금역과 삼랑진역 사이에 작은 원동역이 있다. 이 언저리가 양산시 원동면으로 해마다 원동매화축제가 열린다. 이 축제는 겨우내 움츠러들었다가 봄나들이 기회를 엿보는 상춘객을 불러내는 마중물 역할을 톡톡히 한다.

바다를 건너온 훈풍이 낙동강 변 산비탈 강마을에 머물면서 개화를 부추겼던 결실이다. 봄을 재촉하는 빗방울의 호된 치도곤과 꽃샘추위의 시샘까지 견뎌내는 시련을 고스란히 겪고 개화되었기에 더욱 가상하고 경이롭다. 온통 희고 붉은 매화가 어우러져 펼친 꽃 마당이었다. 매년 삼월 중순 무렵 축제가 열리며 올해 12번째란다. 원동마을에서 영포마을 사이의 7.7km 구간이 매화 거리로서 축제의 무대이다. 축제 기간엔 이 지역이 온통 화사한 꽃동산을 이뤄 몽환적인 분위기를 연출해낸다.

축제 장소 중에 압권이며 백미는 아우라를 자랑하는 순매원이라는 귀띔이다. 이 매원에서 산 쪽을 올려다보면 드높은 위쪽의 산허리로 지방도 1022호선이 지나간다. 매원은 토곡산(855.5m) 한쪽의 가파른 산비탈에 천 그루 가까이 매화가 심겨져 있다. 강변 쪽으로 순매원의 경계를 긋는 철책이 쳐져 있다. 철책 너머엔 경부선 철길이 있고, 그 옆으로 드넓은 낙동강이 유유히 흐른다. 산자락 된비알에 흐드러지게 핀 매화의 고혹적인 자태를 위시해서 철길을 무심히 달리는 철마와 그 옆 강심을 유유히 흐르는 물이 어우러지는 조화는 황홀경 그 자체로 뇌리에서 쉬 지워지지 않을 풍경이었다.

세상을 온통 울긋불긋 수놓은 매화, 화창한 봄날 강변을 상하행으로 번개처럼 내달리는 철마, 춘심을 가득 담은 강물은 서정적인 자연의 노래이며 신이 빚은 비경이었다. 이런 아름다움을 사진으로 남기고 싶은 경우 지방도 1022호선 길옆의 순매원 입구 전망대나 원동역 방향으로 휘적휘적 걷다 보면 사진 촬영하기 좋은 곳이라는 팻말이 있는 전망대가 안성맞춤일 것 같았다. 이들 전망대에서 꽃 대궐인 순매원, 철길을 내닫는 철마, 낙동강이 어우러진 환상의 삼중주가 펼쳐내는 빼어난 경관을 온새미로 앵글 속에 쓸어 담을 수 있다.

지방도 1022호선의 갓길로 느릿느릿 걸으며 두 곳의 전망대에서 눈 아래에서 펼쳐지는 경관을 조망하다 보면 빼어난 장관에 탄성이 절로 났다. 순매원 속으로 들어가 탐매이다. 순매원이라는 표지석이 서있는 전망대에서 가파른 비탈에 구불구불한 시멘트 길을 따라 내려갔다. 띄엄띄엄 식재된 매화나무 그루 사이로 파고들며 흐드러지게 핀 꽃 대궐의 향연을 눈에 담으려니 어지러웠다. 거개의 봄꽃들처럼 매화 역시 잎이 나오기 전에 꽃이 핀다. 그런 때문에 가녀린 가지에 하얀 혹은 분홍의 꽃이 다닥다닥 피어나 크고 작은 수많은 꽃방망이가 제멋대로 나무에 달려있는 모양새에 넋을 잃을 정도였다. 멀리 전망대에서 조망했던 매원은 무릉도원이 있었다. 그에 비해 꽃밭 속에서 꼼꼼히 살핀 자태는 사뭇 달랐다. 앙증맞은 꽃들이 촘촘히 붙어 자리다툼을 하는 암팡진 모양새가 정겹고 고혹적이었다.

볼수록 정겹고 황홀해 뻘대추니 나대듯 이 그루 저 그루의 꽃을 헤집으며 허둥댔다. 이렇게 취하다 보니 이 꽃 저 꽃으로 자유롭게 오가는 벌 나비가 된 듯한 묘한 환상에 빠져들었다. 그렇게 나를 잊고 몽환의 세상을 헤맬라치면 벼락 치듯이 내닫는 요란한 열차가 지나며 내는 강렬한 쇳소리가 현실로 되돌려 놓곤 했다. 그렇게 얼마나 취해있었을까. 흐드러진 매화 탐미(耽美)도 시들했던가. 어느결에 어쭙잖게도 달을 보라는데 달은 보지 못하고 달을 가리키는 손가락만 본다는 뜻의 견지망월(見指望月) 상태에 이르렀다. 탐매라는 본연의 취지를 내팽개치고 꼬리에 꼬리를 물고 몰려드는 탐매객을 훔쳐보는 나 자신에게 어이가 없어 쓴웃음이 절로 났다.

이 매원에서 시와늪 시화전은 올해 두 해째로서 '매화 향과 시심으로 봄을 여는 시화전'이라는 슬로건을 내걸었다. 시화전과 시낭송회를 비롯해서 책 나눔 행사와 누구라도 자유롭게 참가할 수 있는 백일장과 스마트폰 촬영대회 따위가 진행되었다. 이들 중에 시화전에는 43명의 시인이 73편의 작품을 출품해 전시했다. 탐매객 중에 시화에 관심을 보이는 경우는 극히 드물었다. 한편, 글동무들은 탐매객들에게 동인지인 시와늪을 비롯해서 자신의 시집에 자필 서명하여 무료로 나눠주는 책 나눔 행사를 종일 지속해 눈길을 끌었다.

순매원의 오묘한 개성을 대변하는 단면의 소묘이다. 간간한 먹거리 판매 행태가 인상적이었다. 염가로 부담이 없기 때문일까 아니면 분위기를 즐기는 걸까. 누구를 막론하고 탐매객들은 뙤약볕 아래 장시간 동안 웅긋쭝긋 줄을 섰다가 차례가 돌아오면 겨우 음식을 주문할 수 있었다. 그렇게 어렵사리 취득한 음식을 가지고 매화나무 그루 사이에 놓인 간이식탁의 자리를 꿰차고 앉아 맛있게 먹는 모습은 그 옛날 잔치마당을 연상시켰다.

매화를 예찬함은 '매화는 일생을 춥게 살아도 향을 팔지 않는다'는 뜻의 매일생한불매향(梅一生寒不賣香)이라는 철학 때문이었을까. 어찌 되었든 예로부터 매화(梅)는 난초(蘭), 국화(菊), 대나무(竹)와 함께 사군자(四君子)라고 칭했다. 그리고 꽃의 우두머리라는 뜻으로 화괴(花魁)라고도 부르며, 중국의 국화(國花)이기도 하다. 꽃의 색깔에 따라서 흰매화(흰매실), 분홍매화(분홍매실), 청매화로 나뉘고, 한 송이의 꽃잎은 5개가 기본이며, 이를 넘으면 겹매화이다. 한편, 매실의 수확 시기에 따라 달리 호칭한다.

예를 들면 풋 매실을 일컬어 녹매(綠梅), 망종(芒種) 무렵을 지나 수확한 청매(靑梅), 6월 말~7월 초에 수확한 황매(黃梅), 7월 중순에 수확한 숙매(熟梅)로 구분한다. 또한 건조 방법에 따라 소금에 절여 말린 매실인 백매(白梅), 볏짚의 연기를 쐬면서 말린 매실인 오매(烏梅), 청매를 증기로 찐 뒤에 말린 매실인 금매(金梅)로 갈래짓고 있다. 이처럼 귀한 매실을 연관시켰던 표현일까. 임금님의 대변(糞)을 "매화"라던 호칭은 기발한 발상으로 정겹다. 한편, 해마다 초여름인 6월 상순부터 7월 상순에 걸쳐 내리는 장마를 매우(梅雨) 또는 매림(梅霖)이라고 호칭해오던 연유가 궁금하여 캐보려 해도 여일치 않아 매조지를 하지 못하고 붓방아만 찧다가 말았다.

남이 장에 간다고 씨 나락 가마니를 지고 따라나서는 경우와 흡사한 오지랖 넓은 푼수데기 꼴이었을 게다. 시인도 아닌 터수에 백미에 누런 뉘가 섞이듯 앞장섰던 내 모습 말이다. 그런 내가 썩 맘에 들지 않았을 터임에도 불구하고 야멸치게 내치거나 퇴박하지 않고 동참을 허했으리라. 참여 과정과 형태에 관계없이 오늘의 탐매 나들이는 새봄을 산뜻하게 채색하고 살찌우는 묘방이었지 싶어 훈훈한 온기에 취해 마냥 행복했다.

2018년 3월 18일 일요일(탐매 나들이 다녀온 날의 심야)

봄을 시샘하는 눈

쏜살같이 앞으로 내닫는 봄에게 완급을 조절하라는 계시일까. 아니면 물색없이 날뛰며 나부대는 꼴이 마뜩잖고 눈에 거슬려 어깃장을 놓는 꽃샘추위이련가. 어제까지 서둘러 새싹을 틔우고 꽃을 피우라고 몰아세우며 성화를 부리더니 벼락 치듯이 눈 폭탄을 쏟아붓는 폭거에 정나미가 뚝 떨어질 만큼 섬뜩한 정황이다. 명색이 춘분인 오늘 꼭두새벽부터 추적추적 내리던 비에 간헐적으로 진눈깨비가 섞여 흩날려 심란했다. 잔뜩 찌푸린 날씨가 내키지 않고 뒤숭숭해 안개가 낮게 내려앉은 산꼭대기의 안부가 엄청 궁금했다. 이 무슨 변고일까. 온통 하얀 눈을 뒤집어쓴 설국 모습으로 탈바꿈한 채 유혹했다. 진득하게 견뎌낼 재간이 없어 대충대충 점심을 때운 뒤에 서둘러 등산 채비를 하고 집을 나섰다. 여전히 비가 내리고 있어 커다란 우산을 쓰고 걸었다. 때문에 정처 없이 떠도는 낭인같이 우스꽝스러운 몰골이었지 싶다.

등산길에 커다란 우산을 뒤집어쓴 꼴은 어떤 모습으로 비쳤을까. 게다가 느릿느릿 걷는 이상한 모양새가 지인들의 눈에 띄지 않아 다행이었다. 집을 나서 아파트 뒤쪽 가파른 비탈의 데크(deck) 계단 길을 지나 구불구불 산자락을 휘감아 도는 완만한 오르막 임도를 500m 남짓 걷다 보면 오른쪽에 육각정이 나타난다. 여기가 조붓한 등산로의 들머리이다. 산 쪽으로 난 가파른 솔숲으로 들어서 된비알의 깔딱 고개인 오르막 800m 정도를 헐떡이며 치고 오르면 완만한 능선길이 나타난다. 이 오르막 깔딱 고개를 올라갈 때까지는 비가 내렸다. 그런데 신기하게도 능선 길의 시발점부터 온 산에 눈이 수북할 뿐 아니라 그때까지 소담스럽게 내리고 있었다. 포근한 눈이 내리는 데도 왠지 내키지 않아 계속 우산을 쓴 채로 걸었다. 다른 날 같으면 낯익은 등산객들이 스쳐 지나가기 마련이다. 그런데 오늘은 사람은 고사하고 날아가는 새 그림자도 찾을 수 없어 휘적휘적 걷는 게 고즈넉하다 못해 호젓해 자꾸 두리번거렸다.

믿기지 않은 폭설이었다. 오늘 오르는 산은 집 뒤에 자리한 청량산으로 기껏해야 323m이다. 바로 산 아래 아파트에는 추적추적 비가 계속 내리고 있다. 그렇지만 산의 6부 능선부터 정상까지는 상상을 초월할 정도로 눈이 많이 내려 마치 다른 세상으로 순간 이동을 한 기분이었다. 중간의 능선 길을 지나 송전용 철탑 턱밑의 깔딱 고개와 정상으로 향하는 산꼭대기 평탄하게 트인 길은 나무가 웃자라 울울창창하다. 이 구간을 터덜터덜 걸으며 어디를 디뎌 봐도 등산화가 푹 파묻힐 정도로 눈이 쌓였다. 정상에 도착하여 쌓인 눈을 재보니 15cm를 훨씬 웃돌았다. 서른아홉 해째 마산에 살면서 이렇게 많은 적설량을 봤던 기억이 도통 없다.

등산로의 대부분은 나무숲 터널이다. 이 길을 여명이 밝아오는 희뿌연 새벽이나 거무스름한 땅거미가 내려앉을 무렵에 혼자서 오가려면 헛기침이 절로 날 정도로 으스스했었다. 왜냐하면 꺼무죽죽한 나무줄기와 가지가 묘한 형상으로 어른거리면 머리카락이 쭈뼛대거나 오싹한 기분이 들기 때문이다. 그런데 오늘은 땅 위엔 새하얀 솜이불을 펼쳐놓은 듯하고, 솜씨 좋은 장인이 검고 칙칙한 나무줄기와 굵은 가지엔 하얀 눈을 붙여 놓은 형상으로 세상이 환하고 밝아져 다른 세상을 연상시켰다. 게다가 모든 나무의 머리 역시 새하얀 왕관을 쓴 자태로 장관이었다. 정상에서 사방을 내려다봐도 눈구름이 야트막하게 내려앉아 아무것도 볼 수 없어 유감천만이었다. 우두커니 서서 하얀 눈이 빚어낸 주위의 설경에 흠뻑 빠져 주억대다가 어린아이 주먹만 한 함박눈이 심란하게 휘몰아쳐 내려갈 일이 신경 쓰여 하산을 서둘렀다.

대부분 등산길은 사람이 오가며 바닥이 패이거나 다져지는 관계로 길 양쪽보다 조금 낮게 마련이다. 이 때문에 여름에 비가 오면 빗물이 흐르는 물길 역할을 한다. 오늘도 비가 내린 지역엔 빗물이 실개천처럼 흘러내렸다. 또한 눈이 온 지역엔 날씨가 따스했던 관계로 눈이 녹아 고이거나 흘러내려 등산화를 적셨다. 그렇다고 울퉁불퉁 위험한 길섶으로 무턱대고 밟고 다닐 처지도 아니었다. 게다가 설상가상으로 등산화가 낡고 닳아 미세한 구멍이 뚫렸는지 차디찬 물이 흥건하게 스며들어 질척였다. 그 때문에 발이 시려서 낭패스러워도 묘책이 따로 없어 쩔쩔매며 동동거리는 게 고작이었다.

몇 해 전의 회상이다. 그때도 아이젠(Eisen) 장비 없이 눈이 내려 얼어붙은 산을 찾아 나섰다가 호되게 경을 쳤다. 수없이 꽈당 꽈당 넘어져 크게 치도곤을 겪고도 모자라 며칠 동안 온몸이 결려서 된통 앓으며 끙끙댔던 적이 있다. 그 경우는 눈이 꽁꽁 얼어붙어 빙판으로 변해 어쩔 수 없이 당했다. 하지만 오늘은 날씨가 따뜻하고 눈이 내리는 중이기 때문에 미끄러지지 않을 것이라는 섣부른 판단이 화를 자초했다. 평탄한 길에서는 아무런 문제가 없었다. 낡을 대로 낡고 닳아빠진 등산화는 약간의 오르막길이나 내리막길에선 눈썰매처럼 줄줄 미끄러져 중심을 잡고 걸을 수 없어 백약이 무효였다. 줄기차게 내리는 눈을 뒤집어쓰기 싫어서 우산을 접을 엄두가 나지 않았다. 한 손으로 우산을 움켜쥐고 엉금엉금 걷다가 속절없이 미끄러질라치면 오금이 저렸다. 그렇게 벌벌 기면서 조심했건만 아차 하는 순간에 두 번이나 무참하게 모로 나뒹굴었다. 산을 내려올 때는 전혀 인지하지 못했다. 그런데 집에 돌아와 살펴보니 우산이 접히지 않았다. 아뿔싸! 눈 위에 미끄러져 나가떨어지면서 멀쩡한 우산 살 하나가 비참할 정도로 찌그러져 눈물을 머금고 폐기 처분해야 할 형편이다.

지난 일요일 양산의 순매원으로 탐매(探梅) 여행을 갔을 때 활짝 피어난 매화와 어우러진 완연한 봄과 마주하며 무척 반가웠다. 그런데 오늘의 비는 진정 봄의 시샘일까 아니면 봄을 재촉하는 축복일까. 집을 나설 때 아파트 뜰에는 활짝 핀 흰 매화, 꽃망울을 터뜨리는 백목련, 샛노란 꽃잎을 틔우기 시작한 개나리, 꽃을 피우기 위해 몽우리가 시새워 벙글어지기 시작한 벚꽃의 눈 따위가 잔뜩 겁을 먹고 오들오들 떨고 있는 모습이 몹시 안쓰러웠다. 그런데 산에는 더 긴박한 상황이 벌어져 어안이 벙벙했다. 산길 초입 언저리엔 진달래가 활짝 피어 찬비에 잔뜩 주눅 든 채

파들파들 떨고 있었다. 또한 산속에 띄엄띄엄 자리한 생강나무의 활짝 핀 노란 꽃 위에 두툼하게 내려앉은 새하얀 눈이 더할 수 없이 잔인하게 투영됨은 지나친 편견일까.

봄의 꼬드김과 분탕질에 헤프게 빗장을 푼 채 서둘러 잎을 틔운 나무나 해맑게 피어난 꽃들에게는 호된 시련이며 고난이리라. 그렇지만 내게는 지난겨울 애오라지 눈다운 눈을 갈구하며 오매불망 염원해 왔던 꿈이 뜻하지 않게 이루어진 축복이면서 행운이었다. 봄의 전령들과 나 사이에는 눈(雪)을 두고도 첨예하게 대립각을 세운다는 사실을 바탕으로 생각할 때 세상에서 모두에게 만족이란 참으로 풀기 어려운 화두가 아닐까. 그래저래 마음이 편치 않아 돌아오는 길에 꽃망울 잔뜩 움켜쥐고 바들바들 떨고 있는 생강나무와 진달래 몇 가지를 꺾어왔다. 그렇게 눈 폭탄에 떨고 있던 그들을 화병에 꽂아 두고 개화를 유도하면서 위로를 할 요량에서 정중히 초대했다.

2018년 3월 21일(춘분날) 목요일

Ⅵ. 컴퓨터와 나

암탉이 울면

'암탉이 울면 집안이 망한다'는 말을 되새긴다. 언제부터 남정네가 아녀자들에게 윽박지르면서 옴짝달싹하지 못하도록 억누르는 언사로 입에 담으며 정당화시켰을까. 인륜도덕을 지고지선의 덕목이라던 그 옛날 어이없게도 남존여비 사상을 가장 극명하게 드러내는 표현 중에 대표적인 예이다. 천부당만부당한 까닭에 지금은 지나가는 소가 들어도 콧방귀를 뀔 표현이 한 세대 이전까지도 어엿한 사회통념처럼 용인되었다. 이같이 비뚤어진 도덕률이 시퍼렇게 사회의 기저에 도도히 흐르고 있던 시절 여자의 목소리가 울(담장)을 넘으면 집안이 망한다는 얘기를 여자들은 숙명처럼 받아들였다. 이런 때문일까. 그 옛날 여자들은 사회생활에 적극적으로 참여하여 활동하기보다는 정숙한 요조숙녀나 현모양처가 되어 가정 지킴이 노릇을 으뜸의 현숙한 여인상으로 여겼었다.

'암탉이 울면 집안이 망한다'는 말의 유래이다. 고대 중국 은(殷)나라 마지막 왕은 폭군인 주왕(紂王)이었다. 즉위한 초기에 이런저런 전쟁을 승리로 이끌며 국정에 전념했던 공적에 따라 바쳐진 달기(妲己)의 요염한 자태와 집요한 유혹에 정신을 빼겼다. 이 때문에 현명한 통치는 뒷전이고 학정에다가 과다한 세금 징수를 밥 먹듯이 하며 여색에 빠져 방탕한 향락을 탐닉했다. 이런 잘못을 간(諫)하는 충신들에게 되레 극악무도한 포락지형(炮烙之刑)을 내리기 일쑤였다. 이에 백성들의 원성이 하늘로 뻗치면서 주(周)나라의 무왕(武王)이 여러 제후들과 합세하여 주왕 제거를 도모했다. 무왕이 은나라 목야(牧野) 지방에 이르러 주왕의 죄상을 낱낱이 발고하며 독려를 하는 과정에서 남긴 말이 목서(牧誓)이다. 이때 일갈했던 내용 중의 한 구절이다.

옛사람이 말하기를 암탉은 새벽에 울지 않으니 '암탉이 새벽에 울면 집안이 망한다'는 뜻으로 "古人有言曰 牝鷄無晨 牝鷄之晨 惟家之索(고인유언왈 빈계무신 빈계지신 유가지삭)"이라고. 여기서 지칭한 암탉은 사악하고 음란한 요부(妖婦) 달기(妲己)를 특정해서 에둘러 지칭한 표현이다. 따라서 모든 여성을 하나로 뭉뚱그려 싸잡아 비하한 게 아니다. 주왕은 하(夏)나라 마지막 왕인 걸왕(桀王)과 함께 폭군의 전형으로 알려져 오늘날 우리 국어사전에도 포악무도함을 뜻하는 단어로 "걸주(桀紂)"가 버젓이 올라 있다. 앞에서 지적했듯이 암탉은 수 천 년 전에 요부인 달기를 지칭했을 따름이다. 그런데 가당찮게도 우리 선조들은 모든 여성을 통칭하는 개념으로 왜곡되게 변용하는 쪽으로 굳혔는지 되새겨 봐도 도통 이해할 길이 없다.

유교와 남존여비 사상이 지배하다가 일제 강점기라는 혹독한 질곡의 세월을 겪는 과정에서 다채로운 변화의 조짐이 움텄다. 그중의 하나가 이전에 없었던 신여성이라는 개념이었다. 이들 신여성의 상징적인 존재로서 화가이며 시인이고 사회운동가이면서 언론인으로서 왕성한 활동을 했던 나혜석을 필두로 승려 시인이며 수필가였던 김일엽, 한국 최초의 여자 소설가였던 김명순 등의 여성 작가 그룹과 음악 부문에서 두각을 나타낸 윤심덕이 있다. 이들이 등장하고 나서 한 세기가 지난 지금 우리 사회는 모든 분야에서 남자들을 추월하여 여초사회(女超社會)로 치닫는 경이로운 변화가 대세이다. 돌이켜 볼 때 그 옛날 우리 전통사회의 구석구석에는 여성의 진출을 막아왔던 철옹성인 유리천장(glass ceiling)이 엄연히 존재했었다. 그런데 시나브로 세상이 변하면서 계란으로 바위 치기로 여겨졌던 유리천장이 서서히 사라지기 시작했다. 이런 변화의 바람이 거세게 불어 닥치면서 자연스럽게 '암탉이 울면 집안 망한다'는 말 역시 설 자리를 잃었다.

여초현상(女超現狀)의 징조가 뚜렷한 분야이다. 교육대학교 학생의 성비(性比), 초등이나 중등학교에서 선생님의 성비, 각종 스포츠에서 세계적으로 걸출한 스타, 각종 시험이나 고시에서 수석, 문화 예술계 등에서 그런 경향을 띠고 있다. 아울러 다양한 분야에서 걸출한 여성들이 혜성 같이 등장해서 우뚝한 활약이 두드러지고 있다. 이 같은 흐름은 고리타분한 사상을 대변해오던 '암탉이 울면 집안이 망한다'라는 말을 옴짝달싹하지 못하게 막다른 벼랑 끝으로 내몰아 화석으로 만들고 보기 좋게 묘지에 장례를 지낸 꼴이다.

우리 사회의 외형적인 모습은 여성 상위시대를 구가할 세태이다. 그럼에도 오랜 세월 남성들에게 파고든 비뚤어진 남존여비 잔재의 단면은 낯이 뜨겁다. 남녀가 동등한 인격체라고 주장하면서 음습하고 구린 구석에서는 우월적 지위를 이용한 위력(威力)의 파렴치한 엽색행각이 뿌리 깊었었나 보다. 양의 탈을 쓴 늑대들이 자행한 업보에 따른 미투(#Me Too : 나도 당했다) 운동에서 나타나는 일그러진 단면을 이르는 얘기이다. 그 악업이며 원죄에 대한 죗값이나 도덕적 비난은 당사자들이 온새미로 떠맡아 속죄해야 할 아람치이다. 그런데 유감스럽게도 그 불똥이 애먼 가족에게 튀어 주홍 글씨로 낙인을 찍거나 수치스러운 멍에와 굴레까지 덤터기 써야 하는 모순은 또 다른 어두운 그림자이다.

허울만 멀끔한 얼치기들이 씨 뿌린 끝 모를 추문이 연이어 꼬리를 물면서 성난 여론의 호된 질타를 받고 있다. 청직(淸直)하게 살아온 가재라면 어느 누가 감히 인면수심의 게 편을 들까. 그동안 세상이 겉으로는 번드르르하게 변화를 거듭했다. 그런데도 암덩이처럼 똬리를 튼 추악한 인습이나 그릇된 가치관에 따라 잘못 길들어 비윤리적 인간들을 외면해 왔다. 그렇게 남의 일처럼 수수방관한 채 침묵이나 외면을 합당한 생존전략으로 치부해온 일그러진 사회를 확 바꿀 환골탈태는 진정 녹록지 않은 난제인가 보다. 이런 맥락에서 일거에 바로잡힐 문제가 아니다. 그런 때문에 적지 않은 시간을 두고 모두가 통렬한 자성과 성찰을 통해 척결해야 할 부끄러운 해묵은 과제라는 게 타당한 생각이리라. 현실은 일그러진 꼬락서니일지라도 우중충한 오늘의 조리를 부여잡고 밝아오는 내일의 여명은 한층 청청하기를 염원한다.

시와 늪, 2018년 여름호, 통권40호, 2018년 7월 11일
(2018년 4월 1일 일요일)

비우당과 청빈

황금 보기를 돌같이 하라는 뜻으로 견금여석(見金如石)이라고 한다. 과연 오늘날 같은 자본주의 사회에서도 통용될 수 있는 말일까? 조상 대대로 가난에 찌든 삶을 누리다가 지난 반세기 동안 압축성장의 어두운 그림자나 폐해는 상상외로 크고 골이 깊다. 그런 연유일 게다. 최근 나라에서 큰 일꾼으로 등용하기 위해 지명된 후보자들의 구린 구석이 남우세스럽게 까발려 지면서 매서운 여론의 질타를 받기 일쑤이다. 그러다가 시궁창으로 떨어져 무참하게 몰락하며 시부저기 사라지는 경우가 부지기수이다. 이런 현상이 보수와 진보를 막론하고 만연되어 뒷갈망이 어려워 허둥대는 경우가 숱한 지금의 사회를 곰곰이 되새겨본다. 이런 현실에서 널리 회자되었던 논어의 술이편(述而篇) 15장(章)에서 이르는 내용이 유효한 걸까? 반세기 전쯤 고등학생용 고문(古文) 교재에도 등장했을 법한 내용인데 말이다.

거친 밥을 먹고 물을 마시고(飯疏食飮水 : 반소사음수)
팔베개하고 누워도(曲肱而枕之 : 곡굉이침지)
즐거움이 또한 그 가운데 있나니(樂亦在其中矣 : 낙역재기중의)
의롭지 않게 얻은 부와 명예는(不義而富且貴 : 불의이부차귀)
나에게는 하늘의 뜬구름과 같다(於我如浮雲 : 어아여부운)

황금만능 사상이 지배하는 현실에서 생명력을 잃은 미라(mirra) 같은 가치관일지라도 청렴 사상이 몹시 그립다. 세간에 청렴이나 청빈의 대표적인 표본처럼 전해지는 상징적인 사례 중의 하나가 지봉(芝峯) 이수광(李睟光 : 1563~1628)이 어린 시절과 노년을 의탁했던 비우당(庇雨堂)이다. 조선 중기의 왕족 출신 군신이자 성리학자이면서 아울러 실학자이며 외교관이었다. 게다가 실학의 1세대로 남인(南人) 실학 토대이기도 했다. 비우당은 그가 살았던 집으로 '비를 가리는 집(간신히 비나 가리는 집)'이라는 뜻이다.

세 차례에 걸쳐 사신으로 중국을 다녀오며 보고 느꼈던 다양한 세상 물정에 대한 새로운 지식을 바탕으로 중국과 동남아를 비롯하여 서방세계까지의 문화를 담은 백과사전격인 지봉유설(芝峯類說)을 저술했다.

비우당의 유래를 간추리면 이렇다. 원래 세종 때 우의정을 지냈던 류관(柳寬 : 1346~1433)의 집으로 낙산 동쪽 상산 줄기(현재의 서울 종로구 창신동 7-26번지(현 쌍용 2단지아파트 내)) 도린곁[41]이었으며 울도 담도 없었다고 한다. 재상의 집이라고 할 수

41) 도린곁 : 사람이 별로 가지 않는 외진 곳을 이른다.

없을 정도로 누추한 초막(草幕)이었다는 얘기다. 그리고 비가 오면 지붕이 새기 때문에 방안에서도 손수 우산을 받여야 할 정도였다고. 그가 부인에게 "우산이 없는 집은 어찌 견딜까?"라는 농(弄)을 많이 했다고 전해진다. 이에 기인하여 유재상의 우산이라는 뜻의 류상수산(柳相手傘)이라는 말이 오늘날까지도 전해지고 있다. 당시 우의정이라면 양반들이 모여 사는 반듯한 동네에 궁궐을 방불케 할 으리으리한 고래 등 같은 집을 지니고 사는 게 보편적인 사회 풍조였다. 그런 사회적 관습을 감안할 때 범상치 않은 그의 성품을 엿볼 수 있지 않을까.

뒷날 류관이 유명을 달리하면서 외손인 전주이씨 문중에 이 집이 상속되었다고 한다. 이런 연유로 이수광이 어린 시절을 이 집에서 보냈다. 그런데 임진왜란의 참화를 겪으며 집이 소실되었다. 그 후 1613년 계축옥사(癸丑獄事)로 관직을 내려놓고 야인으로 지낼 때 이곳으로 돌아와 집을 다시 짓고 류관의 행적을 감안하여 비우당으로 명명했단다. 이런 사연이 동원비우당기(東園庇雨堂記)에 자세히 적바림되어있다. 한편, 비우당이 자리한 동네 이름이 조선 시대엔 자지동(紫芝洞)이었다. 여기에는 단종의 비(妃)였던 정순왕후(定順王后)가 폐위되어 영월로 간 단종을 기다리며 빨래를 했다는 샘을 자지동천(紫芝洞泉)이라고 불렀다.

원래 이수광이 지었던 비우당 자리가 재개발되면서 아파트 단지가 들어섰다. 그 때문에 지금의 비우당 자리(서울 종로구 낙산길 202-15)로 옮겨 초가로 복원한 가옥은 그 옛날 모습과 완벽하게 일치하지 않으리라. 그렇지만 조선 시대 선비들이 소박한 삶을 꾸렸던 실제 초가삼간의 모습을 미루어 유추할 수 있을 게다.

여태까지 눈에 불을 켜고 모두걸기를 하며 혼신을 다했던 적이 없기 때문에 내세울 바가 없다. 그럼에도 때로는 삶이 버겁고 탐욕의 무게를 버텨내기 어려울 때가 있었다. 그럴 경우 번민을 거듭하다가 호기롭게 모든 걸 헙헙하게 내려놓아 자유로워졌다고 우쭐댔던 경우가 더러 있었다. 하지만 그런 자리를 벗어나거나 시간이 조금 지난 고빗사위에서 돌아보면 허접한 업보를 여전히 잔뜩 움켜쥔 채 제 자리를 맴돌고 있는 나 자신에 실망을 거듭하며 좌절했다. 또한 칠칠치 못함 때문일까. 아직까지도 물욕의 집착을 끊어내지 못해 갈팡질팡하면서 내치락들이치락하다가 부질없는 꿈을 꾸기도 한다. 그런 까닭에 재주가 없고 간사위[42]가 없어 부를 거머쥐지 못했을 따름이지 초탈한 경지에 이르러 물욕으로부터 자유로워 의연했던 것은 아니었다. 결단코 청직(淸直)을 고섶[43]으로 내세우며 고고한 삶을 염원하는 청교도를 꿈꿨던 적이 없다. 여느 여항인(閭巷人)들처럼 아귀다툼 같은 삶에 목을 매었어도 곰살갑지 않던 재물의 여신이 늘 나를 외면했을 뿐이다.

어쩌다가 일흔의 문턱을 넘어서고 나서 네 해째를 보내고 있다. 그럼에도 여태까지 별의별 탐욕과 번뇌 가운데 어느 하나도 버리거나 내려놓지 못했다. 그래서 그들을 온새미로 두 어깨에 짊어진 것으로도 모자라 두 손에 잔뜩 움켜쥐고 힘겨워 비틀거리고 있다. 언제쯤이면 그 질긴 허업(虛業)이나 탐욕을 과감히 끊어버린 채 가벼운 걸망 하나 두 어깨에 둘러메고 죽장망혜(竹杖芒鞋)

42) 간사위 : 치밀하고 융통성이 있는 수단. 자신의 이익을 위하여 쓰는 교묘한 수단을 말한다.

43) 고섶 : 가장 손쉽게 찾을 수 있는 맨 앞쪽을 의미한다.

의 차림으로 무애의 길을 유유자적 늡늡하게[44] 걸을 수 있을지 모르겠다. 오늘도 쉼 없는 시간은 속절없이 흐르는데도 나잇값을 제대로 하며 청렴한 삶을 꾸리는 반듯한 날이 활짝 열림을 기대함은 백년하청의 꿈일러라.

출판과 문학, 해드림출판사, 2018년 7월, Vol. 7.8, 2018년 7월 1일
(2018년 4월 30일 월요일)

---

44) 늡늡하다 : 성격이 너그럽고 활달하다.

무심코 뒤돌아보다가

왜일까? 이즈음 뚜렷한 이유 없이 자꾸 뒤를 돌아본다. 이제까지 외골수가 되어 잔뜩 독기를 품고 치열한 도전을 꾀했거나 심각한 문제에 모두걸기를 했던 적이 거의 없다. 그런 연유로 밋밋한 삶의 언저리에 맴돌았다. 그래서 되새겨 볼 변변한 흔적이나 깊이 침잠된 세월의 앙금 한 조각 없는 게 더덜이 없는 민낯이다. 어쩌면 싸구려 감정의 유희에 빠지는 조롱거리에 지나지 않으리라. 그럼에도 일찍이 버리거나 자르지 못한 편견이나 협협하게 포용하지 못해 가슴앓이를 했던 곤혹스런 흔적이 생채기처럼 너무도 선명해 민망하다.

용서하면 사라질 증오이고 이해하면 녹아버릴 분노라고 이른다. 하지만 여태까지 가슴속 깊은 곳에는 켜켜이 쌓인 탐욕이나 번뇌의 찌꺼기들이 교활한 혀를 날름거리며 호시탐탐 발호할 기회를 엿보고 있다. 이런 곤혹스러운 자화상을 말끔하게 지우고파용을 쓰다가 언뜻 떠올랐다. 까마득하게 잊고 지내던 정곡을 찌르는 선현들의 일깨움과 조우하며 후회가 잇따르는 낭패스런 상황에 내몰려 쩔쩔매고 있다.

그 하나가 공자(孔子)의 삼계도(三計圖)이다. 평범하지만 범속하지 않은 청청한 철학을 담아 이렇게 일렀다.

일생의 계획은 어릴 때에 있고
(一生之計在於幼 : 일생지계재어유)
한 해의 계획은 봄에 있고
(一年之計在於春 : 일년지계재어춘)
하루의 계획은 새벽에 있다
(一日之計在於寅 : 일일지계재어인)

어려서 배우지 않으면 늙어서 아는 것이 없고
(幼而不學老無所知 : 유이불학노무소지)
봄에 밭 갈지 않으면 가을에 거둘 것이 없으며
(春若不耕秋無所望 : 춘약불경추무소망)
새벽에 일어나지 않으면 그날에 하는 일이 없다
(寅若不起日無所辦 : 인약불기일무소판)

위의 일깨움에서 일생의 계획은 어릴 때 세워야 하고, 일 년의 계획은 봄에 세워야 하며, 하루의 계획은 새벽(寅時)에 세워야 한다고 일갈했다. 이들 중에 어느 하나라도 제대로 실천하려고 정성을 쏟았던 기억이 도통 없다. 그런 까닭에 비범하거나 우뚝한 이룸이나 거둠이 없는 삶을 누림은 당연한 귀결이며 변명의 여지가 없는 업보일 뿐이다.

게다가 젊은 날 학문을 게을리했던 까닭에 지금도 우매함으로 칠갑을 한 꼴이라서 고희를 넘겼다는 게 부끄럽다. 아울러 봄(젊은 날)에 밭 갈기를 게을리함으로써 황혼녘에 이르렀어도 버젓한 거둠이나 얻음이 없음을 변명할 길이 없다. 또한 얼리버드(early bird)를 뜻하는 새벽형 인간이 못되고 게으른 천성에 따라 하루하루를 어영부영 보내는 삶으로 일관했던 때문에 빈손의 황혼일지라도 서러울 게 당최 없다. 이런 까닭에 한심해서 가슴 깊은 곳에서는 찬바람이 일기도 하지만 어쩌랴.

또 다른 하나. 내 맘을 붙들어 매는 가르침은 중국 전한(前漢)의 역사를 사마천(司馬遷)이 저술한 사기(史記)에 나오는 짧은 글귀이다.

> 일 년을 살려면 곡식의 씨를 뿌리고
> (居之一歲, 種之以穀 : 거지일세, 종지이곡),
> 십 년을 살려면 나무를 심으며
> (十歲, 樹之以木 : 십세, 수지이목),
> 백년을 살려면 덕을 오게 한다. 여기서 덕은 사람(人)과 물자(物)를 말한다.
> (百歲, 來之以德. 德者, 人物之謂也. : 백세, 내지이덕, 덕자, 인물지위야)[45]

45) 《史記》의 "卷一百二十九貨殖列傳第六十九"에서 다음과 같이 표현하고 있다.

> "農工商賈畜長, 固求富益貨也. 此有知盡能索耳, 終不餘力而讓財矣. 諺曰 : '百里不販樵, 千里不販糴.' • 居之一歲 種之以穀, 十歲 樹之以木, 百歲 來之以德. 德者 人物之謂也." •

• 이후는 《관자》의 내용과 맥을 함께하고 있다. 《管子》의 「權修」에서 이렇게 표현하고 있다.

> "一年之計 莫如樹穀, 十年之計 莫如樹木, 終身之計 莫如樹人. 一樹一穫者 穀也, 一樹十穫者 木也, 一樹百穫者 人也."

여태까지 살아오면서 '미치지 않으면(不狂), 미치지 못한다(不及)'는 불광불급(不狂不及)의 참뜻을 곱씹고 되새기는 지혜가 없었다. 그처럼 투미하고 매사에 강인한 의지나 소원의 태부족에 기인했던 걸까. 어떤 계획이나 다짐도 작심삼일에 조령모개 격이었던 사실 말이다. 일 년을 신실하게 살기 위해서는 씨를 뿌려야 하고, 십 년을 올곧게 살려면 나무를 심는 게 올곧은 대응이며, 백 년을 내다보는 혜안은 사람을 기르고 물자 계획을 바르게 세우는 게 가장 빼어난 결정이라는 가르침을 머리로는 이해했었다. 하지만 녹록지 않은 현실에서는 두루뭉술하게 어우러지며 허업(虛業) 같은 탐욕의 노예로 전락하여 아등바등하며 정도를 벗어나기 일쑤였음을 고백한다. 그런 가치관과 철학의 모순 속에서도 속절없고 덧없는 세월은 황혼으로 치달았다. 덧없는 세월을 헛되이 보낸 지금에 이르러 젊은 날 좀 더 슬기로웠으면 좋았을 것이라는 후회가 잦다. 결국 팍팍하고 쓸쓸한 생의 뜨락에 이르러 돌아보는 지난날은 더욱더 허허롭고 후회는 크게 밀려온다.

부끄럽거나 거칠고 모난 오욕의 역사를 포함해서 정의로운 역사까지 올바로 기록하는 게 참된 역사의 전승이고 발전의 동기가 부여된다. 한 개인의 민망하고 부족한 삶도 마찬가지여서 훗날 누군가에게 타산지석이 되리라는 어리석음에 위안을 받고 싶다. 그런 욕심의 다른 한편에서는 만시지탄일지라도 지난 세월에 대한 뼈저린 성찰과 자성을 하고픈 잔망스러운 심정이 절절하다. 생각이 바뀌면 행동이 바뀌고, 행동이 바뀌면 습관이 변하리라. 그런 변화는 운명을 바꾸는 기적을 낳지 않을까? 치기 어린 희망적 기대에서 이제부터라도 매사에 올곧은 계획을 세우고 얍삽한 처신의 유혹에서 자유롭지 못했던 젊은 날을 거울삼아 호시우보

(虎視牛步)의 자세로 일을 풀어나가는 현명한 행보를 하고 싶다. 늦었을지라도 희망을 잃지 않고 세상 여행을 마치는 무대의 불이 꺼지는 마지막 순간까지 말이다.

시와늪, 2018년 가을호, 통권41, 2018년 10월 25일
(2018년 5월 9일 수요일)

지독한 고뿔

감기의 또 다른 호칭이 고뿔이다. 내 어린 시절 고희를 넘기면 상노인(上老人) 대접을 받으며 가정이나 지역사회에서도 절대 지존으로 융숭하게 예를 갖춰줬다. 그런 사회적 통념 때문인지 그들은 동네 고샅길이나 이웃 마을 나들이 길에 공연히 헛기침을 하거나 뒷짐을 쥐고 권위의 상징 같았던 장죽(長竹)을 뻐끔뻐끔 빨아대면서 위세를 과시하기도 했다. 경로사상을 바탕으로 위풍당당하던 노인들을 야멸치게 벼랑 끝으로 몰아세웠던 무례한 고뿔 얘기이다.

어린 시절인 6·25전쟁 발발 무렵부터 휴전이 된 이후 초등학교 시절쯤의 경험이 갈무리된 고뿔에 대한 아련한 회상이다. 어린이들은 고뿔에 걸려도 며칠 동안 고열이나 기침에 시달리다가 나을 기미가 엿보이기 시작하면 밖으로 나대며 멀쩡하게 뛰놀았다. 하지만 연세 많은 노인들은 고뿔에 걸렸다 하면 거의가 해수(咳嗽)

까지 겹쳐 콜록대며 골골거렸다. 전쟁으로 나라가 혼란스럽고 양의(洋醫)가 드물었다. 그 때문에 형편이 좋은 축은 한약방에서 첩약(貼藥)을 몇 첩 지어 달여 먹는 게 고작이었다. 하지만 곤궁한 사람들은 오직 민간요법에 의존했던 관계로 단순한 감기를 되레 크게 키워 고생하는 경우가 숱했다. 그런 연유로 기력이 떨어져 거동을 못 하고 자리를 보전하고 드러누워 끙끙 앓았다.

그 시절 풀리지 않는 의문이었다. 같은 고뿔을 앓다가도 어린이들은 금세 다시 뛰놀았다. 그런데 노인들은 그렇지 않은 이유가 무척 궁금했다. 어린 시절 하늘처럼 여겼던 그 당시 노인들의 연령층에 들어선 이제 겨우 알 것 같다. 그 시절 노인들은 조로한 데다가 병약하여 면역력이 떨어졌음에도 현대화된 진료나 양약의 혜택을 받지 못한 데서 기인했으리라.

요즈음 여태까지 살아오면서 가장 지독하고 암팡진 고뿔을 만나 맥도 못 추고 쩔쩔매고 있다. 이겨내려고 드잡이를 하다가 번번이 완패를 당하고 정신을 가다듬어 또다시 꿈틀거려보지만 족탈불급이다. 지난 4월 말경부터 시답잖게 파고든 몹쓸 고뿔이 5월의 중순 마지막 날인 지금까지 전전긍긍하고 있다. 그동안 유람하듯이 병원을 수없이 찾아가 진료를 받았다. 그중에 두 번은 영양제와 거담제 따위를 첨가한 링거를 맞기까지 했다. 그 원인은 아마도 고뿔에 걸려 며칠 앓다가 컨디션이 좋아질 낌새를 보일 무렵에 무리하게 손주와 등산을 갔던 게 고뿔의 심기를 긁어 호된 보복을 당한 꼴이었으리라. 게다가 설상가상으로 그로부터 보름 쯤 뒤에 글밭지기들의 배움 교실 강의를 위해 야외공원에서 한나절 보내며 바람을 쐬었다. 이는 화약을 잔뜩 짊어지고 활활

타오르는 불길 속으로 걸어 들어간 격으로 사려 깊지 못한 경거망동을 누굴 원망하리오.

지독한 통증이나 오한 따위의 증상은 없다. 몽롱한 상태에서 지속되는 기침이 고질병을 빼닮았다. 애초엔 손주가 하루 이틀 시름시름 앓으면서 우리 내외에게 옮겼다. 그러다 잽싸게 털고 일어서 낄낄대며 그따위 고뿔에 쩔쩔매느냐고 조롱하고 있다. 어찌 되었든 우리 내외가 불청객인 고뿔에 마냥 농락당하는 것 같아 짜증스럽다. 그래도 아내는 나에 비해 가볍게 지나가 다행이다. 겨우 오늘에 이르러 상태가 다소 호전되면서 기침도 줄어들고 있다.

과연 나이는 숫자에 불과할까? 마땅히 오갈 데가 없어 구들직장 신세를 면치 못해 삼식(三食)이로 전락한 처지를 부인하지 않으련다. 하지만 매주 너덧 차례 이상 14~15km의 등산을 하며 꾸준히 체력을 여퉜었다. 그럼에도 쏜살같은 세월 따라 고뿔 따위의 병을 앓았다 하면 점점 병증은 심해지고 날짜는 길어지고 있다. 이는 세월이 지남에 따라 면역력이나 체력이 저하됨을 뜻하는 게 아닐까 싶어 뜨끔하다. 그렇다고 매년 접종해야 할 독감 백신을 거르거나 몸을 함부로 했던 적은 없다.

흔히들 백세의 삶을 읊조린다. 그래도 억지로 수를 연장하고픈 생각이 전혀 없다. 따라서 위급한 순간이 닥쳤을 때 식물인간에 흡사한 상태로 생명을 유지시키는 연명치료는 결단코 배격한다. 이런 맥락에서 아내에게 어떤 경우라도 무의미한 연명치료를 거부한다는 당부를 누누이 해두었다. 그 대신 생의 마지막 순간까지 어느 누구에게도 짐이 되거나 폐가 되지 않는 삶을 누리려고 음식이나 행동의 절제와 함께 운동을 게을리 하지 않고 있다.

덜컥 겁이 났다. 젊은 날 시답잖게 여기던 고뿔이었다. 이처럼 별것도 아닌 것에 백기를 들고 쩔쩔매는 모습에 짜증이 절로 나고 어이가 없다. 과거는 영원히 정지해 있고, 미래는 머뭇거리면 다가온다. 그런데 화살처럼 지나가는 현실에 허우적거리다 보니 어느결에 희끄무레하고 윤기를 잃어 파삭파삭해진 황혼의 그림자가 길게 늘어져 우중충한 꼬락서니이다. 그렇게 고뿔과 밀고 당기는 사이에 계절의 봄은 몇 굽이 산자락을 휘돌아 이슥고 여름의 문을 열어젖혔다. 찰거머리처럼 찰싹 달라붙어 행패를 부리며 맘껏 농락해 눈엣가시 같던 고뿔이다. 그렇게 도도한 조롱도 흥미를 잃었는지 이제 집행유예를 선고하고 물러설 기미를 넌지시 엿보이고 있다. 지나치게 혹독한 몰아침에 심신이 마냥 피폐해졌던 때문인지 그래도 감지덕지하고 고맙기 그지없다. 고뿔과 한 달 남짓 치열한 드잡이를 하면서 마치 중병에 걸린 몰골이 되어 체중이 놀랄 만큼 빠진 처지이기에 더더욱 절실한 마음이다.

한국수필, 2018년 9월호, 통권283호, 한국수필가협회, 2018년 9월 1일
(2018년 5월 20일 일요일)

운전면허증 갱신

운전면허증을 갱신했다. 만료일을 보름 남짓 남기고 운전면허시험장을 찾아가서 서류를 접수하고 잠깐 기다렸다가 새것을 교부 받으니 무척 싱거웠다. 그 유효기간이 5년(2023년 12월 31일)이다. 운전을 하지 않는 까닭에 이참에 아예 포기할까 하다가 용단을 내려 발급을 받았다. 지금 생각으로는 새로운 면허증의 만기가 도래하면 다시 갱신을 하지 않을 참이다. 왜냐하면 운전면허를 취득하고 나서 입때까지 운전을 했던 적이 없다. 따라서 어쩌면 쓸데없는 전리품으로 구색 갖추기에 지나지 않는 까닭에 아무짝에도 쓸모가 없었다.

갱신기간(2017. 12. 17.~2018. 06. 16.)은 넉넉히 주어졌다. 그래도 갱신 여부를 저울질하며 미루고 게으름을 피우다가 만료일에 임박한 오월의 마지막 날에 가까스로 갱신했다. 지난 연말 무렵 운전면허 갱신 안내문을 받은 이후 꽤나 심란했다. 70세 이상은 12,500원을 납부하고 적성검사를 받아야 한다는 문구가 심기를 박박 긁었다. 취득 이후 얽히고설킨 사정으로 운전을 할 기회가 전혀 없었다. 그런 처지인데 나이를 들먹이며 다시 적성검사를 받으라는 횡포가 떨떠름하고 내키지 않았다. 그래서 몽니 부리듯 차일피일 핑계를 대면서 갱신 포기를 위한 변명거리를 찾을 궁리에 골몰했다.

토라져 배배 꼬인 속내를 매구같이 간파한 아내가 달포 가까이 앓던 감기 기운이 사라질 기미를 보이기 무섭게 내몰아 피할 길이 없었다. 아내의 회유에 등 떠밀려 찍소리도 못하고 갱신했다. 시큰둥해진 심사를 꿰뚫었던 천우신조였을까 아니면 무사고 덕이었을까? 면허증 갱신 신청서와 사진 1매를 비롯하여 수수료 7,500원을 납부했다. 그랬더니 적성검사는 없다면서 10분쯤 기다렸다가 새로 발급하는 운전면허증을 수령하라고 안내했다. 처음 알림 문서처럼 수수료도 12,500원이 아니었다. 게다가 내 심기를 앵돌아지게 만든 원흉이었던 적성검사가 없다는 데 귀가 번쩍 띄었다. 사이다처럼 시원스런 얘기에 언짢고 토라져 똘똘 뭉쳤던 체증이 한꺼번에 씻은 듯이 내려가는 기분이었다. 원래 낮에는 사람들이 많이 몰려 지연될 개연성이 매우 높다. 때문에 업무 시작 시간에 맞춰 접수창구에 도착했다. 먼저 도착한 민원인이 거의 없어 곧바로 갱신을 마치고 집에 돌아오는데 한 시간으로 족했다.

그 옛날 말을 몰거나 인력거를 끌던 일을 비롯해 가마를 메던 사람은 모두가 아랫것들의 몫이었다. 따라서 거리의 원근이나 난이도와 관계없이 양반들은 말이나 가마 또는 인력거에 타고 있으면 아랫것들이 알아서 원하는 곳에 모셔다줬다. 이런 맥락에서 운전면허증은 감히 현대판 '아랫것 증명서'라고 폄하한다. 왜냐하면 쓰임새가 그 옛날 아랫것들이 도맡아 하던 우마차나 인력거 끌기, 가마 메기, 마부 따위의 역할이라는 이유 때문이다. 그래도 어엿한 운전기사 노릇을 해보고 싶었다. 하지만 그럴 기회가 당최 없다. 우리 집의 승용차가 여러 차례 바뀌었어도 변함없는 조수 신세인 까닭에 승천하지 못하는 이무기 꼴이다. 공사장에서 막노동도 세월이 지나면 일꾼의 우두머리인 십장이라도 시켜 주는 게 세상의 법도이다. 그런데 야속하게도 지난 세월은 물론이고 앞으로도 조수의 지위를 벗어날 가망이 없다. 따라서 승진할 희망은 고사하고 칠흑같이 깜깜한 어둠뿐이다.

아내가 운전을 시작한 지 30년을 훌쩍 넘겼다. 그 시작 순간부터 나는 조수였다. 길눈이 어두운 아내를 위해서 1차선이나 2차선으로, 오른쪽으로 왼쪽으로, 다음 나들목에서 고속도로를 빠져나간다는 식의 인간 내비게이션 역할은 항상 내 몫이었다. 그 때문에 생긴 폐단일 게다. 아내는 앞으로 내닫는 주행이나 주차 실력은 프로급이다. 하지만 지독한 길치이다. 아직도 둥지인 마산에 이웃한 창원을 갔다가 돌아오는 길을 잃어 몇 시간 헤매기도 한다. 그뿐 아니다. 집에서 터널 하나 빠져나가서 변두리 도로에 들어서면 낯설어 연신 길을 묻는 숙맥이다. 충직한 조수의 안내에 철저히 기대던 의존성 때문에 아내가 반쪽짜리 운전기사로 전락했지 싶어 뜨끔하다.

오늘 아침의 일이다. 손주 유진이에게 서둘러 등교하라며 등을 떠밀었다. 유진이가 그 연유를 물었다. 네가 일찍 등교하면 곧바로 운전면허시험장에 가서 운전면허증을 갱신할 것이라는 얘기를 늘어놨다. 다소곳이 듣고 있다가 무언가 아귀가 맞지 않는다고 느꼈던지 되레 반문했다.

"할아버지!"
"할아버지는 운전을 하지 않잖아?"
"그렇지!"
"그런데 왜 운전면허증이 필요해?"
"귀찮고 쓸데없는 것인데, 통 크게 포기해 버려!"
"글쎄~~"

유진이 얘기에 흠잡을 데가 없다. 타당한 지적에 변명이 궁색하여 어물쩍 넘기려고 어서 학교에 가라며 현관 밖으로 내몰았다. 돌이켜보니 여태까지 운전면허증은 허례에 가까운 쓰잘머리 없는 사치였다. 과감하게 버리거나 포기하지 못한 채 꼭 거머쥐고 연연함은 공연한 욕심이며 겉치레를 위한 부질없는 집착이 아닐까? 이런 허접한 탐욕뿐 아니라 삶에서 과감하게 내려놓거나 버리지 못한 채 끌어안고 애면글면 끌탕을 치다가 잃는 게 얼마나 많을지 모르겠다. 이런 맥락에서 겸허한 성찰은 진솔한 나와 만남의 첩경이 아닐까? 입으로는 그럴듯한 말잔치를 늘어놓으면서도 간사한 마음은 새로 갱신받은 운전면허증에 맴돌아 어이가 없었다. 그렇게 하다가 예전의 면허증은 '경남-88-041648-61'이었는데, 새 면허증은 '20-88-041648-61'로 바뀌었다는 사실의 발견이 대수인양 클로즈업 되었다.

한맥문학, 2018년 9월호, 통권 336호, 2018년 8월 25일
(2018년 5월 31일 목요일)

스승의 날 유감

요즈음 스승의 날은 계륵같이 맹랑한 날이 아닐까! 5월엔 어린이날, 어버이날, 스승의 날, 부부의 날, 성년의 날 등이 잇달아 꼬리를 문다. 이들이 나름대로 그 의미를 되새기는 데 기여했다. 그런데 스승의 날엔 큰 마가 꼈는지 동티가 난 게 틀림없다. 모진 세파가 거세게 몰아치며 교육 현장에 대한 불신이 커지면서 매서운 여론의 질타를 받으며 부끄러운 날로 전락했다. 이 지경으로 몰린 지금 교육 현장에서는 차라리 스승의 날을 폐지하라는 볼멘소리가 빗발치고 있다. 원래는 교권 존중과 스승을 공경하는 사회적 풍토를 조성하여 교원의 사기진작과 사회적 지위 향상을 겨냥해 지정된 법정기념일이었다. 그런데 어쩌다가 벼랑 끝으로 몰려 민망한 날이 되었는지 다 함께 곰곰이 곱씹어 봐야 할 무거운 화두이다.

스승의 날 유래는 이렇다. 충청남도 강경여고에서 청소년적십자 단원들이 병환 중이거나 퇴직 은사를 위문하기 시작한 것이 효시란다. 이를 충남 지역 전체가 참여했고 1963년 9월 21일을 은사의 날로 지정했다. 그 후 1964년에 다시 국제적십자위원회에 가입한 날을 스승의 날을 5월 26일로 변경했다. 한편, 1965년부터는 세종대왕 탄신일인 5월 15일로 날짜를 바꿨다. 이때부터 각급 학교 및 교직단체가 주관하여 행사를 주관해왔다. 그러다가 1973년 정부의 서정쇄신 방침에 따라 스승의 날이 폐지되었었다. 그렇게 부침을 거듭하다가 1982년 스승을 공경하는 풍토조성을 위해 정부가 다시 스승의 날을 기념일로 제정하면서 행사도 부활했다. 같은 해 스승의 날은 법정기념일로 지정됐다.

정치판의 떡값, 공직사회의 부정한 금품 수수가 횡행하던 부정이 야금야금 교육계로 번졌던가? 황금만능주의가 만연하면서 교육 현장에서도 선물을 빙자한 금품 수수, 은밀한 청탁 요구와 거래 따위의 병폐에서 결코 독야청청할 수 없었으리라. 사회의 여러 분야에서 독버섯처럼 음습한 구석에 만연한 부정을 발본색원하려고 세칭 '김영란법'으로 알려진 청탁금지법을 입법하여 시행(2016. 11. 30.)하고 있다. 이 때문에 학부모나 학생이 선생님께 스승의 날에도 개별적인 선물이 원천적으로 불가능하다. 이처럼 잠재적인 범행집단 취급을 당하는 교육 현장에서 스승의 날을 맞을 때마다 밀려오는 자괴감을 어떻게 이겨내는지?

일터에서 물러나 허송세월하는 어성꾼 노릇을 해온 지 어언 여덟 해째로 아무데에서도 반겨주지 않는 황혼이 탐탁지 않다. 그런 나를 아직도 제자들이 살뜰하게 챙겨준다. 흔히들 '눈에서 멀어지면, 마음도 멀어진다(out of sight, out of mind)'고 한다. 그럼에도 해마다 명절이나 생일을 잊지 않고 과분한 선물을 보내준다. 그런가 하면 먼 길을 마다하지 않고 찾아오기를 거듭하는 정성도 고맙다. 아울러 몇 년마다 외국여행을 시켜주는 따위의 마음 씀씀이 등이 그저 고맙다. 하지만 한편으로는 되레 민망해도 매정하게 내 칠 생각이 없다. 현직이라면 몽땅 청탁금지법을 훌쩍 넘는 수준인데.

올해 스승의 날 아침 빈손으로 덜렁덜렁 등교하는 손주 유진이 손이 허전하다고 느껴졌다. 웬만하면 선생님 가슴에 달아드릴 꽃 한 송이라도 들려 보내면 싶었다. 하지만 현실적인 제약이 심해 언감생심이었다. 스승의 날 다음날부터 다채로운 선물을 보내거나 직접 찾아왔던 제자 하나하나에게 빠짐없이 감사 인사를 전화로 전했다. 그다음 일요일(13일)이었다. 문우들의 글쓰기 모임인 배움 교실에 강의하러 갔었다. 이 자리에서도 스승의 날에 대한 의미를 담은 귀한 상품과 액자를 선물로 받고 가슴이 뭉클했다.

온 누리가 천박한 경제 논리에 휘말려 추악하게 훼손되어도 교육계만이라도 청정한 영역으로 되돌려진다면 더 바랄 나위 없겠다. 우리는 질풍노도처럼 몰아치던 변혁의 거센 세파에 속절없이 굴복하면서 시나브로 가치관과 철학이 병들어 훼절의 수모를 겪으며 꼼짝없는 좌절과 낭패를 경험했다. 질곡의 역사에 오염되었을지라도 먼 훗날을 위해 한민족의 정기와 얼과 혼을 온새미로 담은 참다운 교육이 뿌리내리기를 간원한다. 그리하여 예와 같이 숭고한 이상을 고스란히 계승할 '스승의 날' 진면목을 되찾게 된다면 얼마나 고맙고 다행일까!

2018년 7월 1일 일요일

숨 가쁜 여름나기

생애 가장 무더운 여름이란다. 가마솥더위와 폭염(dog day)에 대책 없이 시달리다가 정신마저 흐리멍덩해진 지 오래이다. 밤낮을 가리지 않고 이어지는 무더위를 비롯해 왈짜를 빼닮은 열대야와 드잡이를 했다. 그러다가 기진맥진해져 별의별 궁리를 해도 뾰족한 대안이 없어 제 자리를 맴돌 뿐이다. 연신 찬물로 샤워를 하고 에어컨을 틀어놓고도 선풍기를 동원하는 법석을 떨어 봐도 밑 빠진 독에 물붓기이다. 이런 연유로 아무 데도 집중하지 못하고 허덕허덕하는 숨 가쁜 여름나기가 무척 맹랑하고 힘에 부친다. 그래도 무던히 참으며 견뎌내는 이면에는 계절의 변화를 하늘처럼 믿는 구석이 있다. 사흘 뒤가 입추(立秋)가 아닌가! 아무리 전대미문의 찜통더위라도 입추를 지나면서 시나브로 기세가 꺾이고 서늘한 바람이 불어오리라는 기대에 숨통이 트이는 기분이다.

손주가 방학하기 전에는 무더위가 막무가내로 왈패 짓을 해도 창문 활짝 열어놓고 간헐적으로 선풍기에 의존하여 견뎌냈다. 그런 까닭에 에어컨은 곁눈질도 하지 않았다. 그런데 방학이 시작되면서 우리 집의 더위에 대한 대응 권한은 송두리째 손주에게 넘어갔다. 손주가 방학 날부터 더위를 핑계로 에어컨을 쌩쌩 틀어댔다. 에어컨의 희망 온도를 지나치게 낮게 설정하고 오래 가동시키면 전기료 부담문제를 염려하여 존조리 설명했다. 하지만 쇠귀에 경 읽기였던가? 별로 신경 쓰지 않고 시도 때도 없이 마구 가동시키면 손주의 뒤꽁무니를 따라다니며 희망 온도를 높이거나 가동을 중단시키기 바쁘다.

에어컨과 선풍기를 최고 수준으로 가동해도 동족방뇨(凍足放尿)에 지나지 않는 응급조치에 불과하다. 조금만 움직여도 온몸에 땀이 줄줄 흘러내려 하루에도 몇 차례씩 냉수를 뒤집어쓰며 매번 속옷을 갈아입어도 신통치 않다. 설상가상으로 늙다리 컴퓨터가 주저앉으며 아예 명줄을 놓으려고 해서 전전긍긍하고 있다. 그런 이유에서 본체와 모니터의 열을 식히기 위해 연신 선풍기 바람을 부쳐주면서 지극정성으로 비위를 맞춰가며 작업을 하는 속내 또한 썩 편하지 않다. 그래도 골골거리는 컴퓨터가 토라져 어깃장 부리지 않고 내 명령을 다소곳이 따라 주는 게 무척 고맙다. 하기야 이번 더위에 숨을 거둔 것처럼 두어 번 작동을 멈추긴 했다. 그래도 아직 노구를 이끌고 삐걱거리면서 명을 이어가고 있는 컴퓨터가 퍽 대견하다.

더위가 본격적으로 위세를 떨면서 매일 오르내리는 등산 시간대를 바꿨다. 왜냐하면 태양이 이글거리는 낮 시간에 나서는 등산은 몸에 탈이 날 위험이 도사리고 있어 피하려는 차선책이다. 그래서 특별한 일이 없으면 꼭두새벽인 4시를 조금 지난 시각에 등산길에 나선다. 이 시간대는 사방이 깜깜하고 길이 잘 보이지 않아 반드시 손전등을 지참해야 한다. 하지만 낮에 비해 시원한 바람이 불어오는 조용한 산속 숲길을 자분자분 걷는 묘미가 제법 쏠쏠하다. 최근 방학을 맞은 손주도 두 번이나 그 시간대에 함께 등산을 하면서 정상에서 동녘에 불끈 솟아오르는 태양(요즘 이 지방의 일출 시간은 새벽 5시 46~48분임)을 지켜봤다. 이번의 등산이 더해져서 겨우 12살로 5학년인 손주는 즐겨 다니던 산(청량산) 정상을 100번째 등정했다. 더위 때문에 바뀐 등산 시간대는 특별한 문제가 없는 한 서늘한 가을바람이 불어올 때까지 이어갈 참이다.

잠자리가 편해야 하루를 힘차게 열고 일에 전념할 수 있다. 그런데 밤낮을 가리지 않는 무자비한 무더위의 횡포로 잠자리 환경은 엉망진창이다. 아파트 2층에 사는 때문에 방범에 취약하다. 그럼에도 불구하고 현관문을 제외하고 모든 문을 활짝 열어 제쳐놓고도 모자라서 선풍기까지 켜 놓고 잠자리에 든다. 그렇게 어수선하기 이를 데 없기에 아늑하거나 쾌적한 분위기와는 거리가 있다. 그 때문인지 매일 밤잠을 설치는 끝 모를 악순환이 되풀이되어 괴롭고 짜증이 절로 난다.

찜통더위라도 그 옛날에 비하면 에어컨, 선풍기, 얼음과 빙과류, 냉장고, 쾌적한 주거 환경 따위가 갖춰져 더위를 쉽고 편하게 넘긴다. 그럼에도 어린 시절 여름나기 추억이 아련하고 달콤하게 상기됨을 어떻게 설명해야 할지 모르겠다. 그 시절 무덥고 지루했던 여름 하면 생각나는 장면들이다. 또래의 친구들과 흐르는 냇물에서 멱 감던 추억, 연기가 자욱했던 모깃불, 식구들이 둘러앉던 평상과 멍석, 시원한 샘물에 담갔던 수박과 참외나 복숭아, 삶은 감자와 찐 옥수수, 쏟아질 듯 하늘 가득했던 은하수, 시원한 샘물을 두레박으로 퍼 올려 등목을 시켜주던 어머니의 모습 따위가 아직도 또렷하다. 그 시절 여름나기는 오늘에 비해 엉성하고 열악했다. 하지만 거기에 담겨진 따뜻한 마음과 풋풋한 정성은 훨씬 정겨웠다.

올 여름 살인적인 무더위에도 우리 가족의 피서 나들이 계획은 없다. 따라서 유진이 역시 특별한 피서는 불가능하다. 피서는 불특정한 훗날로 미뤄진 셈이다. 그래서 시도 때도 없이 에어컨을 쌩쌩 작동시키더라도 적당히 눈감고 은근슬쩍 넘기련다. 아울러 여름 과일이나 원하는 각종 외식, 배달음식 따위는 가능한 한 따지지 않고 원하는 대로 들어줄 참이다. 오늘도 오후엔 할머니와 수영을 하고 돌아왔다. 하기야 방학임에도 태권도장을 비롯해 수학과 영어 학원이 방학을 3일씩 했다. 그 짧은 방학이 공교롭게도 모두 이번 주일에 끝났다. 그런 때문에 다음 주부터는 평소와 별 차이 없이 스케줄이 빡빡해 피서 따위를 편하게 즐길 틈이 없다.

민망하게도 한 해 한 해 세월이 지나면서 같은 더위에도 견디며 버텨 내기 힘겨워 비틀거리는 꼴이 민망하다. 부정하려고 강하게 도리질해도 숨겨진 속내는 황당하기 그지없다. 불볕더위에 외출을 삼가하며 집안에서 뱅뱅 돌다가 저녁 무렵이 다가오면 축 늘어져 주저앉고 싶다. 그런 상태에서 서둘러 저녁 식사를 마치고 쉴 겸해서 텔레비전을 시청한다. 하지만 몰입하지 못해 애꿎은

리모컨을 꾹꾹 눌러보지만 성이 차지 않아 서둘러 잠자리에 들기 일쑤다. 열대야의 야료(惹鬧)에 밤새껏 잠을 설치다가 깜깜한 첫 새벽에 등산길에 나서려고 부석부석한 눈을 비비며 잠자리에서 일어나려면 찌뿌드드한 나날이 되풀이된다. 엄청 지독한 무더운 더위와 별리의 순간이 언제쯤 다가오려나. 오매불망 간절한 기다림으로 오늘 하루가 저물어 간다.

2018년 8월 4일 토요일

새 등산화로 바꿔 신으며

등산화를 새것으로 바꿨다. 가물가물해 긴가민가하지만 아마도 여섯 번째가 아니면 일곱 번째로 구입한 새것이다. 여태까지 등산화를 교체했던 원칙은 늘 같았다. 바닥이 닳아 구멍이 뚫렸을 때 바꿔왔다. 이는 등산화가 낡고 떨어져 나달나달해졌던 적이 예닐곱 번 있었다는 얘기로써, 꽤나 많이 산을 오르내렸다는 반증이기도 하다.

며칠 전 새벽 동녘의 산마루에 해가 솟아오를 무렵 늘 다니던 산 정상의 육각정에 앉아 숨을 돌리고 있을 때였다. 동행들과 대화를 나누던 중에 무심코 등산화 한쪽을 벗어들었을 순간이었다. 옆에서 물끄러미 지켜보던 길동무 하나가 말했다. 당장 등산화를 바꿔야겠다고. 그 말을 듣는 순간 살펴보니 바닥은 닳고 닳아 구멍이 뚫렸고, 발가락 부분 천이 접혀지는 결을 따라 찢어져 양말이 드러날 정도였다. 딴에는 부끄럽고 멋쩍어 '언제 이렇게 되었지!'라고 하며 능청을 떨면서 어색한 분위기를 모면하려 했었다. 약간 낡아 문제가 있어도 엔간하면 계속 버티려 했던 게 그렇게 흉한 꼴에 이르렀다.

동네 뒷산을 즐겨 찾아도 전문 산악인에 비할 수 없는 얼치기 모양새이다. 따라서 험한 산악을 등정해 봤거나 한두 달 걸어야 하는 인도대륙과 티베트 고원 사이에 걸쳐 자리한 히말라야나 스페인과 프랑스 걸쳐 위치한 산티아고(santiago) 순례길 같은 장거리 트래킹을 경험했던 적이 없다. 기껏해야 다람쥐 쳇바퀴 돌듯 동네 변두리에 자리한 야트막한 청량산 정상(323m)을 오르내렸다. 그런데 등산화를 하나 새로 장만하면 아무리 졸잡아도 3년은 너끈하게 신는다. 이를 바탕으로 생각할 때 입때까지 예닐곱 켤레가 닳고 낡아 폐기했다면 대충 20년 넘게 산길을 오갔다는 얘기가 된다. 건강이 좋지 않았던 처음 몇 년은 아스팔트가 곱게 포장된 임도를 걸었다. 그러다가 시나브로 건강을 되찾으면서 산 정상을 오가는 등산로를 줄기차게 파고들었다. 그동안 반복된 노정은 집에서 출발, 임도, 등산로, 정상, 정상 너머까지 갔다가 되돌아오는 12~14km 정도로 매주 평균 4~5회 오르내렸다. 또한 왕복에 소요되는 시간은 3시간 안팎이었다.

새 등산화는 베트남에서 생산된 머렐(merrell)이다. 오늘도 새벽 4시에 일어나 채비를 한 뒤에 손전등을 들고 나섰다가 7시 무렵에 돌아왔다. 깜깜한 새벽 시각에 집을 나서 정상까지 길을 밝히는 길동무로써 손전등은 빠질 수 없다. 왜 새벽에 나설까? 생애 가장 뜨거웠다는 올여름의 더위를 피하려는 고육지책이었다. 물론 새벽 등산일지라도 한번 다녀오면 속옷을 비롯해 겉옷까지 땀으로 범벅이 되어 매일 세탁해야 한다. 그래도 낮에 하는 등산에 비해 신선놀음이다.

여명이 밝아오기 전에 나서는 등산길엔 맹랑하고 두려운 존재와 이따금 삐딱한 조우가 발생해 탈이다. 등산길 중간 중간에 가끔 멧돼지가 나타나 혼자 다니려면 쭈뼛쭈뼛 머리털이 곤두서고 으스스해서 심장이 벌렁거리기도 한다. 그렇다고 헌 타이어 교체하듯 심장을 바꿀 수 없는 노릇이다. 이 문제에 원초적인 대응 방편으로 묵시적인 약속이다. 일정한 시간(4시 30분 무렵)에 등산로 초입에 자리한 육각정에 도착해 기다렸다가 몇몇 동호인들이 모이면 함께 오른다. 그런데 나는 여럿이 다니는 게 싫을뿐더러 일행들보다 발걸음이 느리다. 그래서 적당히 뒤따라가다가 돼지 출몰지역을 벗어나면 시부저기 뒤에 처져 휘적휘적 홀로 굼뜨게 걷는 경우가 태반이다.

앞으로도 걸으며 건강을 다질 참이다. 하지만 빠르게 달려야 하거나 경보 경기가 아니기에 속도를 고집하지 않는다. 걷다가 힘들거나 눈길을 끄는 풍경을 만나면 멈추고 쉴 참이다. 그렇게 쉬엄쉬엄 걸으면서 소진된 힘을 서서히 여투고 수시로 변하는 자연의 모습을 즐기는 멋을 잔뜩 부리련다. 누군가가 얘기한 '빨리 가면 시간을 벌고, 천천히 가면 추억을 번다'는 심오한 말의 참뜻을 되새기는 자세로 등산을 꾸준히 이어갈 각오이다. 이 길에 가장 힘들고 어려운 몫을 감내할 등산화에 감사하며, 시시각각으로 다른 모습을 펼치는 산의 넉넉한 품에 안겨 맘껏 즐기는 호사를 누리려 한다. 하기야 아무리 발버둥 쳐도 그릇이 작기 때문에 산과 내가 일체가 되는 무아의 경지에 이르는 환희를 바람은 언어도단이리라.

처음 내 발과 맞춰본 새 등산화는 편하고 걷는 도중에 끈이 풀리지 않아서 흡족했다. 이런 측면에서 첫 동행에 속궁합이 잘 맞아 다행이다. 어제 쓰레기로 버린 등산화는 중국산으로 걷는 도중에 끈이 자주 풀려 여간 귀찮고 성가신 게 아니었다. 승마 선수에겐 애마(愛馬)가, 카레이서(car racer)에겐 날렵한 스포츠카가 최고의 관심사이듯이 등산 애호가는 등산화를 으뜸으로 꼽지 않을까. 이 같은 마음 때문인지 멋진 등산화를 보면 가슴이 설레면서 덩달아 탐이 난다. 이런 맥락에서 어젯밤에 첫 대면을 하고 오늘 첫새벽에 함께 산행에 나섰던 등산화를 걸출한 동반자이며 길라잡이가 되었으면 좋으련만. 애잇머리부터 인상에 좋았던 만큼 앞으로 수명을 다할 때까지 들쭉날쭉 나서는 등산길에 충직한 도우미로써 소임을 넉넉하게 해주길 기대한다. 또한 그 역할에 무한히 감사할 것이다.

2018년 8월 17일 금요일

어처구니없는 제사

제사에서 어처구니없는 실수를 범했다. 어머니 제사를 아버지 제사로 착각한 어불성설의 불경죄이다. 어떤 연유였든지 아버지 사진을 놓고 어머니 제사를 모시는 전대미문의 해괴한 사고였다. 그런 중대한 잘못을 알아채지 못한 채 제사를 모신 뒤에 걷잡을 수 없는 광풍이 휘몰아쳤다. 제사상을 물리고 음복을 하면서 얘기를 나누던 순간이었다. 그때 큰아들이 뜬금없이 던진 한마디는 거대한 태풍으로 변해 소용돌이치며 집안 분위기를 엉망진창으로 휘저어 놨다.

"왠지 할아버지와 할머니 제삿날이 헷갈린다고."

사실 오늘도 할머니 제사로 알았다는 고백이었다. 자기 생각에는 할머니 제사인데 제사상에 할아버지 사진이 모셔진 상황이 미심쩍어 한 말이 분명했다. 그 순간 지천명을 넘긴 처지임에도 불구하고 칠칠치 못하게 누구 제사인지도 모르는 주변머리에 단단히 면박을 주고 싶었다. 그렇지만 경건한 자리에 흠이 될 성싶어 입을 꾹 닫고 말을 아꼈다. 그 찰나였다. 아내가 부엌에서 그 말을 엿듣고 번개같이 한마디 날렸다. 너는 장손인데 조부모님 제삿날도 제대로 기억하지 못하느냐면서 할머니 제사가 맞는다며 못을 박듯이 확인시켜줬다.

순간적으로 정신이 퍼뜩 들면서 둔탁한 물체가 머리를 내리치는 기분으로 천 길 낭떠러지로 추락하듯 아득했다. 무엇인가 이상하다는 생각이 섬광같이 스쳤다. 어이가 없었으며 하늘이 노랗고 앞이 깜깜했다.

"아뿔싸! 세상에 이럴 수가!"
"어머니 제사가 분명했다!"
"결코 되돌릴 수 없는 노릇이었다."
"이 엄청난 실수를 어떻게 대처해야 하나!"
"명색이 아들 그것도 외아들이다."
"어떻게 이런 참담하고 해괴한 변고가 발생했을까!"

옛말에 도둑을 맞으려면 개도 짖지 않는다고 했다. 다른 제사에서는 아내와 함께 제수를 진설했다. 그런데 오늘따라 부엌일에 쫓겨 처음부터 끝까지 나 혼자 제수를 옮기면서 진설했다. 그리고 아버지 사진도 내가 찾아다가 제사상에 모셨다. 마가 단단히 꼈던 모양이다. 다른 제삿날처럼 아내도 함께 제사를 모셨다면 이런 낭패는 면했을 텐데. 그런데 유감스럽게도 아내는 이런저런 사정으로 제사에 참여하지 못하고 나와 두 아들 그리고 손주만이 모셨다. 그런데 두 아들과 손주는 왜 사진이 바뀌었느냐고 묻지 않았다.

어릿광대의 코미디에서도 있을 수 없는 제사를 모신 내가 얼간이를 빼닮아 한심하고 떫었다. 여태까지 이런 실수를 저질렀던 적이 도통 없었으며 불가사의한 사달이었다. 이제 겨우 칠순의 중반을 넘보는 처지이기에 치매를 앓거나 기억이 오락가락하는 망령 증상은 전혀 없다. 도저히 믿어지지 않아 사방에 기록한 흔적들을 서둘러 들춰봤다. 민망하게도 몇 달 전부터 오늘이 아버지 제삿날이라고 얘기했던 흔적이 엿보였다. 게다가 수첩이나 달력에 꼼꼼하게 적바림해 놓았던 내용을 미루어 생각할 때 지난봄부터 뇌리에 잘못 기억되었던 모양이다. 그동안 아내가 몇 차례 어머니 제사임을 주지시켰음에도 귓등으로 흘렸다는 사실도 어렴풋이 떠올라 쥐구멍에라도 숨고 싶었다.

우두망찰한 채 멍청히 앉아 있다가 겨우 정신을 가다듬으며 되짚어 봤다. 생각을 거듭해 봐도 양친의 제사를 혼동할 이유가 없었다. 어머니는 2학기 개강을 한 직후에 별세하셨기 때문에 늦더위가 기승을 부리는 계절이 제삿날(음력 7월 24일)이다. 하지만 아버지는 단풍잎이 모두 떨어졌던 늦가을에 유명을 달리하셨기에 조석으로 꽤나 쌀쌀한 계절이 제삿날(음력 9월 11일)이다. 이렇게 확연히 구분됨에도 불구하고 왜 혼동하는 미스터리가 발생했을까? 도저히 이해가 되지 않을 뿐 아니라 귀신에게 홀린 것 같아서 심란하고 찜찜했다.

씻을 수 없는 죄인이 된 사실을 인지하던 순간부터 화기애애하던 분위기는 천 길 낭떠러지로 추락하듯 순식간에 얼어붙었다. 다시 돌이켜 바로 잡을 형편도 아니었다. 게다가 가장이 저지른 잘못을 면전에서 입에 올리기 거북해서 하나같이 꿀 먹은 벙어리처럼 잠자코 내 눈치만 살폈다. 서푼 어치도 안 되는 자존심을 구길 대로 구겨 내동댕이친 꼴이었다. 그런 때문에 적당히 들러대거나 핑계거리를 찾을 수 없어 애꿎게 젓가락으로 상에 차려진 음식만 쑤석거렸다. 이런 실수를 가족 누군가가 했다면 가차 없이 야멸친 치도곤을 했으리라. 골똘히 생각을 거듭해봤지만 어디에도 솔로몬의 해법은 없었다. 그 같이 난감한 상황에서도 두 분이 운감(殞感)하실 메를 따로 떠놓았던 게 그나마 다행이라는 생각이 뜬금없이 떠올라 헛웃음이 절로 나기도 했다. 하늘이 무너져도 솟아날 구멍이 있다고 했던가? 무거운 침묵이 짓누르는 분위기를 깨며 숨통을 틔운 것은 큰아들이었다.

"아버지! 오늘 일은 어쩔 수 없고요."

"다가오는 할아버지 제삿날에 두 분의 사진을 함께 모시는 것으로 하지요!"

큰아들의 얘기에 힘을 얻어 떠듬떠듬 말문을 열고 넋두리하듯 실수의 자초지종을 들먹이며 무겁게 내려앉은 분위기에서 벗어나려 버둥거렸다. 이런 상황을 두 분의 영혼은 어떤 심정으로 지켜보셨을까? 아마도 당신들의 제사도 제대로 챙기지 못하고 오락가락하는 한심한 꼴을 측은지심으로 물끄러미 내려다보고 계셨으리라. 이런저런 맥락에서 나는 여태까지도 위태위태해 노심초사 지켜봐야 하는 자식 그 이상도 이하도 아닌 가 보다.

"어머니! 아버지!"

"죽을죄를 짓고 뻔뻔스럽게 조아립니다."

"저는 어느 세월에 아둔함에서 벗어나 반듯한 사람 노릇을 할 까요?"

한맥문학, 2018년 12월호, 통권 339호, 2018년 11월 25일
(음력 7월 23일 어머니 제삿날)

사후 상속

30여 년 동안 세금을 내왔던 밭이 법적으로 선친 명의였다. 그동안 옮겨지는 주소지로 매년 날아오는 고지서대로 꼬박꼬박 세금을 납부해왔다. 선친께서 생전에 넘겨준 유일무이한 토지(밭)로 믿어왔다. 따라서 서른 몇 해 전에 유명을 달리하신 선친 명의로 남아 있다는 사실을 까마득하게 몰랐다. 그런데 대전에 거주하며 이순의 중반에 접어든 막내 여동생이 주말농장 삼아 소일거리로 그 밭에 채마라도 가꿔보겠다고 했다. 그러면서 경작 준비를 하다가 우연히 토지대장을 발급받아 봤단다. 그런데 선친의 이름으로 남아있다는 사실을 발견하고 급히 연락을 해왔다. 의외의 사실이 믿기지 않아 부랴부랴 세금고지서를 뒤져 봤다. 고향의 선산 자락에 자리한 밭(1696m²)으르 공시지가 평방미터(m²)당 23,000원(2018년)이었다.

상속되지 않은 채 남겨진 토지(밭)이기에 적당한 선에서 매도

하여 육 남매가 공평하게 분배할 궁리를 했었다. 그런데 막내 여동생이 말했다. 부모님이 남기신 유일한 흔적인데 그까짓것 팔아서 무엇하겠느냐며 반대했다. 그래서 두 누님과 세 여동생들의 동의를 얻어 내 명의(名義)로 상속절차를 밟기로 했다.

상속 문제에 상식이 맹탕인 청맹과니이다. 간단하리라는 생각에서 구비서류 준비를 막내 여동생에게 맡겼다. 뒤늦게 인지한 사실이지만 사후(死後) 상속 절차를 밟는 까닭에 구비서류가 상당히 많고 까다로울 뿐 아니라 복잡했다. 우선 상속권을 가지는 육 남매 하나하나마다 여러 가지 서류(가족관계증명서 1통, 기본증명서 1통, 주민등록초본(모든 주소 기재된) 1통, 인감증명 1통)와 인감도장 따위가 필요했다. 거기에 더해 선친에 대한 서너 가지 서류와 그 외의 소용이 되는 것은 상속절차를 대행해주는 법무사 사무실에 위임했다.

막내 여동생이 모든 서류를 완전히 준비하고 상속절차를 대행할 법무사와 약속 날짜를 잡았다. 내가 구비해야 할 서류를 지참하고 첫새벽 KTX 열차로 대전으로 갔다(8월 28일). 여동생 가게로 가서 이야기를 나누는데 약속된 법무사 사무장이 도착했다. 준비된 서류를 하나하나 확인한 뒤에 상속 신청서류 여러 장에 일일이 여섯 남매의 인감도장을 날인하고 사잇도장(間印)을 찍었다. 그런데 전문가의 눈은 예리하고 문외한들과 사뭇 달랐다. 그 사무장은 셋째 딸인 여동생의 등록된 인감과 보내온 도장이 미세하게 다름을 매구 같이 발견해냈다. 그 때문에 막내 여동생이 그날 오후에 제 언니와 함께 주민 센터에 찾아가서 인감 변경신고를 하고 다시 인감증명을 발급받아다가 사무장에게 전했단다. 그리고 수수료 및 각종 세금은 집에 돌아와서 다음날 아침(8월 29일) 요구하는 은행계좌로 송금했다. 그런 절차를 밟은 뒤 며칠 지나서 나의 주민등록증 사본이 필요하다고 연락이 와서(8월 31일 저녁) 득달같이 보내줬다.

우금(于今)[46] 부모님께 단 한 푼도 상속을 받은 게 없는 셈이었다. 이는 다섯의 여형제들도 마찬가지이다. 이런 까닭에 이번에 토지(밭)를 여자 형제들은 하나같이 상속을 포기하고 나 혼자서 상속을 받는 게 욕심을 부리는 것 같아 부담스럽고 죄송했다.[47] 어쩌면 가통을 잇고 양친의 제사를 모시며 벌초를 책임지고 있는 남자 형제가 오로지 하나라는 맥락에서 상속을 포기했으리라. 저간의 사정이야 어찌되었을지라도 이제 부모님의 유산을 상속받은 피상속인이 되었다.

따지고 보면 부모님이 물려주신 재산을 상속받았다 해도 상징적인 뜻을 지녔지 싶다. 이런 연유에서 앞으로 내 생전은 물론이고 두 아들에게도 절대로 매도하지 말고 훗날 손주들에게 물려주라고 이를 요량이다. 왜냐하면 하찮은 유산일지라도 이승에 삶을 누리고 가신 유일무이한 흔적이요 징표인 까닭이다. 세나가 지금 그분들은 당신들이 생전에 장만하신 그 밭머리 선산자락에 터 잡은 유택에 영면하고 계시기 때문이다.

2018년 9월 14일 금요일

---

46) 우금(于今) : 지금에 이르기까지

47) 대상 토지(田)는 부동산고유번호 1642-1996-348054로서 소유권 이전 등기에 소요된 수수료 및 각종 세금 합계가 759,380원 이었다. 한편, 금년 9월에도 정기분의 토지세 22,930원 고지서가 발부되어 납부했으며, 2018년 9월 12일 내 명의로 등기를 했다.

또 깜깜해진 기억

입때까지 두 번이나 기억을 잃었었다. 이번에도 몇 시간 기억을 상실한 채 헤매다가 멀쩡하게 정상으로 돌아왔다는 게 믿겨지지 않는다. 세 해 전(2016년 3월 7일) 갑자기 찾아왔던 블랙아웃(blackout) 현상이 지난 토요일(2018년 9월 29일)에 또 다시 재발했었다. 글쎄! 어떻게 설명해야 곧이곧대로 실상을 더 덜이 없이 옮길 수 있을까? 의학에서 깊은 의식불명 상태를 이르는 혼수상태 또는 코마(coma)와 흡사한 구렁텅이에 빠져 있었다. 그렇게 몇 시간 동안 헛소리를 하면서 오락가락하다가 신기하게도 본래 모습으로 돌아왔다. 귀신 곡할 노릇이다. 최악의 상태가 발현할 전주곡쯤에 해당하는 경고가 아닐는지 걱정이 되어 무겁고 답답하며 괴롭다.

지난 토요일 점심 무렵이었다. 라면으로 간단히 점심을 해결하고 아내와 유진이는 곧바로 외출을 했다. 아내의 파머와 유진이 이발이 낮 1시 반에 예약되어 서둘러 외출했다. 혼자 집에 남아 어정대다 컴퓨터 앞에 앉아 이것저것 뒤적이던 중에 사달이 발생했지 싶다.

기억을 잃은 상태에서 무엇을 얼마나 어떻게 했는지 도통 기억이 없다. 그런 까닭에 천지 분간이 안 되는 칠흑 같은 어둠뿐이라서 두렵고 섬뜩하다. 외출을 했던 아내와 유진이가 돌아와 정신줄을 놓고 헛소리를 해대는 나를 발견했던 모양이다. 그런데 신기한 점은 누군가를 해코지하려 들거나 위험한 행동 없이 새색시처럼 얌전하게 행동하지만 얼이 빠진 것 같더란다. 의식불명 상태가 몇 시간 동안 지속되는 와중에 헤아릴 수도 없을 만큼 여러 번 되풀이하며 묻고 또 물었던 내용이라는 얘기이다.

"지금 몇 시냐?"
"지금 며칠이냐?"

삼 년 전에 똑같은 증상 때문에 혼쭐이 났던 가족들이 야단법석을 떨었던 모양이다. 그 과정에서 어린 손주 유진이가 크게 놀라 안절부절못하며 눈물을 감추려 드는 모습이 몹시 측은해 보이더라는 얘기였다. 빨개진 눈시울을 연신 훔쳐대며 불안해서 사방으로 옮겨 다니며 훌쩍이더라고. 내가 정신이 돌아와 유진이 얼굴을 봤던 기억은 저녁 식탁이었다. 그동안 정신을 잃어 인지하지 못했으리라. 그렇게 난리를 피우다가 저녁 식사를 하고 나서 뚱딴지같이 컴퓨터 앞에 앉아서 무언가를 살피고 있을 때였다. 유진이가 컴퓨터가 있는 방 앞에 슬쩍 다가와서 흘끔 살펴보고 제자리로 돌아가기를 수 없이 반복하면서 왠지 불안해하는 눈치였다. 그러다가 큰 결심이라도 했는지 다가와 정색을 하며 말을 걸어왔다.

"할아버지! 괜찮아?"
"나! 아무렇지도 않은데, 왜?"
"그럼, 다행이다!"
"그런데, 할아버지! 이제 자자!"
"벌써, 자자고?"
"할아버지! 지금, 12시 다됐어."

깜짝 놀라 서둘러 컴퓨터를 끄고 잠자리로 향했다. 자리에 누워서도 유진이가 이런저런 질문을 해대며 나름대로 내 상태를 점검했다. 대답에 모순이 없다고 판단했는지 "이제 됐다" 하면서 내손을 꼭 쥐며 말했다.

"할아버지! 잘 자!"

병원에 가자고 설득해도 일언지하에 거절하더란다. 누구도 어찌할 수 없는 옹고집을 꺾지 못한 채 3년 전처럼 월요일인 오늘 병원에 가는 것으로 잠정적인 결정을 한 채 엉거주춤하게 상태를 지켜봤던가보다. 그런데 신기하게도 깜깜한 어둠이 걷히며 여명이 밝아 오듯이 엉뚱한 헛소리만 되풀이하던 상태에서 서서히 호전되더란다. 그러면서 배고프다고 하여 부랴부랴 저녁상을 차렸는데 아무 일도 없었다는 듯이 식사를 해서 어이가 없고 기가 막히더라고. 저녁 먹을 무렵부터의 일은 모두 기억하고 있다.

오후 내내 정신을 잃고 종잡을 수없는 얘기를 마구 내뱉으며 헤매다가 멀쩡한 모습으로 돌아와 꾸역꾸역 식사를 하는 모습에 얼마나 어이가 없었을까? 게다가 식사 뒤에 자정 무렵까지 컴퓨터 앞에 앉아 있는 꼴을 어떻게 설명해야 할지 모르겠다.

나도 이런 내가 무섭고 싫고 떫기만 하다. 그렇지만 어쩌랴! 내 의지와는 무관하게 나타나는 현상을 통제하거나 조정할 능력이 전혀 없다. 그렇다고 이런 상태가 이어지다가 죽음을 당할까 두려워 뇌까리는 얘기가 아니다. 혹여나 이러다가 식물인간이 되어 가족에게 폐해를 끼치지 않을까 하는 끔찍함 때문에 이르는 얘기이다. 불가사의한 일이다. 이번에도 예전처럼 아무런 일도 없던 것처럼 정상으로 돌아온 것은 기적에 가깝다. 크게 놀랐던 가족들이 오늘 병원에 가자는 성화가 대단하다. 하지만 토요일 정상을 되찾은 이후 지금까지 사고력이나 언행에 미세한 변화도 없다. 그런 연유에서 병원 진료를 받자는 가족들의 충고를 무시하면서 여러 모로 점검했음에도 이상이 감지되지 않았다. 그래도 마음은 천근만근 무겁고 기분은 쉶고 떨떠름한 채 낮은 기압골의 연속으로 흐림의 계속이다. 왜 이럴까! 마음속을 훤히 들여다볼 수 있다는 심인경(心印鏡)이라도 있어 진정한 속내를 비춰 볼 수 있다면 도깨비에 홀린 듯한 숨겨진 비밀을 속속들이 파헤쳐 후련할 터인데.

2018년 10월 1일 월요일

순천으로 문학기행

10월의 첫 일요일 순천으로 문학기행을 다녀왔다. 태풍 콩레이(kong-rey)가 한반도를 훑고 지나간 이튿날이었다. 며칠 전부터 예측하기 어려운 태풍의 이동경로에 촉각을 곤두세우며 취소해야 할 상황도 상정했다. 그렇지만 길을 떠나기 전날 태풍이 소멸됨으로써 가벼운 마음으로 길을 나섰다. 글밭에서 품앗이를 하던 동도들이 미니버스에 몸을 싣고 창원에서 이른 새벽에 나서 두 시간을 조금 넘겼을 무렵에 순천드라마촬영장에 도착했다.

순천드라마촬영장에 도착해 부산의 가락에서 아내와 아들을 대동해 현지로 직접 달려온 C 시인 가족과 광양 토박이인 K 시인이 합류했다. 과거 인기몰이를 했던 '사랑과 야망'이나 '에덴의 동쪽' 같은 드라마가 촬영지로 지난 6, 70년대의 거리와 그 시절 달동네 모습을 재현해 놓았다. 거리 여기저기에 붙어있는 간판도 옛날의 투박하고 토속적인 상호들이라서 정겨웠다. 아울러 가파른 산비탈의 위태로운 돌계단 양옆으로 옹기종기 되살린 옛 모습은 아련했던 그 시절을 생생하게 회상할 수 있었다.

또 다른 인연이었던 순천만국가정원은 2015년 국가정원으로 지정되었으며 대략 34만 평에 이른다는 얘기이다. 그런데 동천(東川)이라는 큰 내가 공원 중심부를 관통하면서 이 정원을 동서로 가르며 순천만으로 유유히 흐른다. 그 때문인지 이 공원 출입문은 동문과 서문이 있었다.

동문을 통해 입장해서 왼편으로 발길을 옮기며 호수정원을 오른쪽으로 천천히 걷다 보면 여러 나라를 상징하는 고유한 정원이 나타났다. 아울러 호수정원에 만들어진 언덕을 오르내리는 나선형 길은 압권이고 백미였다. 그중에서도 인공섬에 데크(deck)로 가설된 산책로를 따라 '봉화언덕' 정상을 향하는 나선형 길을 뱅글뱅글 돌면서 오르는 묘미는 그 무엇에도 비교할 수 없으리라. 이는 지금까지 봐왔던 자연 친화적 발상 중에 가장 발군으로 여겨졌다.

동쪽과 서쪽 공원을 잇기 위해 동천 위로 가설한 꿈의 다리가 있다. 여기에는 세계 16개국 14만 명 어린이가 자신의 소원을 담은 그림이 전시된 공간으로 어린이들의 꿈이 있는 공간이라고 소개하고 있다. 이 다리 상판은 데크를 깔아 보통의 교량과 별반 다를 게 없이 밋밋하고 단조롭다. 하지만 이는 세계 최초로 물 위에 떠 있는 미술관이란다. 그리고 아시아에서는 첫 번째로 긴 지붕이 있는 인도교(人道橋)라는 얘기이다. 다리 상판 위에 동천의 너비에 해당하는 길고 긴 직사각형의 컨테이너 박스를 엎어 놓은 모양새이다. 이 인도교 벽면에는 한 변이 8cm 정도의 정사각형 형태로 축소시킨 14만 명 어린이들 그림이 아로새긴 아크릴 수지 조각이 다닥다닥 붙어 있어 무척 인상적이었다. 또한 서쪽에 자리한 공원엔 꿈의 광장, 순천만국제습지센터, 야생동물원, 스카이큐브 정원역 따위가 자리하고 있다.

순천만국가정원 서쪽 꿈의 광장 언저리의 스카이큐브 정원역에서 스카이큐브(sky cube)라는 소형무인궤도차를 탈 수 있다. 정원역에서 출발하여 동천변(東川邊)을 따라 개설된 3.5~10m 높이의 궤도(rail)로 4.6km를 대략 12분가량 달리면 스카이큐브 문학관역에 도착한다. 이를 두고 순천만을 날아가는 '나만의 하늘 택시'라는 애칭으로 불렀다. 왼쪽으로는 동천을 따라 끝없이 펼쳐진 갈대밭의 비경을 하늘에서 감상할 수 있다. 그리고 오른쪽에는 너른 들녘에 누렇게 익어가는 벼의 군무가 인상적이었다. 또한 야트막한 산기슭에 띄엄띄엄 박힌 듯한 농가들이 무척 평화로운 정경으로 투영되어 나그네의 마음을 설레게 했다. 자연 그대로의 청청한 모습을 고스란히 간직한 채 풋풋하게 살아 숨 쉬는 강건한 정경이 한없이 부러웠다.

스카이큐브 문학관역에서 하차하면 자연스레 순천문학관에 이른다. 이 지역 출신 김승옥 소설가와 정채봉 아동문학가 기념관을 둘러봤다. 그리고 1.2km 거리에 있으며 걸어서 대략 15분 걸린다는 무진교를 향해 발길을 옮겼다. 초가을 뜨거운 햇볕이 내리쬐는 동천의 둑길을 걷는 게 고역일 뿐 아니라 귀가 시간을 고려해 중간에 포기하고 발길을 돌렸다. 끝가지 다가가서 순천만자연생태관 등을 둘러보며 갈대밭을 살피는가 하면 용산전망대에 올라 순천만을 존조리 조감했으면 좋았으련만 못내 아쉬웠다. 하지만 어쩌랴! 우리에게 내린 인연이 여기까지인 것을 그 무엇을 탓하랴.

우리는 개발이라는 미명하에 자연을 모질게 훼손시켜 공장이나 아파트를 짓고 우쭐대 왔다. 그렇게 파괴된 환경은 이전의 모습을 되찾지 못해 재앙의 빌미가 되는 아픔을 수없이 목격했다. 하지만 순천에는 지혜로운 지도자를 만나는 대운이 트였던가! 남들 같으면 거대한 토목공사와 공단 유치라는 망령을 쫓았을 터이다. 그럼에도 먼 미래를 내다보며 습지를 보호하고 나무를 심으며 공원을 짓는 걸출한 결정을 선택했던 것이다. 그렇게 푸른 들과 숲을 가꾸며 자연에 순응하는 결단을 내린 뒤에 곁눈질하지 않고 우직한 행보를 거듭한 용단이 꽃으로 활짝 피어나고 있다.

긴 호흡과 장구한 세월을 내다보며 열성을 다한 결과가 서서히 나타남이리라. 푸르고 역동적인 자연이 살아 숨 쉬는 공원은 수만 명이 매일 떼를 지어 찾아오는 명소로 거듭 태어났다. 자연을 살리면서 거기에 볼거리와 즐길 거리를 더해 빼어난 공원을 만듦은 선견지명의 혜안이었다. 물론 지속적인 투자와 관리 문제가 따르리라. 하지만 관련 일자리 창출을 비롯해 긍정적인 효과를 두루 감안한다면 자연 파괴적인 개발에 비해 걸출한 묘책이 분명하다. 찰지고 훼손되지 않은 자연환경에서 삶을 누릴 후손들은 진정 고마워하리라.

문학기행을 마칠 무렵 생뚱맞게도 지도자에 대해 생각이 미쳤다. 소인배 얼치기 지도자는 현실의 이해타산에 매몰되어 소리(小利)를 뛰어넘지 못하게 마련이다. 반대로 군자처럼 우뚝한 지도자는 백 년 앞을 내다보는 혜안을 바탕으로 담대한 결정을 하는 관계로 어정잡이들과 사뭇 다를 게다. 환경 파괴적인 개발 대신에 천혜의 자원을 이용하여 공원을 만들고 습지를 보전하며 관광지로 개발하려는 외롭고 힘든 원대한 계획에는 얼마나 큰 고뇌와 시기(猜忌)가 따랐을까!

어떻게 접근을 하느냐에 따라 결과는 판이하다. 명색이 문학기행인데 엉뚱한 쪽으로 생각이 기울어지는 내가 과연 정상인지 모르겠다. 깜깜한 어둠이 짙게 내려앉은 고속도로를 달리는 귀갓길이다. 모두가 오늘의 기행에 대해 얘기꽃을 피우고 있었다. 그런데 내 뇌리에는 자꾸만 순천만국가정원과 옛 자태 그대로인 너른 순천 들녘이 어른거렸다. 이는 진정한 부러움의 발로일까 아니면 현대화라는 허상을 맹신하던 정신적 가난뱅이인 천민의 옹졸한 용심이나 시샘일까.

현대문예, 2019 삼사월호, 103호, 2019년 4월 25일
(2018년 10월 8일 월요일)

컴퓨터와 나

어제(2018년 10월 26일) 새로 컴퓨터 본체를 구입해 교체했다. 기껏해야 글을 쓰는 워드 작업과 인터넷을 뒤져보거나 손주 유진이가 가끔 유튜브 방송을 보는 수준이기에 앞으로 10년쯤은 너끈하게 사용할 수 있으리라. 따라서 어쩌면 내 생애에서 마지막으로 동반할 컴퓨터일지도 모른다. 상상했던 이상으로 가격이 비쌌다. S사 직매장에 갔더니 최신형 데스크 탑(desk top) 본체 가격이 150만 원이었다. 화들짝 놀라서 매장을 니와 발품을 팔며 몇 군데 기웃거려 봐도 도긴 개긴 격이었다. 끌탕을 치다가 결국 J랜드 매장에 취급하는 조립품을 80만 원 가까이 지불하고 손에 넣었다. 사양이나 성능 따위가 유명 메이커 신제품에 손색이 없던 까닭에 우물쭈물 주저할 하등의 이유가 없지 않은가. 딴에는 약간 상위 레벨의 사양을 넘봤다. 그러나 이모저모를 꼼꼼히 다져가며 제품 성능평가를 제대로 해볼 요량으로 같이 나섰던 제자 H 박사가 불요불급한 낭비라며 아끼라는 따끔한 핀잔

이자 조언을 기꺼이 받아들였다. 왜냐하면 자칫하다 지나치면 용도에 비해 개 발에 편자 격이 될 개연성을 부정할 수 없기 때문이었다.

20세기 과학이 일궈낸 걸출한 꽃으로 회자되는 컴퓨터가 내게 어떤 의미로 자리매김할 수 있을까? 삶을 위한 업(業)의 분야였기 때문에 지란지교의 우정을 자랑하던 벗처럼 떼래야 뗄 수 없는 선린 관계였다. 대학 졸업 후에 국방의 의무를 마치고 진학했던 대학원 전공을 컴퓨터 쪽으로 결정한 단안이 첫걸음이었다. 우리나라에 컴퓨터가 도입되기 시작하던 여명기라서 한글 교재가 없어 메이커에서 제공하는 매뉴얼이나 수입한 외국도서로 공부하던 호랑이 담배 피우던 시절이었다.

내가 처음 사용했던 컴퓨터는 IBM System/1130으로 메인 메모리 8KW(kilo word), 하드디스크 용량 512KW이었다. 이는 지금 내가 워드 작업을 하고 있는 데스크 탑 컴퓨터의 그림자에도 미치지 못할 수준으로 빈약하고 초라하기 짝이 없는 초창기의 소형 컴퓨터였다. 한편, 천공(穿空)카드(punch card)를 입력 매체로 사용했다. 그렇게 호락호락하지 않은 난관을 극복하며 대학원을 마치고 서울과 지방의 몇몇 대학의 강사로 동분서주했었다. 그러다가 1980년 봄 혈연이나 지연을 비롯해 학연이 전무했던 경남대학교 컴퓨터공학과 교수로 자리 잡게 되었다. 번갯불에 콩 구어 먹듯이 진동한동 서둘러 부임했더니 과분하게도 신설되는 학과의 창설 교수(founder)였다. 그로부터 31년을 머물다가 정년퇴임(2011년 2월)을 한 뒤부터 여태까지 명예교수라는 이름으로 대학과 인연을 이어가고 있다.

초창기의 개척 세대라는 이점을 듬뿍 누렸었다. 국내에 컴퓨터 관련 교재가 절대적으로 부족하던 시절의 덕을 누구보다 많이 봤다. 대학에 몸담고 있으며 틈틈이 전공과 관련되는 저서를 꾸준히 집필했다. 현직에 있을 때는 잘 몰랐는데, 퇴직 후에 자세히 헤아려보니 얼추 30권에 이르렀다. 그중에 몇몇은 전국 여러 대학에 널리 교재로 사용되거나 기사 시험(정보처리기사 등등) 문제집의 본보기처럼 자리 잡았다. 그렇게 오랫동안 분에 넘치는 사랑을 받는 영광을 누리면서 그에 부수적으로 따르게 마련인 인세 수입도 있었었다.

맨 처음 컴퓨터와 조우했던 게 지난 1968년 정월에 자유중국(대만)의 국립대만대학교 컴퓨터센터였다. 낯선 타국에서 여행객인 나와 어설픈 첫 만남을 했던 컴퓨터가 내 일생 직업과 관련되리라는 상상을 하지 못했었다. 또 하나 컴퓨터와 묘한 인연이 있다. 글을 쓴다는 생각을 꿈에도 해 본 일이 없던 이립(而立)의 후반 시절 대학에 자리 잡고 그 이듬해 초가을이었다. 그 당시 동아일보사에서 발간하는 월간지인 신동아(新東亞)에서 글을 써달라는 청탁을 받았다. 사양하다가 할 수 없이 썼던 글 “고장 없는 컴퓨터”가 게재(1981년 10월호) 되었나. 정식으로 글을 쓸 요량으로 작정한 뒤에 등단을 거쳐 수필을 쓰기 시작한 게 2천 년대 초입이었다는 점을 감안하면 신기할 따름이다. 한편, 몇몇 신문에 필진으로 참여했던 칼럼이나 K신문 객원논설위원으로 썼던 글도 거개가 컴퓨터와 관련된 내용이었다.

정년퇴임을 얼추 10년 정도 앞둔 시점에서 나를 돌아보는 성찰의 기회가 부쩍 잦아졌다. 왠지 모르지만 이게 전부가 아닌데

하는 말을 자연스럽게 읊조리기 일쑤였다. 그런 동기에서 시작된 글쓰기에 매달려 수필 부분에 공식적으로 등단이라는 통과의례를 거치고 여태까지 매달려 씨름하고 있다. 옛날과 달리 컴퓨터를 기반으로 글쓰기 작업을 하는 까닭에 젊은 날 업이었던 컴퓨터가 손에 익었다. 그 때문에 아날로그 세대의 컴맹(computer illiterate)들이 겪게 마련인 디지털 디바이드(digital divide)라는 껄끄러운 문화적 충격을 덜 수 있어 천만다행이다. 등단 이후 꾸준히 이어진 글쓰기의 결실이었던 아람을 씨줄과 날줄로 엮어 수필집 12권과 칼럼집 1권을 출간했다. 그리고 현재 출간을 위해 갈무리하며 퇴고를 거듭 중인 작품이 얼추 책 3권 정도가 되는데, 조만간 적당한 시기에 연이어 펴낼 작정이다.

세월은 존재의 흔적이나 기억을 시나브로 그러나 감쪽같이 지우는 신통력을 지닌 요술쟁이이다. 유한한 삶의 끝자락을 대변하는 황혼을 매구같이 꿰고 있는 세월은 주위나 가족으로부터 교묘히 멀어지게 만듦 또한 그런 맥락 이리라. 일터에서 물러나고 시간이 흐를수록 대외적인 약속이나 지인과 만남이 줄어들고 있다. 이에 따라 관계가 소원해지며 점차 잊혀가는 존재가 되기 때문에 언짢은 구석이 숱해진다. 그러므로 속절없고 덧없는 세월이 지나면서 생활 패턴은 상대적으로 단조롭고 팍팍하며 외로움의 그림자가 짙고 깊게 파고들기 마련이다. 이 같은 연유이리라. 요즘 내 일상은 상상 이상으로 빨리 고립되어 가는 느낌으로 팽팽한 긴장감은 서서히 사라지면서 나사가 풀리듯 자꾸만 느슨해진다. 특별한 약속이 없는 한 오전에는 등산, 오후부터 잠자리에 들 때까지는 컴퓨터로 글쓰기나 인터넷 서핑, 독서와 텔레비전 시청이 전부인 경우가 태반이다. 때문에 반복되는 일상 중에 가장 많은 시간을 함께하며 교감하는 정신적 동반자가 컴퓨터이다.

주위나 가족 사이가 촘촘하고 끈끈하던 관계에서 점점 느슨하고 성겨지면서 관심의 중심권 밖으로 밀려나며 잊혀가는 모양새가 늙음의 더덜이 없는 민낯이다. 그런 까닭에 궁리를 거듭해도 아낙군수이며 안방퉁소로 전락해 뒷방 늙은이 노릇을 할밖에 도리가 없다. 이런 엄연한 작금의 현실을 슬기롭게 받아들이는 헙헙하고 열린 풍모가 절실한 지금 일러라. 지는 해나 가는 세월 잡을 수 없듯이 나이 듦에 따라 주위로부터 서서히 기억에서 멀어짐은 어쩔 수 없는 자연의 섭리이자 순리일 게다. 이처럼 애잔하고 외로움을 한껏 탈 개연성이 넘쳐나는 황혼녘에 변함없이 삶의 길을 동행할 컴퓨터가 죽이 잘 맞는 막역지우라는 사실이 축복이며 행운이 아닐 수 없다.

시와늪, 2019년 신년호(통권 42), 2019년 1월 23일
서부경남신문, 2020년 2월 8일
(2018년 10월 27일 토요일)